LEASE ACCOUNTING

Deloitte. トーマツ.
デロイト トーマツ

実務解説

新リース
会計基準の
すべて

有限責任監査法人トーマツ 編
神谷陽一・宗延智也 著

中央経済社

はじめに

　本書は，2024年9月に企業会計基準委員会より公表された新リース会計基準に関する解説書である。

　本書の特徴は以下のとおりである。

1．実務上の論点を解説していること

　新リース会計基準は2027年4月1日以後に開始する事業年度から強制適用される。したがって，その適用実務は，これまでの他の会計基準と同様に，各企業における今後の適用を通じて徐々に確立していくと考えられる。本書では，新リース会計基準の内容の説明だけでなく，現時点において識別される実務上の論点についても解説している。

2．IFRS会計基準との比較を網羅的に解説していること

　新リース会計基準は，特に次の項目において，国際会計基準審議会（IASB）より公表されているIFRS第16号「リース」における主要な定めを取り入れている。

　　・リースの定義および識別（第4章参照）

　　・借手の会計処理（第6章参照）

　この点を踏まえ，本書では，IFRS第16号における詳細な定めも参照できるように，各章の関連する箇所において，「（参考）IFRS会計基準における取扱い」を記載するとともに，各章の最終節にある「IFRS会計基準との比較」において，新リース会計基準ではIFRS会計基準の主要な定めとして取り入れられていない主な項目についても記載している（第1章第2節①(2)参照）。

　以上から，本書は，日本基準を適用している企業とIFRS会計基準を適用している企業の双方，およびこれらの企業の財務諸表の利害関係者にとって広く有用であると考えている。

2

3．図表や設例を多く取り入れていること

　新リース会計基準の論点は広範囲にわたるため，これを網羅的に理解するためには図表や設例を通じてイメージを持っていただくことが有益である。したがって，本書では，可能な限り，図表とともに，具体的な前提条件に基づく設例や会計処理の仕訳例を用いて解説している。

　本書の刊行にあたって，多大なるご尽力をいただいた株式会社中央経済社編集部の坂部秀治氏に厚く御礼申し上げたい。
　また，2021年11月に逝去された企業会計基準委員会前委員長の小賀坂敦氏からは，十数年間にわたって，当法人においても企業会計基準委員会においても，国内外のリース会計基準の開発と適用の両面に関して貴重な議論の機会をいただいた。この場をお借りして深く感謝の念を申し述べる。

　2025年3月

筆者を代表して　神 谷　陽 一

CONTENTS

第1章 　新リース会計基準の概要 ————————— 1

第1節　リースに関する会計基準の歴史 ⋯⋯⋯⋯⋯⋯⋯⋯⋯ 2

(1) 会社計算規則（旧商法計算書類規則）（1988年）・2

(2) 旧大蔵省企業会計審議会による「リース取引に係る会計基準」（1993年）・2

(3) 企業会計基準第13号「リース取引に関する会計基準」等（2007年）・3

(4) 企業会計基準第34号「リースに関する会計基準」等（2024年）・4

第2節　新リース会計基準の概要 ⋯⋯⋯⋯⋯⋯⋯⋯⋯⋯⋯⋯ 6

1 基準改正における基本的な方針・6

(1) 基本的な方針・6

(2) IFRS第16号の主要な定めのみを取り入れる開発方針・6

2 新リース会計基準の概要・7

(1) 適用範囲・7

(2) リースの定義および識別・8

(3) 契約の対価の配分・8

(4) 借手の会計処理・9

(5) 貸手の会計処理・11

(6) サブリース取引・11

(7) セール・アンド・リースバック取引・12

(8) 借手の表示および注記事項・12

(9) 貸手の表示および注記事項・12

ii

3 借手の企業に対する財務数値および財務指標への影響・13

4 新リース会計基準の適用対象となる企業・14

5 個別財務諸表への適用・15

6 新リース会計基準の実務への適用を検討する過程における実務上著しく困難な状況に対する別途の対応・15

第2章　新リース会計基準の目的と用語の定義 ── 17

第1節　新リース会計基準の目的 ………………………………………… 18

第2節　用語の定義 ……………………………………………………… 19

1 主な改正点・19

2 用語の定義・21

第3節　IFRS会計基準との比較 ……………………………………… 25

1 リース料およびリース期間の定義・25

2 短期リースの定義・26

3 日本基準においてのみ定義されている用語・26

第3章　適用範囲 ────────────────── 29

第1節　適用範囲の原則 ………………………………………………… 30

第2節　鉱物，石油，天然ガスおよび類似の非再生型資源を探査するまたは使用する権利の取得 …………………… 30

第3節　無形固定資産のリース …………………………………………… 31

1 借手の取扱い・31

2 貸手の取扱い・31

目 次 iii

⑴ 貸手における無形固定資産のリース・31

⑵ 契約に無形固定資産のリースと有形固定資産のリースが含まれている場合の取扱い・32

第4節　個別財務諸表への適用 ……………………………………… 33

第5節　（参考）改正前リース会計基準の適用範囲 …………… 33

1　適用範囲・34

2　通常の保守等以外の役務提供の取扱い・34

3　典型的なリース取引以外の取扱い・34

第6節　IFRS会計基準との比較 ……………………………………… 35

第4章　リースの識別 ————————————————— 37

第1節　リースの識別の概要 ……………………………………… 38

1　リースの定義・38

2　主な改正点・39

第2節　リースの識別と契約の対価の配分の関係 ……………… 40

第3節　契約の識別 ……………………………………………………… 41

1　契約の定義・41

2　契約の結合・41

設例4-1　契約が結合されるケース・42

設例4-2　契約が結合されないケース・42

第4節　リースの識別 ………………………………………………… 43

1　リースの識別を行う時点・43

2　リースの識別の判定における2つの要件・43

iv

第5節　特定された資産 ……………………………………………… 47

1 資産を代替する実質的な権利・48

⑴　要件 1 ：代替する実質上の能力・49

⑵　要件 2 ：代替による経済的利益・49

設例 4 - 3　サプライヤーが資産を代替する実質的な権利を有する場合・50

設例 4 - 4　サプライヤーが資産を代替する実質的な権利を有しない場合・50

2 資産の稼働能力の一部分・51

3 契約期間の一部分において特定された資産を使用できない場合・51

第6節　使用を支配する権利 ……………………………………… 52

【コラム】　使用の「支配」・53

1 使用から生じる経済的利益（要件 1 ）・53

2 使用を指図する権利（要件 2 ）・55

⑴　使用を指図する権利の有無の判定・55

⑵　使用を指図する権利の有無の例・57

第7節　リースの識別に関する検討例 ……………………… 58

設例 4 - 5　リースの識別（リムジン・サービス契約）・59

設例 4 - 6　リースの識別（部品購入契約）・60

第8節　新リース会計基準における設例の概要 ……………… 61

第9節　IFRS会計基準との比較 ……………………………… 66

1 リースの定義・66

2 リースの識別に関するIFRS第16号のガイダンス・67

目次　v

3　リースの識別に関するIFRS第16号の設例・71

第5章　契約に含まれる各構成部分の区分 ──── 77

第1節　全体像 ……………………………………………… 78

第2節　契約に含まれる構成部分の識別 …………………… 79

1　各構成部分の内容・79

⑴　リースを構成しない部分・79

⑵　いずれにも該当しない部分・80

2　独立したリースの構成部分の識別・81

⑴　契約が複数の原資産の使用権を含む場合・81

⑵　独立したリースの構成部分となるか否かの判定・82

設例5-1　独立したリース構成部分として取り扱う場合・82

3　契約に組込デリバティブが含まれている場合の取扱い・83

第3節　借手における契約対価の配分 …………………… 84

1　契約対価の配分方法・84

⑴　配分方法・84

⑵　独立価格の算定方法・85

2　実務上の便法・85

⑴　契約対価の配分を行わない実務上の便法・85

⑵　実務上の便法を適用する単位・86

⑶　実務上の便法を適用するかどうかの決定における考慮事項・86

3　少額リースの判定における維持管理費用相当額の取扱い・87

設例5-2　借手における契約対価の配分・87

第4節　貸手における契約対価の配分 …………………… 89

1　契約対価の配分方法・89

(1)　配分方法・90

(2)　独立販売価格の算定方法・91

2　実務上の便法・92

(1)　契約対価の配分を行わない実務上の便法・92

(2)　実務上の便法が設けられた背景・94

設例5-3　貸手における契約対価の配分：リースを構成する部分がファイナンス・リースの場合・95

設例5-4　貸手における契約対価の配分：リースを構成する部分がオペレーティング・リースの場合の実務上の便法・98

第5節　IFRS会計基準との比較 ……………………………………99

第6章　借手の会計処理 ―――――― 103

第1節　全体像 …………………………………………………104

1　主な会計処理・105

2　主な改正点・106

第2節　借手のリース期間 ……………………………………107

1　借手のリース期間の定義・107

設例6-1　借手のリース期間の決定（延長オプション・解約オプション）・108

2　借手のリース期間の決定における検討ポイント・109

(1)　「合理的に確実」が示す閾値・109

(2)　合理的に確実か否かの判断（経済的インセンティブを生じさせる要因の考慮）・110

①　経済的インセンティブを生じさせる要因・110

②　延長オプション等の行使が合理的に確実か否かの判断プロセ

目　次　vii

ス・111

 (3)　その他の考慮事項・114

3　借手のリース期間の決定におけるフリーレント期間の取扱い・115

4　借手のリース期間の決定における再リースの取扱い・115

5　リースが非連続の期間により構成される場合の借手のリース期間・116

設例6-2　リースが非連続の期間により構成される場合の借手のリース期間・117

6　普通借地契約等に関する借手のリース期間の決定・117

設例6-3　普通借家契約（延長オプションを含むか否かの判断）・118

設例6-4　普通借家契約（延長オプションを行使することが合理的に確実である場合）・118

設例6-5　普通借地契約（解約オプションを行使しないことが合理的に確実である場合）・122

第3節　借手のリース料 ………………………………………………… 125

1　借手の固定リース料・126

2　指数またはレートに応じて決まる借手の変動リース料・128

 (1)　原則的な取扱い・128

 (2)　例外的な取扱い・129

3　残価保証に係る借手による支払見込額・129

設例6-6　残価保証を含むリースの会計処理・131

4　借手が行使することが合理的に確実である購入オプションの行使価額・132

設例6-7　購入オプションを含むリースの会計処理・133

viii

5 リースの解約に対する違約金の借手による支払額・135

設例6-8 リースの解約に対する違約金の借手による支払額の会計処理・136

6 借手のリース料に含まれない変動リース料・137

第4節 現在価値の算定に用いる割引率 137

1 貸手の計算利子率を知り得る場合・137

2 借手の追加借入に適用される利率・138

第5節 短期リース，少額リースに関する簡便的な取扱い…139

1 短期リース・139

(1) 短期リースの定義・139

(2) 借手のリース期間との関係・140

設例6-9 短期リースに該当するか否かの判定と会計処理・140

2 少額リース・141

(1) 少額リースの定義・141

(2) 指針22項(2)における2つの選択肢・142

① 追加的な負担の観点・142

② 認識の免除範囲の観点・142

3 短期リースに関する注記項目・143

第6節 リース開始日における会計処理 143

1 リース負債の当初測定・145

(1) 原則的な取扱い（利息法）・145

(2) 例外的な取扱い（利子込み法，利子定額法）・145

設例6-10 借手の会計処理（利息法，利子込み法，利子定額法）・147

目　次　ix

　　2　使用権資産の当初測定・150

　　⑴　（参考）改正前リース会計基準における貸手の購入価額または
　　　　借手の見積現金購入価額と比較を行う方法の削除・151

　　⑵　リース開始日までに支払ったリース料・151

　　設例6-11　リース開始日までに支払ったリース料がある場合の会
　　　　　　　計処理・152

　　⑶　付随費用・153

　　⑷　借地権の設定に係る権利金等・153

　　⑸　資産除去債務相当額・154

　　設例6-12　資産除去債務相当額がある場合の会計処理・155

　　⑹　建設協力金等の差入預託保証金・157

　　　　①　敷金を差し入れている場合の資産除去債務の処理・158

　　　　②　新リース会計基準における改正点・159

　　設例6-13　建設協力金がある場合の会計処理・159

　　⑺　受け取ったリース・インセンティブ・161

第7節　借手のリース期間中における会計処理⋯⋯⋯⋯⋯⋯161

　　1　リース負債に係る利息相当額の配分・162

　　2　使用権資産の減価償却・162

　　⑴　所有権移転型リースの範囲・163

　　⑵　所有権移転型でないリースに関する使用権資産の耐用年数・
　　　　164

　　設例6-14　所有権移転型リースの減価償却・165

　　⑶　借地権の設定に係る権利金等に関する減価償却・167

　　　　①　原則的な取扱い・167

　　　　②　旧借地権または普通借地権の設定に係る権利金等に関する例
　　　　　　外的な取扱い・168

設例6-15　普通借地権の設定に係る権利金等に対する例外的な取扱い・170

　③　旧借地権または普通借地権の設定に係る権利金等に関する残存価額・171

3　使用権資産の減損・172

⑴　使用権資産を含む資産グループの将来キャッシュ・アウトフロー・172

設例6-16　使用権資産の減損・173

⑵　利子込み法を採用している場合の使用権資産の減損・174

設例6-17　利子込み法を採用している場合の使用権資産の減損・174

⑶　改正前リース会計基準の適用初年度開始前である所有権移転外ファイナンス・リース取引について通常の賃貸借取引に係る方法に準じた会計処理を行っている場合・177

⑷　短期リースまたは少額リースに関する簡便的な取扱いを適用している場合・177

4　使用権資産総額に重要性が乏しいと認められなくなった場合の会計処理・178

設例6-18　使用権資産総額に重要性が乏しいと認められなくなった場合の会計処理・178

5　リース負債の測定に含まれていないリース料の会計処理・181

設例6-19　売上に連動する変動リース料の会計処理・181

6　外貨建てのリース負債の会計処理・182

設例6-20　外貨建てリースの会計処理・182

第8節　リース負債の計上額の見直し（リースの契約条件の変更を伴う場合）……………………………………184

目　次　xi

1　リースの契約条件の変更・184

2　契約条件の変更が生じた場合の取扱い・185

3　別個の独立したリースが生じたか否かの判定・186

　(1)　別個の独立したリースが生じた場合・187

　(2)　別個の独立したリースが生じていない場合・187

4　契約条件の変更によるリース負債の見直しにおいて用いられる割引率・188

5　リースの契約条件の変更に関する設例・189

　設例6-21　リースの契約条件の変更・189

　　　設例6-21-1　原資産の追加：借手のリース料の増額がリース範囲の拡大部分の独立価格に見合う場合（独立したリースとして会計処理する場合）・190

　　　設例6-21-2　原資産の追加：借手のリース料の増額がリース範囲の拡大部分の独立価格に見合わない場合・192

　　　設例6-21-3　契約期間の延長・193

　　　設例6-21-4　原資産の一部解約・194

　　　設例6-21-5　原資産の一部解約と借手のリース料の増額・196

　　　設例6-21-6　契約期間の短縮・198

　　　設例6-21-7　原資産の追加と契約期間の短縮（リースの範囲の拡大と縮小の両方が生じる場合）・199

　　　設例6-21-8　借手のリース料の減額・202

6　短期リースについて借手のリース期間に変更が生じた場合の会計処理・203

設例 6 -22　短期リースについて借手のリース期間に変更が生じた
場合の取扱い・205

第9節　リース負債の計上額の見直し（リースの契約条件の変更を伴わない場合） ……………………………………… 207

1　借手のリース期間の変更・207

　(1)　重要な事象または重要な状況・208

　(2)　借手の統制下にある事象または状況・209

　設例 6 -23　延長オプションの行使可能性の見直し・209

　(3)　解約不能期間の変更・211

　(4)　再リース期間の取扱い・211

　設例 6 -24　再リース期間の取扱い・212

2　購入オプションの行使についての判定の変更・213

　設例 6 -25　購入オプションの行使についての判定の変更・213

3　指数またはレートに応じて決まる借手の変動リース料の変更・215

　設例 6 -26　指数またはレートに応じて決まる借手の変動リース料：
原則的な取扱い・216

　設例 6 -27　指数またはレートに応じて決まる借手の変動リース料：
例外的な取扱い・218

4　リース負債の見直しにおいて用いられる割引率・221

5　短期リースについて借手のリース期間に変更が生じた場合の
会計処理・221

第10節　企業結合により取得した借手のリース ……………… 222

1　取得の会計処理における借手のリースの取扱い・222

　(1)　取得原価の配分に関する原則的な取扱い・222

　(2)　取得原価の配分に関する例外的な取扱い・222

目 次　xiii

設例 6 -28　取得の会計処理における取得原価の配分に関する例外的な取扱い・223

(3)　少額リースおよび短期リースに関する例外的な取扱い・224

2　共通支配下の取引の会計処理における借手のリースの取扱い・224

第11節　借手において会計処理の選択が認められる項目 ‥ 225

第12節　IFRS会計基準との比較 228

1　借手の会計処理の基本的な考え方・228

2　IFRS第16号の定めのうち新リース会計基準に取り入れられていないもの・230

3　日本基準において認められている代替的取扱い・232

第7章　貸手の会計処理 235

第1節　全体像 236

1　主な会計処理・237

(1)　ファイナンス・リース・237

(2)　オペレーティング・リース・238

2　主な改正点・238

(1)　収益認識会計基準との整合性を図る改正点・238

①　ファイナンス・リースの会計処理・238

②　オペレーティング・リースの会計処理・241

(2)　その他の主な改正点・241

3　改正前リース会計基準が踏襲されている主な定め・242

第2節　貸手のリース期間 243

1　貸手のリース期間の定義・243

xiv

2 再リース期間の取扱い・244

第3節 貸手のリース料 ··· 245

1 貸手のリース料の定義・245

2 残価保証の取扱い・246

設例7-1 残価保証がある場合の会計処理・246

3 役務提供相当額・249

4 将来の業績等により変動する使用料等・249

第4節 貸手の計算利子率 ··· 250

第5節 貸手のリースの分類 ··· 250

1 ファイナンス・リースとオペレーティング・リースの分類・251

　(1) 解約不能・251

　(2) フルペイアウト・252

2 ファイナンス・リースの具体的な判定基準・252

　(1) 現在価値基準と経済的耐用年数基準の関係・253

　(2) 現在価値基準および経済的耐用年数基準における「おおむね」の趣旨・254

　(3) 不動産リースの取扱い・254

　　① 土地部分と建物部分等を分割した上で判定すること・254

　　② 土地部分の判定における推定・255

　(4) 現在価値基準の判定におけるその他の留意事項・256

3 所有権移転ファイナンス・リースと所有権移転外ファイナンス・リースの分類・256

　(1) 定　義・256

　(2) 借手における「原資産の所有権が借手に移転すると認められるリース」との相違点・257

設例7-2　リースの分類・258

第6節　所有権移転外ファイナンス・リースの会計処理··259

1　基本となる会計処理・259

(1)　貸手が事業の一環で行うリース・259

(2)　改正前リース会計基準との比較・261

設例7-3　製造または販売を事業とする貸手が当該事業の一環で行うリースの会計処理・262

設例7-4　製造または販売以外を事業とする貸手が当該事業の一環で行うリースの会計処理・267

(3)　事業の一環以外で行うリース・270

設例7-5　事業の一環以外で行うリースの会計処理・270

2　利息相当額の各期への配分・273

(1)　原則的な取扱い・273

(2)　例外的な取扱い・273

設例7-6　利子定額法を採用する場合の会計処理・274

3　リース期間終了時の処理・276

4　再リースの会計処理・276

5　中途解約の処理・277

第7節　所有権移転ファイナンス・リースの会計処理……278

1　リース債権とリース投資資産の性質・278

設例7-7　所有権移転ファイナンス・リースの会計処理・280

第8節　オペレーティング・リースの会計処理…………282

1　貸手のリース期間について基準16項(2)の方法を選択する場合・283

xvi

設例7-8 オペレーティング・リースの会計処理・283

2 適用初年度より前にフリーレント期間が終了していた場合・286

第9節 建設協力金等の預り預託保証金 ……………………………… 286

第10節 貸手において会計処理の選択が認められる項目 ‥ 287

第11節 IFRS会計基準との比較 ……………………………………… 289

1 日本基準とIFRS会計基準の間の主な差異・289

2 日本基準特有の簡便的な取扱い・293

第8章　サブリース取引 ─────────────── 295

第1節 サブリース取引の概要 …………………………………………… 296

1 サブリース取引・296

2 主な改正点・296

第2節 原則的な会計処理 ………………………………………………… 297

1 会計処理の概要・297

2 サブリースの分類・298

3 サブリースがファイナンス・リースに分類される場合の会計処理・299

4 サブリースがオペレーティング・リースに分類される場合の会計処理・300

第3節 例外的な会計処理1 …………………………………………… 301

1 中間的な貸手がヘッドリースに対してリスクを負わない場合・301

目次　xvii

　　　2　例外的な会計処理・302

　　　　⑴　会計処理の概要・302

　　　　⑵　損益計算書上，純額処理となること・303

　　　3　例外的な会計処理が定められた背景・304

　　　　設例8-1　中間的な貸手がヘッドリースに対してリスクを負わない場合・305

第4節　例外的な会計処理2 ……………………………………………306

　　　1　転リース取引・306

　　　2　例外的な会計処理・306

　　　3　2つの例外的な会計処理の関係・307

第5節　サブリース取引に関する設例………………………………308

　　　　設例8-2　サブリースがファイナンス・リースの場合の会計処理・308

　　　　設例8-3　サブリースがオペレーティング・リースの場合の会計処理・309

　　　　設例8-4　転リース取引の会計処理・310

第6節　サブリース取引に関する注記事項………………………312

第7節　IFRS会計基準との比較…………………………………………313

第9章　セール・アンド・リースバック取引――315

第1節　セール・アンド・リースバック取引の概要………316

　　　1　セール・アンド・リースバック取引・316

　　　2　主な改正点・317

第2節　セール・アンド・リースバック取引の範囲………318

xviii

1 指針53項について・318

2 指針54項について・319

第3節　売手である借手の会計処理……………………………………320

1 会計処理の概要・320

2 資産の譲渡が売却に該当するかどうかの判定・322

3 資産の譲渡が他の会計基準等により売却に該当するかどうかの判定・322

(1) 収益認識会計基準による売却に該当するかどうかの判定・323

(2) 不動産流動化実務指針による売却に該当するかどうかの判定・324

4 リースバックがフルペイアウトに該当するかどうかの判定・325

5 資産の譲渡対価が明らかに時価ではない場合等の取扱い・325

6 土地と建物を一括したセール・アンド・リースバックの取扱い・327

第4節　セール・アンド・リースバック取引に関する設例…327

設例9-1　資産の譲渡が売却に該当する場合の会計処理・327

設例9-2　資産の譲渡が売却に該当しない場合の会計処理・328

設例9-3　（参考）IFRS第16号における資産の譲渡が売却に該当する場合の会計処理・329

設例9-4　資産の譲渡対価が明らかに時価を下回る場合の会計処理・330

目　次　xix

> 設例9-5　資産の譲渡対価が明らかに時価を上回る場合の会計処理・331

第5節　買手である貸手の会計処理……………………………332

第6節　セール・アンド・リースバック取引に関する注記事項……………………………………………………333

第7節　IFRS会計基準との比較………………………………333

第10章　表示および注記事項 ———— 337

第1節　表示および注記事項の全体像………………………338

第2節　借手の表示…………………………………………339

　1　使用権資産の表示・339

　2　リース負債および利息費用の表示・340

　⑴　表示方法・340

　⑵　リース負債を他の金融負債と区分して表示または注記すること・342

　3　キャッシュ・フローの表示・342

第3節　貸手の表示…………………………………………343

　1　リース債権およびリース投資資産の表示・343

　⑴　表示方法・343

　⑵　表示区分・344

　2　収益の表示・345

　3　キャッシュ・フローの表示・345

第4節　注記事項……………………………………………346

　1　開示目的（借手貸手共通）・346

(1) 開示目的と注記の関係・346

(2) 重要性に乏しいと認められる注記事項かどうかの判断・347

2 借手の注記・348

(1) 会計方針に関する情報・348

(2) リース特有の取引に関する情報・349

① 注記事項・349

② 短期リースに係る費用の発生額の注記・350

③ セール・アンド・リースバック取引に関する情報・351

(3) 当期および翌期以降のリースの金額を理解するための情報・351

① リースに係るキャッシュ・アウトフローの合計額の注記・351

(4) 他の会計基準等に基づき注記が要求される項目・352

① 金融商品の時価等の注記・352

② 賃貸等不動産の時価等の注記・352

3 貸手の注記・353

(1) リース特有の取引に関する情報・353

(2) 当期および翌期以降のリースの金額を理解するための情報・355

① リース債権およびリース投資資産の残高に重要な変動がある場合・356

② オペレーティング・リースに係る注記・356

(3) 他の会計基準等に基づき注記が要求される項目・357

① 金融商品の時価等の注記・357

② 賃貸等不動産の時価等の注記・358

第5節　連結財務諸表を作成している場合の個別財務諸表における表示および注記事項 ………………… 358

第6節　IFRS会計基準との比較 ………………… 359

目 次　xxi

1　借手における表示・359

2　貸手における表示・359

3　借手の注記事項・359

(1)　日本基準特有の主な注記事項・360

(2)　IFRS会計基準特有の主な注記事項・360

4　貸手の注記事項・360

5　金融商品の時価等の注記・361

(1)　借　手・361

(2)　貸　手・361

6　賃貸等不動産の時価等の注記・362

第11章　適用期日・経過措置 ——————— 363

第1節　適用時期 ……………………………………… 364

第2節　改正前リース会計基準を最初に適用した際の経過措置の取扱い …………………………… 364

第3節　新リース会計基準を適用する際の経過措置 ……… 365

1　遡及適用の方法・365

2　容認法を選択した企業に対する経過措置・367

(1)　リースの識別（借手貸手共通）・367

(2)　借手の会計処理・368

①　ファイナンス・リース取引に分類していたリース・368

②　オペレーティング・リース取引に分類していたリース等・369

設例11-1　オペレーティング・リース取引に分類していたリースに対する経過措置（指針123項）の適用・370

③　借地権の設定に係る権利金等に関する経過措置・372

④　建設協力金等の差入預託保証金・373

(3)　貸手の会計処理・374

(4)　サブリースの貸手の会計処理・374

(5)　開　示・375

①　遡及適用等会計基準に定められた注記・375

②　借手における比較情報・375

③　借手および貸手における注記事項・375

3　その他の経過措置・376

(1)　借地権の設定に係る権利金等・376

(2)　セール・アンド・リースバック取引・376

(3)　IFRS会計基準を適用している企業に対する経過措置・377

[会計基準等凡例]

略称	正式名称
（日本基準）	
新リース会計基準	企業会計基準第34号「リースに関する会計基準」および企業会計基準適用指針第33号「リースに関する会計基準の適用指針」（両者を合わせて）
（新リース会計基準における）会計基準	企業会計基準第34号「リースに関する会計基準」
（新リース会計基準における）適用指針	企業会計基準適用指針第33号「リースに関する会計基準の適用指針」
コメント対応表	企業会計基準委員会「企業会計基準公開草案第73号「リースに関する会計基準（案）」等に対するコメント」における「5．主なコメントの概要とその対応」
改正前リース会計基準	企業会計基準第13号「リース取引に関する会計基準」および企業会計基準適用指針第16号「リース取引に関する会計基準の適用指針」（両者を合わせて）
改正前のリース会計基準	企業会計基準第13号「リース取引に関する会計基準」
改正前のリース適用指針	企業会計基準適用指針第16号「リース取引に関する会計基準の適用指針」
収益認識会計基準	企業会計基準第29号「収益認識に関する会計基準」
収益認識適用指針	企業会計基準適用指針第30号「収益認識に関する会計基準の適用指針」
遡及適用等会計基準	企業会計基準第24号「会計方針の開示，会計上の変更及び誤謬の訂正に関する会計基準」
賃貸等不動産時価会計基準	企業会計基準第20号「賃貸等不動産の時価等の開示に関する会計基準」
賃貸等不動産時価適用指針	企業会計基準適用指針第23号「賃貸等不動産の時価等の開示に関する会計基準の適用指針」
資産除去債務会計基準	企業会計基準第18号「資産除去債務に関する会計基準」
金融商品会計基準	企業会計基準第10号「金融商品に関する会計基準」

金融商品時価等適用指針	企業会計基準適用指針第19号「金融商品の時価等の開示に関する適用指針」
減損会計基準	企業会計審議会「固定資産の減損に係る会計基準」
減損適用指針	企業会計基準適用指針第6号「固定資産の減損に係る会計基準の適用指針」
結合分離適用指針	企業会計基準適用指針第10号「企業結合会計基準及び事業分離等会計基準に関する適用指針」
実務対応報告第35号	実務対応報告第35号「公共施設等運営事業における運営権者の会計処理等に関する実務上の取扱い」
不動産流動化実務指針	移管指針第10号「特別目的会社を活用した不動産の流動化に係る譲渡人の会計処理に関する実務指針」
金融商品実務指針	移管指針第9号「金融商品会計に関する実務指針」
連結キャッシュ・フロー実務指針	移管指針第6号「連結財務諸表等におけるキャッシュ・フロー計算書の作成に関する実務指針」
（IFRS会計基準）	
IFRS第16号	IFRS第16号「リース」
IFRS第15号	IFRS第15号「顧客との契約から生じる収益」
IAS第16号	IAS第16号「有形固定資産」
IAS第17号	IAS第17号「リース」
IAS第40号	IAS第40号「投資不動産」
IAS第41号	IAS第41号「農業」
（米国会計基準）	
ASC 842	FASB Accounting Standards CodificationのTopic 842「リース」
ASC 606	FASB Accounting Standards CodificationのTopic 606「顧客との契約から生じる収益」

　なお，本書における「基準○項」および「指針○項」の記載は，特に断りのない限り，それぞれ企業会計基準第34号「リースに関する会計基準」および企業会計基準適用指針第33号「リースに関する会計基準の適用指針」の項番号を示している。

第 **1** 章

新リース会計基準の概要

第1節　リースに関する会計基準の歴史

⑴　会社計算規則（旧商法計算書類規則）（1988年）

　わが国において，リース会計に関する規定が初めて置かれたのは，1988年（昭和63年）の会社計算規則（旧商法計算書類規則）の改正時である。当時の金融商品取引法（旧証券取引法）における開示規則に先んじて，「リース契約により使用する重要な固定資産は注記しなければならない。ただし，資産の部に計上されるものはこの限りではない。」と，重要なファイナンス・リース取引について注記することが求められた。

　この注記が求められた趣旨は，当時の担当官の解説^{（注）}によると，ファイナンス・リース取引は金融的性質を持ち貸借対照表に計上すべきこと，割賦販売によって購入した資産の処理と均衡を失していることが挙げられている。

　（注）大谷禎男法務省民事局参事官（当時）「計算書類規則の改正について」商事
　　　　法務No.1151（昭和63年7月5日号）

⑵　旧大蔵省企業会計審議会による「リース取引に係る会計基準」（1993年）

　1993年（平成5年）6月に，旧大蔵省企業会計審議会より「リース取引に係る会計基準」（以下「1993年リース取引会計基準」という）が公表され，リース取引をファイナンス・リース取引とオペレーティング・リース取引に区分し，ファイナンス・リース取引については，原則として通常の売買取引に係る方法に準じて会計処理することとされた。

　1993年リース取引会計基準と同時に公表された「リース取引に係る会計基準に関する意見書」（企業会計審議会第一部会）では，制定の理由について次のように記述されている。

　我が国の現行の企業会計実務においては，リース取引は，その取引契約に係る法的形式に従って，賃貸借取引として処理されている。しかしながら，リース取引の中には，その経済的実態が，当該物件を売買した場合と同様の状態にあると認められるものがかなり増加してきている。かかるリース取引について，これを

賃貸借取引として処理することは，その取引実態を財務諸表に的確に反映するものとはいいがたく，このため，リース取引に関する会計処理および開示方法を総合的に見直し，公正妥当な会計基準を設定することが，広く各方面から求められてきている。

1993年リース取引会計基準は，リース取引をファイナンス・リース取引とオペレーティング・リース取引に分類する点や，借手がリース資産を固定資産として計上する点など，当時の国際会計基準および米国会計基準と平仄を合わせるものであった。しかし，ファイナンス・リース取引のうち所有権移転外ファイナンス・リース取引については，例外的に，売買処理を行った場合と同等の情報を注記することを要件として通常の賃貸借取引に係る方法に準じた処理（以下，本章において「例外処理」という）を行うことができるものとされていた。この例外処理が認められた理由としては，明示はされていないものの，法人税法がリース取引を賃貸借として扱っていることと平仄を合わせたものであるといわれている。

1993年リース取引会計基準を適用していた大半の企業においては，この例外処理が採用されていたと指摘されている。

(3) 企業会計基準第13号「リース取引に関する会計基準」等（2007年）

2001年11月に，企業会計基準委員会（以下「ASBJ」という）は，テーマ協議会から例外処理の再検討について次のような提言を受けた。

テーマ協議会の提言書（短期的なテーマ案抜粋）
（リース取引の会計処理）
　現在，例外的に認められている所有権移転外ファイナンス・リースの賃貸借処理（オフバランス処理）は，国際的には例のない会計処理にもかかわらず，わが国における実務では主流となっている。このようなオフバランス処理は，固定資産の減損会計導入時に障害になることも予想され，会計処理の再検討が必要である。

2002年7月より，ASBJは，これらのテーマに関する審議を開始した。ASBJは4年にわたる審議を行い，その間に以下を公表した。

4

図表 1-1-1 改正前リース会計基準の公表に至る経緯

2004年3月	「所有権移転外ファイナンス・リース取引の会計処理に関する検討の中間報告」
2006年7月 （試案）	試案「リース取引に関する会計基準（案）」および 試案「リース取引に関する会計基準の適用指針（案）」
2006年12月 （公開草案）	企業会計基準公開草案第17号「リース取引に関する会計基準（案）」および 企業会計基準適用指針公開草案第21号「リース取引に関する会計基準の適用指針（案）」
2007年3月 （最終基準等）	企業会計基準第13号「リース取引に関する会計基準」（以下「改正前のリース会計基準」という）および 企業会計基準適用指針第16号「リース取引に関する会計基準の適用指針」（以下「改正前のリース適用指針」という。また，以上を合わせて「改正前リース会計基準」という）

　改正前リース会計基準における重要なポイントとしては，次の2点が挙げられる。

① 所有権移転外ファイナンス・リースに係る例外処理が廃止されたこと
② 土地，建物等の不動産のリース取引（契約上，賃貸借となっているものを含む）についてもリース会計基準の適用対象となることが明示されたこと

⑷ 企業会計基準第34号「リースに関する会計基準」等（2024年）

　2016年1月に，国際会計基準審議会（以下「IASB」という）は，IFRS第16号「リース」（以下「IFRS第16号」という）を公表した。また，同年2月に，米国財務会計基準審議会（以下「FASB」という）は，ASC 842「リース」（以下「ASC 842」という）を公表した。これらの会計基準では，借手の会計処理に関して，主に費用配分の方法は異なるものの，原資産の引渡しにより借手に支配が移転した使用権部分に係る資産（使用権資産）と当該移転に伴う負債（リース負債）を計上する使用権モデルにより，これまでのオペレーティング・リースを含むすべてのリースについて資産および負債を計上する（オンバランス）こととしている。

第1章　新リース会計基準の概要　　5

　このようなIFRS第16号およびASC 842の公表により，改正前リース会計基準とは特に負債の認識において違いが生じることとなり，国際的な比較において議論となる可能性があった。

　このような状況を踏まえ，2019年3月に，ASBJは，借手のすべてのリースについて資産および負債を計上する会計基準の開発に着手することとした。ASBJは，その後に検討を重ね，2023年5月に公開草案を公表した後，2024年9月に，以下の会計基準および適用指針を公表するに至った。

- 企業会計基準第34号「リースに関する会計基準」（以下「（新リース会計基準における）会計基準」という）
- 企業会計基準適用指針第33号「リースに関する会計基準の適用指針」（以下「（新リース会計基準における）適用指針」という。また，以上を合わせて「新リース会計基準」という）

図表1-1-2　借手の会計処理に関する国際的な動向との比較

IFRS会計基準	米国会計基準	日本基準
IAS第17号「リース」（※）ファイナンス・リースをオンバランス	ASC 840「リース」キャピタル・リースをオンバランス	改正前リース会計基準ファイナンス・リースをオンバランス
↓	↓	↓
IFRS第16号「リース」（2016年1月公表）すべてのリースをオンバランス	ASC 842「リース」（2016年2月公表）すべてのリースをオンバランス	新リース会計基準（2024年9月公表）すべてのリースをオンバランス

（※）　以下「IAS第17号」という。

6

第2節　新リース会計基準の概要

1　基準改正における基本的な方針

(1)　基本的な方針

　借手のすべてのリースについて資産および負債を計上する会計基準の開発にあたって，ASBJが定めた基本的な方針は次のとおりである（基準^{（※）}BC13項）。

　（※）　企業会計基準第34号「リースに関する会計基準」をいう。以下同様。

（借手）
① 借手の費用配分の方法
　IFRS第16号と同様に，すべてのリースについて，使用権資産に係る減価償却費およびリース負債に係る利息相当額を計上する単一の会計処理モデルによる（基準BC39項）。
② IFRS第16号と整合性を図る程度
　IFRS第16号のすべての定めを取り入れるのではなく，主要な定めの内容のみを取り入れることにより，簡素で利便性が高く，かつ，IFRS会計基準を任意適用して連結財務諸表を作成している企業（IFRS会計基準任意適用企業）がIFRS第16号の定めを個別財務諸表に用いても，基本的に修正が不要となる会計基準とする。
　その上で，国際的な比較可能性を大きく損なわせない範囲で代替的な取扱いを定める，または，経過的な措置を定める等，実務に配慮した方策を検討する。

（貸手）
　貸手の会計処理については，IFRS第16号およびASC 842ともに抜本的な変更は行われていないため，次の点を除き，基本的に，改正前リース会計基準の定めを維持する。
　(1) 企業会計基準第29号「収益認識に関する会計基準」（以下「収益認識会計基準」という）との整合性を図る点
　(2) リースの定義およびリースの識別

(2)　IFRS第16号の主要な定めのみを取り入れる開発方針

　借手の会計処理についてIFRS第16号の主要な定めの内容のみを取り入れる開発方針について，ASBJは次のように説明している。

第1章 新リース会計基準の概要 7

- IFRS第16号の主要な定めとして取り入れなかった項目について，IFRS第16号と同じ適用結果となることを意図するものではなく，取り入れた主要な定めの内容に基づき判断が行われることを意図している。したがって，適切な会計処理は，IFRS第16号における詳細な定めに基づき会計処理を行った結果に限定されない（指針^{（※1）}BC4項）。
- IFRS第16号と異なる会計処理モデルを採用しているセール・アンド・リースバック取引（第9章参照）を除き，基本的には，IFRS第16号と同様の会計処理を行うことを妨げてはいない（コメント対応表^{（※2）}4）。

（※1）　企業会計基準適用指針第33号「リースに関する会計基準の適用指針」をいう。以下同様。
（※2）　ASBJ「企業会計基準公開草案第73号「リースに関する会計基準（案）」等に対するコメント」における「5. 主なコメントの概要とその対応」をいう。以下同様。

　以上の2点は，それぞれ，基本的な方針における次の点と対応していると考えられる。

- 簡素で利便性が高い会計基準とする。
- IFRS会計基準任意適用企業がIFRS第16号の定めを個別財務諸表に用いても，基本的に修正が不要となる会計基準とする。

　本書では，以上の点を踏まえて，IFRS第16号における詳細な定めを参照できるように，各章の関連する箇所において「（参考）IFRS会計基準における取扱い」を記載するとともに，各章の最終節にある「IFRS会計基準との比較」において，新リース会計基準ではIFRS会計基準の主要な定めとして取り入れられていない項目のうち主なものについても記載している。

② 新リース会計基準の概要

　以下では，新リース会計基準の主なポイントをまとめている。それぞれの内容の詳細については，関連する各章を参照されたい。

(1) 適用範囲（第3章参照）

　改正前リース会計基準においては，典型的なリース取引，すなわち役務提供相当額のリース料に占める割合が低いものを対象としている（改正前のリース

8

適用指針111項)。

　新リース会計基準は，役務提供相当額のリース料に占める割合にかかわらず，リースを含む契約におけるリースを適用範囲としている（指針BC16項)。

(2)　リースの定義および識別（第4章参照)

　改正前リース会計基準において，「リース取引」は次のように定義されている（改正前のリース会計基準4項)。

> 特定の物件の所有者たる貸手（レッサー）が，当該物件の借手（レッシー）に対し，合意された期間にわたりこれを使用収益する権利を与え，借手は，合意された使用料を貸手に支払う取引

　新リース会計基準においては，「リース」は次のように定義されている（基準6項)。

> 原資産を使用する権利を一定期間にわたり対価と交換に移転する契約または契約の一部分

　この定義は，IFRS第16号におけるリースの定義をIFRS第16号の主要な定めとして取り入れたものである（基準BC25項)。

(3)　契約の対価の配分（第5章参照)

　改正前リース会計基準は，リースを含む契約におけるリースを適用範囲としており，役務提供等の「リースを構成しない部分」の会計処理については取り扱っていない。

　新リース会計基準では，次のことを定めている。

> ● リースを含む契約について，原則として，リースを構成する部分とリースを構成しない部分とに分けて会計処理を行うこと（指針9項)
> ● この会計処理のために，リースを含む契約における対価の金額を，リースを構成する部分とリースを構成しない部分へ配分すること（指針11項，13項)

第1章 新リース会計基準の概要 9

(4) 借手の会計処理（第6章参照）

新リース会計基準においては，借手における資産および負債の計上と費用配分の方法について，IFRS第16号と整合的な会計処理モデルを採用している。借手の会計処理の主なポイントは次のとおりである。

- オペレーティング・リースとファイナンス・リースの分類は行わない。
- 原則として，すべてのリースについて，使用権資産とリース負債を計上する。

使用権資産	借手が原資産（リースの対象となる資産）をリース期間にわたり使用する権利を表す資産（基準10項）
リース負債	借手のリース料に基づき算定される負債（基準34項）

- 使用権資産とリース負債を計上する場合，原則として，借手のリース期間にわたり，使用権資産に係る減価償却費とリース負債に係る利息相当額を計上する。
- 例外的に，短期リースおよび少額リースについては，使用権資産とリース負債を計上しない選択肢を採用できる。当該選択肢を採用したリースについては，借手のリース期間にわたり原則として定額法で費用を認識する。
- リース負債の算定等に用いられる「借手のリース期間」は解約不能期間に一定の要件を満たす延長オプションの対象期間等を加えて決定される。

図表1-2-1 借手の会計処理の改正点のイメージ

	オペレーティング・リース	ファイナンス・リース
改正前リース会計基準	貸借対照表 なし（オフバランス） 損益計算書 支払リース料	貸借対照表 リース資産　リース債務 損益計算書 減価償却費 支払利息
新リース会計基準	貸借対照表 使用権資産　リース負債 損益計算書 減価償却費 支払利息 （※）　オペレーティング・リースとファイナンス・リースの分類は行わない。	

　これにより，改正前リース会計基準におけるオペレーティング・リースに関する費用は，これまでの支払リース料から，減価償却費と支払利息に区分されて計上される。したがって，当該費用については，次のとおり期間配分と表示区分の点で変更が生じることとなる（**図表1-2-2**参照）。

- 減価償却費と支払利息を合算した費用は，リース期間の前半により多めに認識される。
- 支払利息については，通常，営業外費用として計上されるため，営業費用は少なめに認識される（すなわち，営業利益へプラスの効果がある）。

図表1-2-2　改正前リース会計基準におけるオペレーティング・リースへの影響

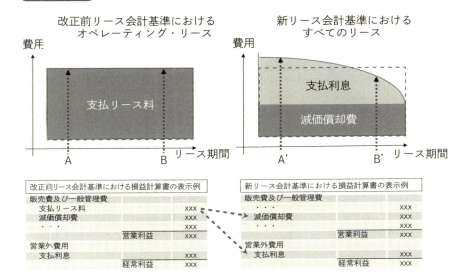

(5) 貸手の会計処理（第7章参照）

新リース会計基準において，貸手の会計処理については，次の点を除き，基本的に改正前リース会計基準の定めを踏襲している（基準BC53項）。

- 収益認識会計基準との整合性を図る点
- リースの定義およびリースの識別

(6) サブリース取引（第8章参照）

新リース会計基準では，サブリース取引の定義を定めた上で（指針4項(12)），ヘッドリースにおける借手である「中間的な貸手」は，原則として，IFRS第16号と同様にヘッドリースとサブリースを2つの別個の契約として借手と貸手の両方の会計処理を行う。

また，新リース会計基準固有の例外的な定めとして，中間的な貸手がヘッドリースに対してリスクを負わない場合の取扱いと転リース取引の取扱いを定めている。

(7) セール・アンド・リースバック取引 (第9章参照)

　新リース会計基準では，セール・アンド・リースバック取引について，ASC 842における定めを参考に，売手である借手の会計処理について次のように定めている（指針55項，56項）。

　次の(1)または(2)のいずれかを満たすときは，資産の譲渡とリースバックを一体の取引とみて，金融取引として会計処理を行う。
　(1)　収益認識会計基準などの他の会計基準等に従うと売手である借手による資産の譲渡が損益を認識する売却に該当しない。
　(2)　リースバックにより，売手である借手が資産からもたらされる経済的利益のほとんどすべてを享受することができ，かつ，資産の使用に伴って生じるコストのほとんどすべてを負担することとなる。

　上記(1)および(2)を満たさないときは，資産の譲渡について収益認識会計基準などの他の会計基準等に従い損益を認識し，リースバックについて新リース会計基準に従い借手の会計処理を行う。

　この結果，新リース会計基準におけるセール・アンド・リースバック取引の取扱いは，IFRS第16号とは異なっている。

(8) 借手の表示および注記事項 (第10章参照)

　借手の会計処理をIFRS第16号と整合的なものとする中で，借手の表示および注記事項についても，IFRS第16号と整合的なものとされている。ただし，借手の注記事項については，「開発にあたっての基本的な方針」（基準BC13項参照）を踏まえて，IFRS第16号における定めのうち，取り入れなくとも国際的な比較可能性を大きく損なわせない内容については，取り入れられていない（基準BC58項，BC67項）。

(9) 貸手の表示および注記事項 (第10章参照)

　貸手の表示については，改正前リース会計基準を踏襲して，原則として，貸借対照表において，所有権移転ファイナンス・リースに係るリース債権と所有権移転外ファイナンス・リースに係るリース投資資産は区分して表示する（基準BC63項）。

　貸手の注記事項については，国際的に貸手の注記事項が拡充していること等

第1章 新リース会計基準の概要 13

を踏まえて，IFRS第16号と整合的なものとされている（基準BC68項）。

③ 借手の企業に対する財務数値および財務指標への影響

新リース会計基準において，借手の会計処理はすべてのリースをオンバランスする等の変更がされている。これにより，借手の企業の財務数値へは，一般的に**図表1-2-3**のとおり影響があると考えられる。

図表1-2-3 借手の企業に対する財務数値への影響

財務諸表	財務数値	影響	説明
貸借対照表	総資産	↑	すべてのリースについて使用権資産を計上
	総負債	↑	すべてのリースについてリース負債を計上
損益計算書	営業費用	↓	改正前リース会計基準におけるオペレーティング・リースに係る支払リース料（営業費用）について，その一部を支払利息（営業外費用）として計上
	営業利益	↑	
	営業外費用	↑	
キャッシュ・フロー計算書	営業CF	↑	改正前リース会計基準におけるオペレーティング・リースに係る支払リース料（営業キャッシュ・アウトフロー）について，その一部をリース負債の元本返済（財務キャッシュ・アウトフロー）として計上
	財務CF	↓	

また，借手の企業の主な財務指標へは，一般的に**図表1-2-4**のとおり影響があると考えられる。

図表1-2-4 借手の企業に対する主な財務指標への影響

財務指標	影響	説明
自己資本比率 （資本÷（総負債＋資本））	↓	総負債の増加による
総資産回転率 （売上高÷総資産）	↓	総資産の増加による
ROA 利益÷総資産	↓	総資産の増加による
流動比率 （流動資産÷流動負債）	↓	リース負債の一部が流動負債の増加に反映されるため
EBIT （税引前当期純利益＋支払利息－受取利息）	↑	改正前リース会計基準におけるオペレーティング・リースに係る支払リース料（営業費用）について，その一部が支払利息（営業外費用）として計上されるため
EBITDA （税引前当期純利益＋特別利益＋支払利息＋減価償却費）	↑	改正前リース会計基準におけるオペレーティング・リースに係る支払リース料について，リース負債に係る支払利息と使用権資産に係る減価償却費として計上されることにより，EBITDAに加算されるため
インタレスト・カバレッジ・レシオ （EBIT÷支払利息）	↓	EBITと支払利息が同額増加するため

4 新リース会計基準の適用対象となる企業

ASBJの公表する会計基準等は，新リース会計基準を含め，金融商品取引法適用会社，会社法上の大会社等の会計監査人を設置している会社およびそれらの子会社等が対象となると考えられる（**図表1-2-5**）。

第1章 新リース会計基準の概要 15

図表1-2-5 新リース会計基準の適用対象となる企業

ASBJの公表する会計基準等 （新リース会計基準を含む）		中小企業の会計に関する指針 中小会計要領
連結財務諸表規則/財務諸表等規則　会社計算規則		会社計算規則
一般に公正妥当と認められる企業会計の基準　一般に公正妥当と認められる企業会計の基準		その他の企業会計の慣行
会社法対象企業（すべての株式会社）		
① 金融商品取引法対象企業　② 会計監査人設置会社　③ ①および②の子会社等		④ ①～③以外の企業

5 個別財務諸表への適用

　新リース会計基準では，連結財務諸表と個別財務諸表の会計処理は同一であるべきとする基本的な考え方および方針を覆すに値する事情は存在しないと判断し，連結財務諸表と個別財務諸表の会計処理を同一としている（基準BC20項，BC21項）。

6 新リース会計基準の実務への適用を検討する過程における実務上著しく困難な状況に対する別途の対応

　新リース会計基準の実務への適用を行う過程で当該基準の開発時に想定していなかった事態に備えることができるように，次の対応を行うこととしている（基準BC12項）。

> 収益認識会計基準の公表時における対応（収益認識会計基準96項）と同様に，本会計基準の実務への適用を検討する過程で，本会計基準における定めが明確であるものの，これに従った処理を行うことが実務上著しく困難な状況が市場関係者により識別され，その旨当委員会に提起された場合には，公開の審議により，別途の対応を図ることの要否を当委員会において判断することとした。

第 **2** 章

新リース会計基準の目的と
用語の定義

第1節　新リース会計基準の目的

　新リース会計基準では，会計基準および適用指針において，それぞれの目的を次のとおり定めている。

会計基準（1項）	会計基準の範囲に定めるリースに関する会計処理および開示について定めること。
適用指針（1項）	会計基準を適用する際の指針を定めること。 なお，地上権の開示については「企業会計原則」に定めがあるが，当該地上権を含む借地権の設定に係る権利金等に関する開示については，本適用指針を優先して適用する。

（地上権の取扱い）

　地上権は，企業会計原則　第三　貸借対照表原則　四（一）Bにおいて，無形固定資産に属するものとされている。

　新リース会計基準では，地上権を含む借地権の設定に係る権利金等（指針4項(3)および(9)）は，使用権資産の取得価額に含めることとしている（指針27項，第6章第6節②参照）。そのため，新リース会計基準では，借地権の設定に係る権利金等に関する開示について，新リース会計基準を優先して適用することとしている（指針BC6項）。

　この結果，借地権の設定に係る権利金等については，使用権資産の一部として次のいずれかで表示される（基準49項）。

(1)　対応する原資産を自ら所有していたと仮定した場合に貸借対照表において表示するであろう科目に含める。
(2)　対応する原資産の表示区分（有形固定資産，無形固定資産，投資その他の資産等）において使用権資産として区分する。

第2章　新リース会計基準の目的と用語の定義　19

第2節　用語の定義

1 主な改正点

　改正前リース会計基準において，「用語の定義」のセクションで定義されている用語は以下のみである。それ以外の主な用語（例えば，所有権移転ファイナンス・リース等）は，「用語の定義」以外のセクションで，説明されている。

- リース取引
- ファイナンス・リース取引
- オペレーティング・リース取引
- リース取引開始日

　新リース会計基準においては，改正前リース会計基準と比較して，より多くの用語が定義されている。この中では，IFRS第16号における借手に関する用語の定義のうち，新リース会計基準に関連のあるものを一部は簡素化の上で「用語の定義」に含めている。また，貸手に関する用語の定義については，改正前リース会計基準における定義等を基本的に踏襲している。

　新リース会計基準において定義された用語については，次のように分類できると考えられる。

図表2-2-1　新リース会計基準において定義された用語の一覧

	会計基準における定義	適用指針における定義
IFRS第16号の定義が参照されている用語（※1）	（リースの定義，識別） 契約，リース，借手，貸手，原資産 （借手の会計処理） 使用権資産，借手のリース期間，リース開始日，借手のリース料，借手の固定リース料，借手の変動リース料，残価保証，リース	（リースの定義，識別） 使用期間 （借手の会計処理） 短期リース，リースの契約条件の変更の発効日 （その他） セール・アンド・リースバック取引，サブリース取引

	の契約条件の変更	
わが国固有の事実関係に関して追加された用語	該当なし	（借地権関係） 借地権，借地権者，借地権設定者，旧借地権，普通借地権，定期借地権，借地権の設定に係る権利金等
改正前リース会計基準から基本的に踏襲されている用語 （※2）	（借手貸手共通） 再リース期間 （貸手の会計処理） ファイナンス・リース，所有権移転ファイナンス・リース，所有権移転外ファイナンス・リース，オペレーティング・リース，貸手のリース期間，貸手のリース料	該当なし

（※1） 一部の用語については，IFRS第16号の定義を簡素化の上で，新リース会計基準に取り込まれている。

（※2） 一部の用語については，改正前リース会計基準の定めを踏襲した上で，追加の選択肢を設けている。

また，新リース会計基準では改正前リース会計基準における用語について，次のような変更を行っている。

図表2-2-2 主な用語の変更

改正前リース会計基準	新リース会計基準
リース取引およびリース契約	リース
ファイナンス・リース取引	ファイナンス・リース
オペレーティング・リース取引	オペレーティング・リース
リース物件	原資産
リース資産	使用権資産
リース債務	リース負債

第2章　新リース会計基準の目的と用語の定義　　21

2　用語の定義

　新リース会計基準において定義されている用語と本書における関連箇所は次のとおりである。

図表 2-2-3　会計基準における用語の定義

用語	定　義	関連箇所
契約	法的な強制力のある権利および義務を生じさせる複数の当事者間における取決めをいう。契約には，書面，口頭，取引慣行等が含まれる（5項）。	第4章第3節1
リース	原資産を使用する権利を一定期間にわたり対価と交換に移転する契約または契約の一部分をいう（6項）。	第4章第1節1
借手	リースにおいて原資産を使用する権利を一定期間にわたり対価と交換に獲得する者をいう（7項）。	第6章
貸手	リースにおいて原資産を使用する権利を一定期間にわたり対価と交換に提供する者をいう（8項）。	第7章
原資産	リースの対象となる資産で，貸手によって借手に当該資産を使用する権利が移転されているものをいう（9項）。	第4章第1節1
使用権資産	借手が原資産をリース期間にわたり使用する権利を表す資産をいう（10項）。	第6章第6節2
ファイナンス・リース	契約に定められた期間の中途において当該契約を解除することができないリースまたはこれに準ずるリースで，借手が，原資産からもたらされる経済的利益を実質的に享受することができ，かつ，当該原資産の使用に伴って生じるコストを実質的に負担することとなるリースをいう（11項）。	第7章第5節
所有権移転ファイナンス・リース	契約上の諸条件に照らして原資産の所有権が借手に移転すると認められるファイナンス・リースをいう（12項）。	第7章第5節
所有権移転外ファイナンス・リース	所有権移転ファイナンス・リース以外のファイナンス・リースをいう（13項）。	第7章第5節

用語	定　義	関連箇所
オペレーティング・リース	ファイナンス・リース以外のリースをいう（14項）。	第7章 第5節
借手のリース期間	借手が原資産を使用する権利を有する解約不能期間に，次の(1)および(2)の両方を加えた期間をいう（15項）。 (1)　借手が行使することが合理的に確実であるリースの延長オプションの対象期間 (2)　借手が行使しないことが合理的に確実であるリースの解約オプションの対象期間	第6章 第2節
貸手のリース期間	貸手が選択した次のいずれかの期間をいう（16項）。 (1)　借手のリース期間と同様の方法により決定した期間 (2)　借手が原資産を使用する権利を有する解約不能期間（事実上解約不能と認められる期間を含む）にリースが置かれている状況からみて借手が再リースする意思が明らかな場合の再リース期間を加えた期間	第7章 第2節
再リース期間	再リースに関する取決めにおける再リースに係るリース期間をいう（17項）。	第6章 第2節④ 第7章 第2節②
リース開始日	貸手が，借手による原資産の使用を可能にする日をいう（18項）。	第6章 第2節 第7章 第2節
借手のリース料	借手が借手のリース期間中に原資産を使用する権利に関して行う貸手に対する支払であり，次のもので構成される。 (1)　借手の固定リース料 (2)　指数またはレートに応じて決まる借手の変動リース料 (3)　残価保証に係る借手による支払見込額 (4)　借手が行使することが合理的に確実である購入オプションの行使価額 (5)　リースの解約に対する違約金の借手による支払額（借手のリース期間に借手による解約オプションの行使を反映している場合）	第6章 第3節

第2章　新リース会計基準の目的と用語の定義　　23

用語	定　義	関連箇所
	借手のリース料には，契約におけるリースを構成しない部分に配分する対価は含まれない。ただし，借手がリースを構成する部分とリースを構成しない部分とを分けずに，リースを構成する部分と関連するリースを構成しない部分とを合わせてリースを構成する部分として会計処理を行う場合を除く（19項）。	
借手の固定リース料	借手が借手のリース期間中に原資産を使用する権利に関して行う貸手に対する支払であり，借手の変動リース料以外のものをいう（20項）。	第6章第3節①
借手の変動リース料	借手が借手のリース期間中に原資産を使用する権利に関して行う貸手に対する支払のうち，リース開始日後に発生する事象または状況の変化（時の経過を除く）により変動する部分をいう。借手の変動リース料は，指数またはレートに応じて決まる借手の変動リース料とそれ以外の借手の変動リース料により構成される（21項）。	第6章第3節②第6章第3節⑥
残価保証	リース終了時に，原資産の価値が契約上取り決めた保証価額に満たない場合，その不足額について貸手と関連のない者が貸手に対して支払う義務を課せられる条件をいう。貸手と関連のない者には，借手および借手と関連のある当事者ならびに借手以外の第三者が含まれる（22項）。	第6章第3節③第7章第3節②
貸手のリース料	借手が貸手のリース期間中に原資産を使用する権利に関して行う貸手に対する支払であり，リースにおいて合意された使用料（残価保証がある場合は，残価保証額を含む）をいう。貸手のリース料には，契約におけるリースを構成しない部分に配分する対価は含まれない。また，貸手のリース料には，将来の業績等により変動する使用料は含まれない（23項）。	第7章第3節
リースの契約条件の変更	リースの当初の契約条件の一部ではなかったリースの範囲またはリースの対価の変更（例えば，1つ以上の原資産を追加もしくは解約することによる原資産を使用する権利の追加もしくは解約，または，契約期間の延長もしくは短縮）をいう（24項）。	第6章第8節

24

図表 2 - 2 - 4 適用指針における用語の定義

用語	定義	関連箇所
使用期間	資産が顧客との契約を履行するために使用される期間（非連続の期間を含む）をいう（4項(1)）。	第6章第2節⑤
短期リース	リース開始日において，借手のリース期間が12か月以内であり，購入オプションを含まないリースをいう（4項(2)）。	第6章第5節①
借地権	建物の所有を目的とする地上権または土地の賃借権をいう（借地借家法（平成3年法律第90号）附則第2条の規定による廃止前の借地法（以下「借地法」という）第1条，借地借家法第2条第1号）（4項(3)）。	第6章第6節②(4)
借地権者	借地権を有する者をいう（4項(4)）。	第6章第6節②(4)
借地権設定者	借地権者に対して借地権を設定している者をいう（4項(5)）。	第6章第6節②(4)
旧借地権	借地法の規定により設定された借地権をいう（4項(6)）。	第6章第6節②(4)
普通借地権	定期借地権以外の借地権（旧借地権を除く）をいう（4項(7)）。	第6章第6節②(4)
定期借地権	借地借家法第22条第1項，第23条第1項および第2項または第24条第1項の規定による定めのある借地権をいう（4項(8)）。	第6章第6節②(4)
借地権の設定に係る権利金等	借地権の設定において借地権者である借手が借地権設定者である貸手に支払った権利金，および借手と貸手との間で借地契約を締結するにあたり当該貸手が第三者と借地契約を締結していた場合に，当該借手が当該第三者に対して支払う借地権の譲渡対価をいう（4項(9)）。	第6章第6節②(4)
リースの契約条件の変更の発効日	契約の両方の当事者がリースの契約条件の変更に合意した日をいう（4項(10)）。	第6章第8節
セール・アンド・リースバック取引	売手である借手が資産を買手である貸手に譲渡し，売手である借手が買手である貸手から当該資産をリース（以下「リースバック」という）する取引をいう（4項(11)）。	第9章

第2章　新リース会計基準の目的と用語の定義　25

| サブリース取引 | 原資産が借手から第三者にさらにリース（以下「サブリース」という）され，当初の貸手と借手の間のリースが依然として有効である取引をいう。以下，当初の貸手と借手の間のリースを「ヘッドリース」，ヘッドリースにおける借手を「中間的な貸手」という（4項⑿）。 | 第8章 |

第3節　IFRS会計基準との比較

1　リース料およびリース期間の定義

　新リース会計基準において，借手の会計処理についてはIFRS第16号と基本的に整合的な取扱いとする一方で，貸手の会計処理については一部を除き改正前リース会計基準を基本的に踏襲する取扱いとされている。

　この結果，リース期間とリース料に関する定義は，借手と貸手との間で共通の定めとはなっていない。この点は，両者の間で共通の定めとなっているIFRS会計基準との差異である。

26

図表 2-3-1　（参考）IFRS会計基準におけるリース期間およびリース料の定義
（IFRS16.付録Ａ）

リース期間	借手が原資産を使用する権利を有する解約不能期間に，次の両方を加えた期間 (a) リースを延長するオプションの対象期間（借手が当該オプションを行使することが合理的に確実である場合） (b) リースを解約するオプションの対象期間（借手が当該オプションを行使しないことが合理的に確実である場合）
リース料	借手が貸手にリース期間中に原資産を使用する権利に関して行う支払であり，次のもので構成される。 (a) 固定リース料（実質上の固定リース料を含む）からリース・インセンティブを控除したもの (b) 変動リース料のうち指数またはレートに応じて決まるもの (c) 購入オプションの行使価格（借手が当該オプションを行使することが合理的に確実である場合） (d) リースの解約のためのペナルティの支払（リース期間が借手がリースを解約するオプションを行使することを反映している場合） （以下省略）

② 短期リースの定義

短期リースの定義は，新リース会計基準とIFRS第16号において次の点で同様に定められている。

- リース開始日において，（借手の）リース期間が12か月以内のリースであること
- 購入オプションを含んでいないリースであること

なお，米国会計基準における短期リースの定義は，上記の１点目は同様であるが，２点目については，「行使可能性が合理的に確実である購入オプションを含んでいないリースであること」としている点で差異がある（ASC 842-20）。

③ 日本基準においてのみ定義されている用語

日本基準においては，特有の取扱いが定められている事項に関連する用語が定義されている。

第2章　新リース会計基準の目的と用語の定義　　27

図表2-3-2 日本基準においてのみ定義されている用語

用語	日本基準における特有の取扱い
借地権，借地権者，借地権設定者，旧借地権，普通借地権，定期借地権，借地権の設定に係る権利金等	借地権の設定に係る権利金等の会計処理（指針27項等）
再リース期間	貸手および借手の会計処理における再リース期間の取扱い（指針52項，76項，80項）
所有権移転外ファイナンス・リース，所有権移転ファイナンス・リース	貸手のファイナンス・リースについて，所有権移転外型と所有権移転型に分類する取扱い（基準44項等）

第 **3** 章

適用範囲

| 第1節 | 適用範囲の原則 |

　新リース会計基準はすべてのリース（基準6項，第4章参照）に関する会計処理および開示に適用される。ただし，下記のものは除く（基準3項，4項）。

---

(1)　実務対応報告第35号「公共施設等運営事業における運営権者の会計処理等に関する実務上の取扱い」（以下「実務対応報告第35号」という）の範囲に含まれる運営権者による公共施設等運営権の取得

(2)　鉱物，石油，天然ガスおよび類似の非再生型資源を探査するまたは使用する権利の取得（後述第2節参照）

(3)　基準3項(2)および4項に該当する無形固定資産のリース（後述第3節参照）

---

　(1)については，改正前リース会計基準の取扱いを踏襲している。

| 第2節 | 鉱物，石油，天然ガスおよび類似の非再生型資源を探査するまたは使用する権利の取得 |

　鉱物，石油，天然ガスおよび類似の非再生型資源を探査するまたは使用する権利の取得については，国際的な会計基準との整合性を図る観点等を踏まえて，新リース会計基準の適用範囲外とされている。

　新リース会計基準の適用範囲外とされる取引には，探査にあたって土地を使用する権利の取得が含まれる。一方，資源を探査するために使用する機械装置等（例えば，掘削設備）の個々の資産を使用する権利の取得は含まれない。したがって，このような個々の資産を使用する権利については，新リース会計基準に従って，リースに該当するか否かの判断を行い，該当する場合にはリースとして会計処理を行う（基準BC19項）。

第3章　適用範囲　　31

第3節　無形固定資産のリース

1　借手の取扱い

　借手は，無形固定資産のリースについて，新リース会計基準を適用するか否かを選択できる（基準4項）。

2　貸手の取扱い

(1)　貸手における無形固定資産のリース

　貸手は，無形固定資産のリースについて，貸手の属性およびリースの内容に応じて**図表3-3-1**のとおり取り扱う（基準3項(2)，4項）。

図表3-3-1　貸手における無形固定資産のリースの取扱い

貸手の属性＼リースの内容	①：収益認識会計基準の適用範囲に含まれる知的財産のライセンスの供与	②：①以外の無形固定資産のリース
製造または販売以外を事業とする貸手	新リース会計基準と収益認識会計基準のいずれを適用するかを選択できる。	新リース会計基準を適用するか否かを選択できる。
上記以外の貸手	収益認識会計基準を適用する（すなわち，新リース会計基準を適用することはできない）。	

　図表3-3-1の①におけるライセンスの供与については，収益認識会計基準の適用範囲に含まれるため，原則として新リース会計基準は適用されない。

　ただし，製造または販売以外を事業とする貸手（指針71項(2)）は，例外的に，新リース会計基準を適用することを選択できる。このような例外的取扱いが認められる状況の例としては，リースを主たる事業としている貸手企業のように，もっぱら金融取引として利息を稼得するためにリースが利用されている場合

（基準BC17項）が考えられる。

　図表3-3-1の②に該当する無形固定資産のリースについては，貸手は，新リース会計基準を適用するか否かを選択できる。また，貸手が新リース会計基準を適用しないことを選択した場合，リースの提供先（借手）が収益認識会計基準における顧客に該当する場合には，収益認識会計基準が適用されると考えられる。

⑵　契約に無形固定資産のリースと有形固定資産のリースが含まれている場合の取扱い

　例えば，1つの契約において貸手が知的財産のライセンスの供与と機器のリースとを同時に行う場合，前者が後者とは別個の財またはサービス（収益認識会計基準32項，34項）に該当するかどうかに応じて，次のように適用される会計基準が決定されると考えられる（指針BC27項）。

図表3-3-2　ライセンスの供与と機器のリースを含む契約の取扱い

ライセンスの供与が機器のリースとは別個の財またはサービスに該当する場合	ライセンスの供与：収益認識会計基準を適用（※） 機器のリース：新リース会計基準を適用
ライセンスの供与が機器のリースとは別個の財またはサービスに該当しない場合	両者は新リース会計基準の範囲に含まれると考えられる。また，ライセンスの供与は，独立したリースの構成部分（指針16項，第5章第2節②参照）の要件を満たさないとき，機器のリースに含めて会計処理を行うことになると考えられる。

（※）　貸手が，基準3項⑵ただし書きを適用して新リース会計基準を適用する場合を除く。

> （参考）　収益認識会計基準における別個の財またはサービスに該当するかの判断
> 　顧客に約束した財またはサービスは，次の⑴および⑵の要件のいずれも満たす場合には，別個のものとする（収益認識会計基準34項）。
> ⑴　当該財またはサービスから単独で顧客が便益を享受することができること，あるいは，当該財またはサービスと顧客が容易に利用できる他の資源を組み合

わせて顧客が便益を享受することができること（すなわち，当該財またはサービスが別個のものとなる可能性があること）
(2) 当該財またはサービスを顧客に移転する約束が，契約に含まれる他の約束と区分して識別できること（すなわち，当該財またはサービスを顧客に移転する約束が契約の観点において別個のものとなること）

第4節　個別財務諸表への適用

　新リース会計基準は，連結財務諸表と個別財務諸表の両方に適用される。これは，主に次の理由による（基準BC20項）。

- わが国においては，歴史的に連結財務諸表が個別財務諸表の積み上げとして捉えられており，また，投資家の意思決定の有用性について，同じ経済実態に対し，連結財務諸表と個別財務諸表とで異なる考えに基づく会計処理を求める会計基準を開発することは適切ではないとの考えに基づき，従来から，原則として，会計基準は連結財務諸表と個別財務諸表の両方に同様に適用されるものとして開発してきている。
- ASBJが2022年8月に公表した中期運営方針は，開発する会計基準を連結財務諸表と個別財務諸表の両方に同様に適用することが原則であることを示した上で，個々の会計基準の開発においては，特に個別財務諸表において関連諸法規等の利害調整に関係するためにその原則に従うべきではない事象が識別されるかどうかを検討することを示している。

第5節　（参考）改正前リース会計基準の適用範囲

　新リース会計基準では，原則として，すべてのリースを適用範囲に含めている（前述第1節参照）。

　以下では，参考として，改正前リース会計基準の適用範囲についてまとめている。

図表3-5-1 改正前リース会計基準における適用範囲のイメージ

リース取引		
オペレーティング・リース取引	ファイナンス・リース取引	
	典型的なリース取引	典型的なリース取引以外
改正前のリース適用指針の適用範囲		（※）

（※）　実態に基づき会計処理を行う。

1　適用範囲

　改正前リース会計基準においては，ファイナンス・リース取引については，通常の保守等以外の役務提供が組み込まれていない取引，すなわち典型的なリース取引（不動産に係るリース取引を含む）を取り扱っている。一方で，それ以外のファイナンス・リース取引については実態に基づいて適切な会計処理を行う（改正前のリース適用指針3項および89項）。

2　通常の保守等以外の役務提供の取扱い

　「通常の保守等」は，自動車やコピー機などのリース取引におけるメンテナンスなどを想定している。また，「通常の保守等以外の役務提供」とは，例えば，労務の提供等をいう。

　したがって，システム関連業務において，システム機器のリース取引と労務等が一体化されている取引については，改正前リース会計基準の対象としていない。ただし，動産等のリース取引部分と役務提供部分が契約書等で判別できるケースなど容易に分離可能な場合には，動産等のリース取引部分について，改正前リース会計基準を適用する（改正前のリース適用指針89項）。

3　典型的なリース取引以外の取扱い

　典型的なリース取引としては，リース期間中のリース料の支払が均等であり，リース期間がリース物件の経済的耐用年数より長くないことを想定している。したがって，典型的なリース取引に該当しない次のような取引は，改正前リー

ス会計基準の適用範囲の対象外となり，実態に基づき会計処理を行うことになる（改正前のリース適用指針89項）。

- 商業施設の賃貸借契約等において毎月のリース料が借手の店舗の売上高により変動するリース取引
- 月次のリース料がリース期間にわたり逓増または逓減するリース取引
- リース期間がリース物件の経済的耐用年数より長いリース取引

第6節　IFRS会計基準との比較

　日本基準とIFRS会計基準のいずれにおいても，原則としてすべてのリースに対して，それぞれのリースに関する会計基準（新リース会計基準とIFRS第16号）は適用される。

　ただし，例外的にリースに関する会計基準の適用対象外とされる項目等については，次のとおり差異がある。

図表3-6-1　IFRS会計基準との比較

	日本基準	IFRS会計基準
借手における無形（固定）資産のリース	新リース会計基準を適用しないことができる（基準4項）。	IFRS第16号を適用しないことができる。 ただし，映画フィルム，ビデオ録画，演劇脚本，原稿，特許権および著作権などの項目について借手がIAS第38号「無形資産」の範囲に含まれるライセンス契約に基づいて保有している権利については，IFRS第16号は適用されない（IFRS16.3(e)および4）。
貸手における無形（固定）資産のリース	新リース会計基準を適用しないことができる。 ただし，以下については，収益認識会計基準が適用される（基準3	IFRS第16号が適用される。 ただし，以下については，IFRS第15号「顧客との契約から生じる収益」（以下「IFRS第15号」とい

		項(2))。 ● 収益認識会計基準の範囲に含まれる貸手による知的財産のライセンスの供与（なお，製造または販売以外を事業とする貸手は，当該貸手による知的財産のライセンスの供与について新リース会計基準を適用することができる）	う）が適用される（IFRS16.3(d)）。 ● IFRS第15号の範囲に含まれる貸手による知的財産のライセンスの供与
無形（固定）資産のリース以外の項目（借手貸手共通）		以下については，新リース会計基準は適用されない（基準3項(1),(3)）。 (1) 実務対応報告第35号の範囲に含まれる運営権者による公共施設等運営権の取得 (2) 鉱物，石油，天然ガスおよび類似の非再生型資源を探査するまたは使用する権利の取得	以下については，IFRS第16号は適用されない（IFRS16.3）。 (1) 鉱物，石油，天然ガスおよび類似の非再生資源の探査または使用のためのリース (2) 借手が保有しているIAS第41号「農業」（以下「IAS第41号」という）の範囲に含まれる生物資産のリース (3) IFRIC第12号「サービス委譲契約」の範囲に含まれるサービス委譲契約

　なお，米国会計基準においては，リースの定義において，対象とする資産（原資産）を有形固定資産に限定している（第4章第9節①参照）。したがって，無形資産のリースに対してリースに関する会計基準（ASC 842）は適用されない（ASC 842-10-15-1(a)）。

第 **4** 章

リースの識別

本章では，リースの識別，すなわち，契約がリースを含むか否かの判定を取り扱う。

| リースを含む契約の識別（本章） | リースを構成する部分の区分（第5章） | 借手の会計処理／貸手の会計処理（第6章，第7章） |

第1節　リースの識別の概要

1　リースの定義

　リースは，「原資産を使用する権利を一定期間にわたり対価と交換に移転する契約または契約の一部分」と定義されている（基準6項）。

　この定義を満たすものについては，リース契約，レンタル契約，賃貸借契約等の名称にかかわらず，新リース会計基準におけるリースとして取り扱われる。

　実務上，例えば以下のような名称の契約についても，新リース会計基準におけるリースを含む可能性がある。このとき，当該契約の履行において顧客のみのために用いられる資産が存在する場合等には，リースを含む可能性があるため，慎重な検討が必要である。

図表4-1-1　リースを含む可能性のある契約の例

契約名	リースの対象となる可能性のある資産
貨物輸送契約	車両，船舶，航空機
ネットワーク・サービス契約	ネットワーク・サーバー機器
電力売買契約	発電設備
製品または部品の売買契約	製造設備，製造機器，金型

2 主な改正点

新リース会計基準においては、改正前リース会計基準と比較して、リースの識別（契約がリースを含むか否かの判定）について詳細な定めが記述されている。これは、借手のすべてのリースをオンバランスする新リース会計基準においては、リースの識別がより重要になったためと考えられる。

改正前リース会計基準においては、契約がリースに該当するとしても、ファイナンス・リースに区分されない限りは借手の貸借対照表に計上されることはなかった。そのため、ファイナンス・リースに該当しないことが明らかな契約（例えば、不動産の一般的な賃貸契約等）については、借手における貸借対照表への計上（オンバランス）の要否という観点からは、契約がリースに該当するか否かの判断は相対的に重要性が低いという指摘もあった。

この点については、IFRS会計基準においても、オペレーティング・リースをオンバランス処理していなかったIAS第17号の適用における実務上は、仮にリースに該当したとしてもファイナンス・リースに該当しないことが明らかなケースにおいては、リースに該当するか否かについて詳細な分析が行われないケースもあったといわれている。

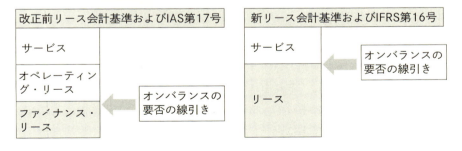

図表4-1-2　借手におけるオンバランスの要否の線引き

第2節 リースの識別と契約の対価の配分の関係

　借手および貸手は，リースを含む契約を識別した上で，原則として，契約の対価をリースを構成する部分とリースを構成しない部分とに分けて会計処理を行う（基準28項）。このうち，契約におけるリースを構成する部分について，新リース会計基準の定めに従って会計処理が行われる（指針10項，12項）。

　このような新リース会計基準が適用される「契約におけるリースを構成する部分」を識別する一連のプロセスは，**図表4－2－1**のとおりである。

図表4－2－1 新リース会計基準が適用される部分の識別

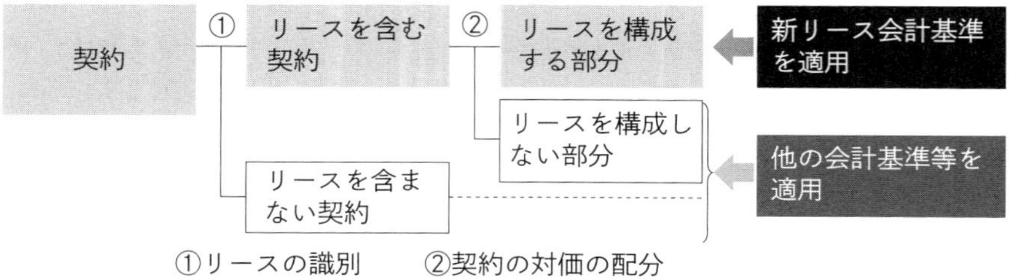

　第1は，リースを識別するステップである。ここでは，企業が有する契約の中からリースを含む契約を識別する。

　第2は，リースを含む契約について，その対価を配分するステップである。例えば，リースを含む契約の中に，メンテナンス・サービスなど，リース以外の部分が含まれていれば，それぞれの部分へ契約の対価を配分する。なお，契約全体が1つのリースであって，リース以外の部分がないケースでは，この第2のステップは，不要である。

　本章では，第1のリースを識別するステップに関連する契約の識別（後述第3節参照）および契約がリースを含むか否かの判定（後述第4節以降参照）を取り扱う。第2の契約の対価を配分するステップについては，第5章を参照されたい。

第4章 リースの識別　41

第3節　契約の識別

1　契約の定義

　リースの識別においては，「契約」がリースを含むかどうかを検討する。新リース会計基準において，契約は次のように定義されている（基準5項）。

> 法的な強制力のある権利および義務を生じさせる複数の当事者間における取決めをいう。契約には，書面，口頭，取引慣行等が含まれる。

　したがって，新リース会計基準における契約は，書面に基づくものに限られず，口頭や取引慣行等により生じる場合がある点に留意が必要である。

　この契約の定義は，収益認識会計基準の5項および20項に記述されている内容と同様である。

> 5項：「契約」とは，法的な強制力のある権利および義務を生じさせる複数の当事者間における取決めをいう。
> 20項：（前略）契約は書面，口頭，取引慣行等により成立する。

2　契約の結合

　複数の契約は，区分して会計処理を行うか単一の契約として会計処理を行うかにより結果が異なる場合がある。そのため，それぞれのリースにおける収益および費用の金額および時期を適切に計上するため，複数の契約を結合し，単一の契約とみなして処理することが必要となる場合がある。このような場合として，例えば，同一の相手方と同時またはほぼ同時に締結した複数の契約について，価格に相互依存関係が存在する場合や同一の商業上の目的で締結されている場合等が考えられる（基準BC24項）。

　複数の契約が結合される場合には，当該結合後の契約に関して次の検討が行われると考えられる。

- 契約がリースを含むか否かの判定（リースの識別，後述第4節以降参照）
- 契約の対価について，リースを構成する部分とリースを構成しない部分へ配分すること（第5章参照）

　このような新リース会計基準における契約の結合についての取扱いは，収益認識会計基準27項における取扱いと同様と考えられる。

27. 同一の顧客（当該顧客の関連当事者を含む）と同時またはほぼ同時に締結した複数の契約について，次の(1)から(3)のいずれかに該当する場合には，当該複数の契約を結合し，単一の契約とみなして処理する。
　(1)　当該複数の契約が同一の商業的目的を有するものとして交渉されたこと
　(2)　1つの契約において支払われる対価の額が，他の契約の価格または履行により影響を受けること
　(3)　当該複数の契約において約束した財またはサービスが，第32項から第34項に従うと単一の履行義務となること

設例4-1／契約が結合されるケース

（前提条件）
- 借手は，貸手との間で，資産Aについて1年間のリースの契約を締結する。
- 借手は，同時に，当該貸手との間で同一の資産Aについて，1年後に開始する1年間のリースの契約と2年後に開始する1年間のリースの契約を締結する。

（検討）
　借手は同時に同じ相手方（貸手）との間で期間1年の資産Aに関するリースの契約を3つ連続して締結しており，全体として資産Aを3年間にわたりリースする同一の商業上の目的を有していると考えられる。
　したがって，3つの契約は結合され，単一のリースの契約として会計処理される（基準BC24項）。
　この場合，この結合されたリースの契約について，借手のリース期間は3年と判定されるため，短期リースには該当しない。

設例4-2／契約が結合されないケース

（前提条件）
- 企業Aは小売業者Bに対してある資産をリースする契約を締結し，同時に，小売業者Bは顧客Cに対して当該資産をサブリースする。
- 企業Aは，当該資産に関連する保守サービスを顧客Cとの間で別個に契約する。
- 企業A，小売業者Bおよび顧客Cの間には関連当事者等に該当する関係はない。

第4章　リースの識別　43

- 以上の結果，次の3つの別個の契約が締結されている。
  - 企業Aと小売業者Bの間のリース契約
  - 小売業者Bと顧客Cの間のサブリース契約
  - 企業Aと顧客Cの間の保守サービス契約
- 顧客Cが当該資産を使用して，保守サービスを受けられるようにするという同じ商業上の目的で，当該3つの契約はパッケージとして交渉されている。さらに，顧客Cがサブリース契約および保守サービス契約において支払う対価は，小売業者Bがリース契約において企業Aへ支払う価格に左右される。

（検討）

　企業Aにおいて，小売業者Bへ資産をリースする契約と顧客Cへ保守サービスを提供する契約は結合されず，それぞれ別個に会計処理される。

　これは，契約の結合は，同一の相手方と締結された複数の契約についてのみ行われるからである（基準BC24項）。

第4節　リースの識別

1　リースの識別を行う時点

　契約の当事者である企業は，次の時点で当該契約がリースを含むか否かを判断する。

(1)　契約の締結時（基準25項）
(2)　契約条件が変更された時（基準27項）

　したがって，契約の締結時に行われたリースの識別の判定は，その後，契約条件の変更が行われない限り見直されない。

2　リースの識別の判定における2つの要件

　契約がリースを含むとは，特定された資産の使用を支配する権利を一定期間にわたり対価と交換に移転する場合をいう（基準26項）。

　契約がリースを含むか否かの判定においては，**図表4-4-1**のとおり，特定された資産と使用を支配する権利の顧客への移転について検討を行う（指針5

項)。

| 図表 4 - 4 - 1 | リースの識別の判定における 2 つの要件 |

要件	主な検討項目
1．特定された資産 （後述第 5 節参照）	●資産はどのように特定されるか ●サプライヤーは実質的な代替権を有しているか ●対象の資産が，資産の稼働能力の一部である場合の取扱い
2．使用を支配する権利の顧客への移転 （後述第 6 節参照）	●顧客は，使用から生じる経済的利益のほとんどすべてを享受する権利を有しているか（使用による経済的利益） ●顧客は，使用を指図する権利を有しているか（使用の指図権）

　一般的に，多くの契約では，リースを含むか否かの判定に大きな困難はないと想定される。しかし，一部の契約においては，リースと明記されていなくとも，新リース会計基準に従って検討した結果，上記の 2 つの要件を満たすためにリースを含むと判定される場合がある。

　このような検討を行う上では，適用指針の設例 1 にあるフローチャートが参考になる。**図表 4 - 4 - 2** のフローチャートは，契約がリースであるかまたはリースを含んだものであるのかどうかの評価を含むステップをまとめたものである。

　本フローチャートは，リースの識別の検討は，一連の検討すべき項目を記載の順序に沿って行うべきことを示しているようにもみえるが，そのような検討の順序は要求されていない。リースの判定においていずれかの要件は満たされないことが示された場合，リースの定義は満たさないこととなるため，さらに他の要件を検討する必要はない。

第4章　リースの識別　45

図表4-4-2　リースの判定のためのフローチャートの全体像

(1) 資産が特定されているかどうかの判断

特定された資産があるか（指針6項参照）。
当該判断においては，サプライヤーが使用期間全体を通じて資産を代替する実質上の能力を有するか（指針6項参照），顧客が使用することができる資産が物理的に別個であるか（指針7項参照）も考慮する。

NO →

YES ↓

(2) 資産の使用を支配する権利が移転しているかどうかの判断

（経済的利益（指針5項(1)参照））

顧客が，使用期間全体を通じて特定された資産の使用から生じる経済的利益のほとんどすべてを享受する権利を有しているか（指針5項(1)参照）。

NO →

YES ↓

指図権（指針5項(2)参照）

使用期間全体を通じて特定された資産の使用方法を指図する権利を有しているのは，顧客か，サプライヤーか，それとも，どちらにもないか（指針8項(1)参照）。

顧客 ←　　　サプライヤー →

どちらにもない（資産の使用方法に係る決定が事前になされている）↓

顧客のみが使用期間全体を通じて資産を稼働する権利を有しているか（指針8項(2)①参照）。

YES ←

NO ↓

顧客が，使用期間全体を通じた資産の使用方法を事前に決定するように資産を設計しているか（指針8項(2)②参照）。

NO →

YES ↓

（当該契約はリースを含む）

（当該契約はリースを含まない）

出所：適用指針［設例1］をもとに筆者が一部加工

なお，本フローチャートを含め，新リース会計基準では，リースの識別において契約の一方の当事者を「顧客」，もう一方の当事者を「サプライヤー」と記載していることに留意されたい。これは，リースの識別の判断をしている段階においては，その判断の結果，契約がリースを含まない可能性がある（したがって，契約の当事者は借手または貸手に該当しない）からである。リースの識別の判断の結果，契約がリースを含む場合に，「顧客」および「サプライヤー」は，それぞれ「借手」および「貸手」に該当する（指針BC 9 項）。

図表 4 - 4 - 3　顧客およびサプライヤーと借手および貸手の関係

契約	リースの識別の判断	契約がリースを含む場合
顧客（サービス等を受ける者）	→	借手に該当
サプライヤー（サービス等を提供する者）	→	貸手に該当

第4章 リースの識別 47

第5節 特定された資産

図表4-5-1 特定された資産の判定のためのフローチャート

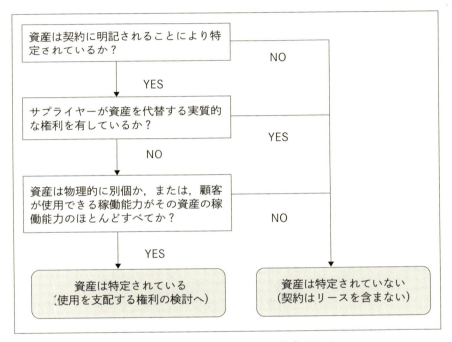

資産は，通常は契約に明記されることにより特定される。

ただし，資産が契約に明記されていない場合でも，次のいずれも満たす場合には，事実と状況によりリースが含まれることが明らかであるときがあると考えられる（指針BC10項）。

(1) 顧客が資産の使用から生じる経済的利益のほとんどすべてを享受する権利を有している（後述第6節①参照）。
(2) 顧客が当該資産の使用を指図する権利を有している（後述第6節②参照）。

また，資産が契約に明記されている場合であっても，次の場合には，資産が

特定されているかの検討において追加の検討が必要となる（指針6項，7項）。

- 契約期間において，サプライヤーが対象の資産を代替する実質的な権利を有する場合（後述①参照）
- 契約の対象が資産の稼働能力の一部分である場合（後述②参照）

① 資産を代替する実質的な権利

　資産が契約に明記されていても，サプライヤーが当該資産を代替する実質的な権利を有している場合には，当該資産は特定された資産に該当しない（指針6項）。このような場合，契約に明記された資産はサプライヤーにより他の資産により代替される可能性があるため，顧客はその明記された資産を使用期間全体にわたって使用することができない場合があるからである。

図表4-5-2　資産を代替する実質的な権利の有無

| サプライヤーが資産を代替する実質的な権利を有している。 | → | 資産は特定されていない（したがって，リースではない）。 |
| サプライヤーが資産を代替する実質的な権利を有していない。 | → | 資産は特定されている。 |

　サプライヤーは，次の2つの要件を満たす場合に，資産を代替する実質的な権利を有する（指針6項）。

図表4-5-3　資産を代替する実質的な権利のための2つの要件

| 要件1：代替する実質上の能力 | サプライヤーが使用期間全体を通じて当該資産を他の資産に代替する実質上の能力を有している。 |
| 要件2：代替による経済的利益 | サプライヤーにおいて，当該資産を他の資産に代替することからもたらされる経済的利益が，代替することから生じるコストを上回ると見込まれるため，当該資産を代替する権利の行使によりサプライヤーが経済的利益を享受する。 |

第4章　リースの識別　49

(1)　要件1：代替する実質上の能力

　サプライヤーは，使用期間全体を通じて資産を代替する実質上の能力を有する必要がある。したがって，サプライヤーが使用期間の一部の期間においてのみ資産を代替する実質上の能力を有する場合には，本要件を満たさない。

　「代替する実質上の能力」は，次の2つの要素により構成されると考えられる。

> ● サプライヤーは，契約条件等に基づき，他の資産に代替する権利を有している。
> ● サプライヤーは，代替される他の資産を有しているか，または容易に調達できる状態にある。

　本要件を満たす場合として，例えば，サプライヤーは顧客の承諾を要さずに資産を代替する一方的な権利を有すると契約条件において定められており，かつ，サプライヤーが代替資産を容易に利用可能であるかまたは合理的な期間内に調達できる場合が考えられる。

　なお，契約によっては，対象の資産が正常に稼働しなくなった場合や技術的なアップグレードが必要となったときにのみ，サプライヤーが資産を代替する権利や義務を有する場合がある。このように資産を代替する場合が補修や修理が必要な場合に限定されているケースでは，サプライヤーは資産を代替する実質上の能力を有するとはいえない（すなわち，要件1を満たさない）と考えられる。

(2)　要件2：代替による経済的利益

　資産が他の資産に代替された場合，通常，サプライヤーは代替によるコストを負担すると考えられる。サプライヤーが資産を代替する実質的な権利を有するのは，そのようなコストを上回るような経済的利益が代替により生じる場合に限られる。

　代替によるコストには，例えば次のものが含まれる可能性がある。

> ● 既存の資産を撤去して，新しい場所に運送するコストまたは処分するためのコスト

- 原資産が顧客の敷地にある場合，当該敷地にアクセスするためのコスト
- 代替資産を運送，設置およびテストするためのコスト
- 代替資産を設置および稼働するための追加コスト

　以下の設例は，適用指針の設例 2 - 1 および 2 - 2 をそれぞれ要約したものである。

設例 4 - 3 　サプライヤーが資産を代替する実質的な権利を有する場合

（前提条件）
- 顧客は，5 年間にわたり所定の数量の物品を所定の日程で輸送することを依頼する契約を貨物輸送業者であるサプライヤーと締結した。この輸送量は，顧客が 5 年間にわたって10両の鉄道車両を使用することに相当するが，契約では鉄道車両の種類のみが指定されている。
- サプライヤーは，複数の鉄道車両を所有しており，輸送する物品の日程および内容に応じて使用する鉄道車両を決定する。

（検討）
- 要件 1 ：サプライヤーは，複数の鉄道車両を有しており，顧客の承認なしに鉄道車両を入れ替えることができるため，使用期間全体を通じて資産を他の資産に代替する実質上の能力を有している。
- 要件 2 ：サプライヤーは，どの鉄道車両を使用するかを決定することでサプライヤーの業務の効率化を図っており，鉄道車両を他のものに代替することからもたらされる経済的利益が代替することから生じるコストを上回るように決定するため，資産を代替する権利の行使により経済的利益を享受する。
　以上から，サプライヤーは資産を代替する実質的な権利を有する。

（結論）
　資産は特定されていない。したがって，契約にリースは含まれない。

設例 4 - 4 　サプライヤーが資産を代替する実質的な権利を有しない場合

（前提条件）
- 顧客は，5 年間にわたり鉄道車両を使用する契約を貨物輸送業者であるサプライヤーと締結した。鉄道車両は契約で指定されている。
- サプライヤーは，保守または修理が必要な場合，鉄道車両を入れ替えることが求められるが，それ以外の場合には鉄道車両を入れ替えることはできない。

第4章　リースの識別　51

（検討）
● 要件1：サプライヤーが鉄道車両の入替えを行うことができるのは，保守または
修理が必要な場合のみであるため，使用期間全体を通じて資産を他の資産に代替
する実質上の能力を有していない。
　以上から，サプライヤーは資産を代替する実質的な権利を有しない。
● 要件2：要件1を満たさないため，検討なし。

（結論）
　資産は特定されている。
　契約にリースが含まれているかについて，使用を支配する権利が移転しているか
の検討に進む。

（参考）　IFRS会計基準における取扱い
　IFRS第16号においては，資産を代替する実質的な権利について，より詳細な定
めがある。内容については，後述第9節2を参照されたい。

2　資産の稼働能力の一部分

　特定された資産は，一般的には，一機の機械や一区画の不動産のように，物
理的に別個の資産である。
　したがって，ある資産の稼働能力の一部を使用できる場合については，通常，
その稼働能力部分は特定された資産に該当しない。ただし，そのような稼働能
力部分が当該資産の稼働能力のほとんどすべてである場合には，特定された資
産が存在すると判断される可能性がある（指針7項）。これには，例えば，顧
客が貯蔵タンクの容量の99.9％まで，ガスを貯蔵して使用する権利を有してい
る場合が該当する（適用指針の設例4-2参照）。

3　契約期間の一部分において特定された資産を使用できない
　　場合

　指針4項(1)では使用期間には「非連続の期間を含む」としている。
　このため，契約期間のうち一部分において特定された資産を使用できない期
間があったとしても，残りの（非連続の）期間全体にわたり当該資産の使用を
支配している場合には，「使用期間全体」の条件に該当すると考えられる（コ

メント対応表53)。これに関する設例については，第6章第2節5の設例6-2を参照されたい。

第6節　使用を支配する権利

図表4-6-1　使用を支配する権利の判定のためのフローチャート

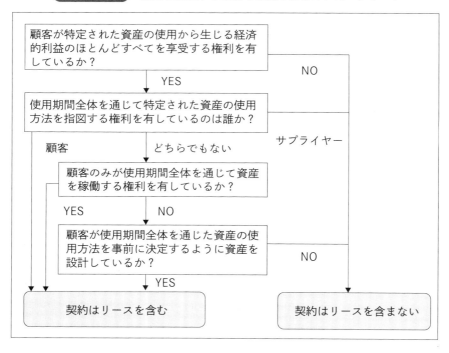

特定された資産の使用期間全体を通じて，次の**図表4-6-2**の2つの要件を満たす場合，契約の一方の当事者（サプライヤー）から他方の当事者（顧客）に，当該資産の使用を支配する権利が移転している（指針5項）。

第4章　リースの識別　53

図表4-6-2　使用を支配する権利の移転の要件

要件1： 使用から生じる経済的利益	顧客が，特定された資産の使用から生じる経済的利益のほとんどすべてを享受する権利を有している（後述①参照）。
要件2： 使用を指図する権利	顧客が，特定された資産の使用を指図する権利を有している（後述②参照）。

コラム：使用の「支配」

　上記のとおり，新リース会計基準において，顧客が資産の使用を支配する権利を有するためには，顧客は使用期間にわたり資産の使用からの経済的利益のほとんどすべてを得る権利（「ベネフィット」の要素）だけでなく，資産の使用を指図する権利（「パワー」の要素）を有する必要がある。すなわち，使用期間全体を通じて資産の使用から得られる経済的利益に影響を及ぼすためには，顧客は，資産の使用に対して意思決定権を有していなければならない。

　顧客がそのような意思決定権を有していない場合には，顧客が資産の使用に対して有する支配は，財やサービスを購入する顧客と変わらず，当該顧客は特定の資産の使用を支配していない。

　このような「支配」の考え方は，収益認識会計基準においても用いられている。

図表4-6-3　新リース会計基準と収益認識会計基準における「支配」

	新リース会計基準	収益認識会計基準
「支配」の対象	資産の使用	資産
「支配」を構成するもの	1．資産の使用から生じる経済的利益 2．資産の使用の指図権	1．資産からの便益 2．資産の使用の指図権

① 使用から生じる経済的利益（要件1）

　使用から生じる経済的利益のほとんどすべてを享受する権利は，例えば，使用期間全体にわたり資産の独占的使用を有することによって得られる。

　顧客が当該権利を有しているか否かの判定においては，資産の「所有」に関連した経済的利益（例えば，資産の所有者に対して付与される税務上の利益）

54

は，考慮すべきではないと考えられる。

　顧客が，特定された資産の使用から生じる経済的利益のほとんどすべてを享受する権利を有している場合として，適用指針の設例では，次のような事実関係と分析が例示されている。

（図表 4 - 6 - 4）　使用から生じる経済的利益のほとんどすべてを享受する権利の例

設例 2 - 2 （鉄道車両）	顧客は，5年の使用期間全体を通じて鉄道車両を独占的に使用することができるため，5年の使用期間全体を通じて特定された資産の使用から生じる経済的利益のほとんどすべてを享受する権利を有している。
設例 3 - 2 （小売区画）	顧客は，5年の使用期間全体を通じて区画Xを独占的に使用することができるため，5年の使用期間全体を通じて資産の使用から生じる経済的利益のほとんどすべてを享受する権利を有している。
設例 4 - 2 （ガスの貯蔵タンク）	顧客が使用することができる貯蔵タンクの稼働能力（容量の99.9％）は，当該資産の稼働能力のほとんどすべてであるため，顧客は使用期間全体を通じて資産の使用から生じる経済的利益のほとんどすべてを享受する権利を有している。
設例 5 - 2 （ネットワーク・サービス）	顧客は，3年の使用期間全体を通じて自社の敷地に設置されたサーバーを自社のために使用することができるため，使用期間全体を通じて資産の使用から生じる経済的利益のほとんどすべてを享受する権利を有している。
設例 6 - 1 　　　6 - 2 （電力：発電所）	顧客は，使用期間全体を通じて発電所が産出する電力のすべてを得る権利を有するため，使用期間全体を通じて資産の使用から生じる経済的利益のほとんどすべてを享受する権利を有している。
設例 6 - 3 （電力：太陽光ファーム）	顧客は，20年の使用期間全体を通じて太陽光ファームが産出する電力のすべてを得る権利を有するため，使用期間全体を通じて資産の使用から生じる経済的利益のほとんどすべてを享受する権利を有している。

（参考）　IFRS会計基準における取扱い
　IFRS第16号においては，使用から生じる経済的利益について，より詳細な定めがある。内容については，後述第9節②を参照されたい。

2 使用を指図する権利（要件2）

(1) 使用を指図する権利の有無の判定

顧客が使用期間全体を通じて特定された資産の使用を指図する権利を有しているのは，次のいずれかの場合である（指針8項）。この判断を行う際には，使用から得られる経済的利益に影響を与える資産の使用方法に係る意思決定を考慮する（指針BC13項）。

> (1) 顧客が使用期間全体を通じて使用から得られる経済的利益に影響を与える資産の使用方法を指図する権利を有している。
> (2) 使用から得られる経済的利益に影響を与える資産の使用方法に係る決定が事前になされており，かつ，次の①または②のいずれかである。
>   ① 使用期間全体を通じて顧客のみが，資産を稼働する権利を有しているまたは第三者に指図することにより資産を稼働させる権利を有している。
>   ② 顧客が使用期間全体を通じた資産の使用方法を事前に決定するように，資産を設計している。

図表4-6-5　使用を指図する権利を有する者とリースの識別の判定

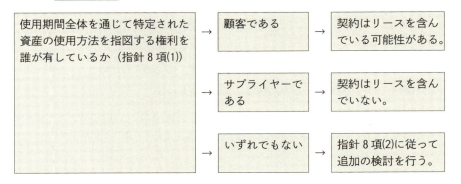

顧客が使用期間全体を通じて特定された資産の使用を指図する程度は，契約等に基づきその資産に対する意思決定を顧客が行うかどうかによる。この点については，以下のステップで検討することが考えられる。

① 使用期間において，資産の使用方法に係る意思決定を把握する。

② その意思決定の中から，使用から得られる経済的利益に影響を与える資産の使用方法に係る意思決定を識別する。
③ ②において識別された意思決定について，顧客とサプライヤーのいずれが行うかを判断する。

①について，資産の使用方法に係る意思決定の種類は契約の内容および資産の性質によって異なるが，例えば次のような事項に関する意思決定が把握される可能性がある。

● 資産を使用する時期，頻度
● 資産を使用して産出するアウトプットの種類および量
● 資産を使用する場所，地域，または経路
● 資産の稼働
● 資産のメンテナンス

②においては，資産の種類等に応じて，例えば次のように，使用から得られる経済的利益に影響を与える意思決定が識別されると考えられる。

図表 4 - 6 - 6 識別される意思決定の例

資産	識別される意思決定の例（※）
製造設備・機器	産出するアウトプットの種類，量，産出時期
輸送用車両	輸送する貨物の種類，走行時期，出発地と目的地
小売店舗	販売する商品の種類，構成，営業時間

（※） 実務においては，使用から得られる経済的利益に影響を与える意思決定として何が識別されるかは，資産の性質および契約の条件に応じてそれぞれ異なる可能性がある。

使用期間中の資産の使用方法について，経済的利益に影響を与える意思決定の一部は事前になされている一方で，残りの意思決定は使用期間中になされる場合もある（例えば，資産は指定された製品を生産するために使用されることは事前に決定されているが，いつ，どれだけの数を生産するかは使用期間中に決定される場合）。このような場合，使用期間全体を通じて特定された資産の使用を指図している権利を誰が有しているのかを判断する上では，使用期間中

第4章　リースの識別　57

になされる意思決定を考慮することになると考えられる。

　また，使用期間中の資産の使用方法について，経済的利益に影響を与える意思決定のすべてが事前になされている場合，指針8項(2)に従って，使用期間全体を通じて顧客のみが資産を稼働させる権利を有しているか，または，顧客が資産の使用方法を事前に決定するように資産を設計したかどうかを検討することとなる。

(2)　使用を指図する権利の有無の例

　顧客が，特定された資産の使用を指図する権利を有するかどうかについて，適用指針の設例では，次のような事実関係と分析が例示されている。

図表4-6-7　顧客が指図権を有しているケースと有していないケース

〈顧客が指図権を有しているケース〉

設例5-2 (ネットワーク・サービス)	顧客は，3年の使用期間全体を通じてサーバーの使用方法（顧客の事業においてサーバーをどのように使用するのかや，当該サーバーにどのデータを保管するのか）を決定する権利を有することにより，使用期間全体を通じて資産の使用から得られる経済的利益に影響を与える資産の使用方法を指図する権利を有している。すなわち，指針8項(1)が満たされている。したがって，顧客は，使用期間全体を通じて資産の使用を指図する権利を有している。
設例6-2 (電力：発電所)	顧客は，契約により当該発電所の使用方法を決定する権利を有する。すなわち指針8項(1)が満たされている。したがって，顧客は，使用期間全体を通じて資産の使用を指図する権利を有している。
設例6-3 (電力：太陽光ファーム)	太陽光ファームの使用方法に係る決定は，当該太陽光ファームの設計によって事前になされており，かつ，使用期間全体を通じた当該太陽光ファームの使用方法を事前に決定するように，顧客が当該太陽光ファームを設計している。すなわち，指針8項(2)が満たされている。したがって，顧客は，使用期間全体を通じて資産の使用を指図する権利を有している。

〈顧客が指図権を有していないケース〉

設例5-1 （ネットワーク・サービス）	次のとおり，サプライヤーが資産の使用を指図する権利を有しており，指針8項(1)および(2)のいずれも満たされていない。したがって，顧客は，使用期間全体を通じて資産の使用を指図する権利を有していない。 ●顧客が有する唯一の決定権は，当該ネットワーク・サービスの水準（サーバーのアウトプット）を当該ネットワーク・サービスを利用する契約の締結時に決定することのみであり，契約を変更しない限り当該水準を変更することはできない。 ●顧客は，サーバーを使用してどのようにデータを送信するのか，サーバーを再設定するのか，他の目的でサーバーを使用するのかどうかなどのサーバーの使用方法を指図する権利を有していない。 ●顧客は，サーバーを稼働する権利を有しておらず，設計にも関与していない。
設例6-1 （電力：発電所）	発電所の使用方法は契約で事前に定められており，次のとおり，指針8項(1)および(2)のいずれも満たされていない。したがって，顧客は，使用期間全体を通じて資産の使用を指図する権利を有していない。 ●顧客は，使用期間全体を通じて事前に決定されている発電所の使用方法を変更することができないため，発電所の使用方法を指図する権利を有していない。 ●顧客は，使用期間全体を通じて当該発電所を稼働する権利を有していない。また顧客は，発電所を設計していない。

（参考）　IFRS会計基準における取扱い
　IFRS第16号においては，使用を指図する権利について，より詳細な定めがある。内容については，後述第9節②を参照されたい。

第7節　リースの識別に関する検討例

　顧客が特定された資産の使用を一定期間にわたり支配する場合には，契約はリースを含んでいる。例えば，顧客が資産の使用に関する重要な決定を自己の所有資産に関して決定を行うのと同様の方法で行うことができる場合，これに該当すると考えられる。これに対して，サービスでは，そのサービスの提供に

第4章 リースの識別　59

使用される資産の使用をサプライヤーが支配している（基準BC30項）。

図表4-7-1 リースとサービスの違い

リース	サービス
資産の使用を顧客が支配している	（サービスの提供に使用される）資産の使用をサプライヤーが支配している

　本節では，具体的な事例を踏まえて，リースの識別に関する検討例を示している。ただし，実務においては，同様の取引においても追加的な事実および状況等の考慮により，結論も異なりうることに留意する必要がある。

設例4-5　リースの識別（リムジン・サービス契約）

（前提条件）
- 企業A（顧客）は，自社の経営者のために利用する4年間のリムジン・サービス契約を企業B（サプライヤー）との間で締結した。
- 本契約において，当該サービスのために使用される車両の車台番号は明記されている。
- 企業Bは，車両について保守または修理が必要な場合には車両を入れ替える必要があるが，それ以外の場合には車両を入れ替えることはできない。
- 車両は，使用されていない場合には，企業Bの敷地に駐車される。しかし，そのような場合でも，企業Bは，企業A以外の顧客のために当該車両を使用することはできない。
- 企業Aが車両を利用する場合，企業Bは当該車両を運転する運転手を提供する。
- 企業Aは，毎週，自社の経営者のスケジュールに合わせて，車両の利用時間，出発地，および目的地等の情報を企業Bに連絡する。企業Bの運転手は，最終的に企業Aの同意を得た上で，最適なルートを決定する。

（検討）
　企業Aは，以下の理由により，当該リムジン・サービス契約は車両のリースを含むと判断した。
1．特定された資産
- 契約において，対象の車両の車台番号は明記されている。

- 企業Bが車両の入替えを行うことができるのは，保守または修理が必要な場合のみであるため，企業Bは使用期間全体を通じて資産を他の資産に代替する実質上の能力を有していない。
  以上から，企業Aは，資産は特定されていると判断した。
2．使用を支配する権利
- 企業Aは，契約期間にわたり，車両を独占的に使用することができるため，その使用から得られる経済的利益のほとんどすべてを享受する権利を有している。
- 企業Aは，対象の車両をいつ，どのように使用するかを決定するため，その使用を指図する権利を有している。
  以上から，企業Aは，資産の使用を支配していると判断した。

設例4-6	リースの識別（部品購入契約）

（前提条件）
- 製造会社である企業A（顧客）は，企業B（サプライヤー）との間で，自社の製品に用いられる部品を4年間にわたり購入する契約を締結した。
- 企業Bは，当該部品の製造において，企業Aが指定する特殊な製造設備Xを使用することが要求される。
- 企業Bは，製造設備Xに関して生じるコストについては，契約期間にわたる部品の販売単価に上乗せして企業Aに対して請求することができる。
- 製造設備Xは，企業Aの部品製造を目的としてのみ使用することが要求され，したがって，企業A以外の顧客のために使用することは禁止されている。

（検討）
　企業Aは，本契約がリースを含むかどうかについて次のように検討した。
1．特定された資産
- 契約において，所定の製造設備Xを使用して部品製造を行うことは明記されている。
  以上から，企業Aは，資産は特定されていると判断した。
2．使用を支配する権利
（使用から得られる経済的利益）
　製造設備Xは，企業Aの部品製造を目的としてのみ使用されるため，企業Aはその使用から得られる経済的利益のほとんどすべてを享受する権利を有している。

（使用を指図する権利）
　企業Aは，製造設備をいつ，どのように使用するか等の使用方法を決定しているかについて，次のような点を総合的に判断する必要があると考えられる。
- 例えば，企業Aが一定の頻度で企業Bに対して部品の種類および必要数を示した

第4章　リースの識別　　61

発注指示を行っている場合，企業Aが当該発注指示を通じて製造設備の使用方法を決定していると判断される可能性がある。
- 一方で，契約において，契約期間全体にわたる部品の必要時期および必要数等が明記されており，企業Aはこれを変更する権利を有しない場合，企業Aは製造設備の使用方法を決定していないと判断される可能性がある。

以上の検討の結果，企業Aが使用を指図する権利を有していると判断される場合，本契約はリースを含むと考えられる。

第8節　新リース会計基準における設例の概要

リースの識別については，検討のポイントおよびプロセスのイメージをつかむために，適用指針の設例を理解することが有用である。

図表4-8-1では，適用指針の設例においてどのような検討ポイントを扱っているかを要約している。詳細な内容については，適用指針の設例を参照されたい。

図表4-8-1　新リース会計基準における設例の概要

設例	資産は特定されているか？	顧客は特定された資産の使用を支配する権利を有するか？	契約はリースを含むか？
2　鉄道車両（特定された資産）			
2-1 顧客は，所定の数量の物品を所定の日程で輸送することについて，貨物輸送業者（サプライヤー）と5年の契約を締結する。	NO サプライヤーは，鉄道車両を代替する実質上の能力を有し，かつ，鉄道車両を代替する権利の行使により経済的利益を享受するため，資産を代替する実質的な権	検討なし。	NO 契約にリースは含まれない。

設例	資産は特定されているか？	顧客は特定された資産の使用を支配する権利を有するか？	契約はリースを含むか？
	利を有している。		
2－2 顧客は，鉄道車両を使用することについて，貨物輸送業者（サプライヤー）と5年の契約を締結する。	YES 鉄道車両は契約で指定されている。また，サプライヤーは鉄道車両を代替する実質上の能力を有していないため，資産を代替する実質的な権利を有していない。	YES 顧客は，5年の使用期間全体を通じて鉄道車両を独占的に使用することができるため，資産の使用から生じる経済的利益のほとんどすべてを享受する権利を有している。 顧客は，使用期間全体を通じて鉄道車両の使用を指図する権利を有している。	YES 契約にリースが含まれている。
3　小売区画（特定された資産）			
3－1 顧客は，空港内の搭乗エリアにある区画を使用することについて，空港運営会社（サプライヤー）と3年の契約を締結する。	NO サプライヤーは，区画を代替する実質上の能力を有し，かつ，区画を代替する権利の行使により経済的利益を享受するため，資産を代替する実質的な権利を有している。	検討なし。	NO 契約にリースは含まれない。
3－2 顧客は，不動産物件の小売エリア内にある区画Xを使用することについて，不動産物件所有者（サプライヤー）と5年の契	YES 区画Xは契約で指定されている。また，サプライヤーは区画を代替する実質上の能力を有しているが，区画を代替する権利	YES 顧客は，5年の使用期間全体を通じて区画Xを独占的に使用することができるため，資産の使用から生じる経済的利益のほとんどすべてを享受する権利を有して	YES 契約にリースが含まれている。

第4章　リースの識別　　63

設例	資産は特定されているか？	顧客は特定された資産の使用を支配する権利を有するか？	契約はリースを含むか？
約を締結する。	の行使により経済的利益を享受しないため，資産を代替する実質的な権利を有していない。	いる。 顧客は，使用期間全体を通じて区画Ｘの使用を指図する権利を有している。	
4　ガスの貯蔵タンク（特定された資産）			
4－1 顧客は，サプライヤーが指定する貯蔵タンクの容量の70％までガスを貯蔵することについて，サプライヤーと契約を締結する。	NO 顧客が使用できる貯蔵タンクの容量の70％は，物理的に別個のものではなく，また，貯蔵タンクの容量全体のほとんどすべてに該当しない。したがって，顧客が使用できる資産の稼働能力は，特定された資産に該当しない。	検討なし。	NO 契約にリースは含まれない。
4－2 顧客に，サプライヤーが指定する貯蔵タンクの容量の99.9％までガスを貯蔵することについて，サプライヤーと契約を締結する。	YES 顧客が使用できる貯蔵タンクの容量の99.9％は，物理的に別個のものではないが，貯蔵タンクの容量全体のほとんどすべてに該当する。したがって，顧客が使用できる資産の稼働能力は，特定された資産に該当する。	YES 顧客が使用することができる貯蔵タンクの稼働能力は，当該資産の稼働能力のほとんどすべてであるため，顧客は使用期間全体を通じて資産の使用から生じる経済的利益のほとんどすべてを享受する権利を有している。顧客は，使用期間全体を通じて貯蔵タンクの使用を指図する権利を有している。	YES 契約にリースが含まれている。

設例	資産は特定されているか？	顧客は特定された資産の使用を支配する権利を有するか？	契約はリースを含むか？
5　ネットワーク・サービス（使用を指図する権利）			
5-1 顧客は，ネットワーク・サービスを利用することについて，サプライヤーと2年の契約を締結する。	検討なし。	NO 顧客は，サーバーの使用方法を指図する権利を有していない。また，顧客は，サーバーを稼働する権利を有しておらず，設計にも関与していない。	NO 契約にリースは含まれない。
5-2 顧客は，サーバーを使用することについて，サプライヤーと3年の契約を締結する。	YES サーバーは特定されている。	YES 顧客は，3年の使用期間全体を通じてサーバーを自社のために使用することができるため，資産の使用から生じる経済的利益のほとんどすべてを享受する権利を有している。 顧客は，使用期間全体を通じてサーバーの使用方法を決定する権利を有することにより，資産の使用を指図する権利を有している。	YES 契約にリースが含まれている。
6　電力（使用を指図する権利）			
6-1 顧客は，発電所が産出する電力のすべてを購入することについて，サプライヤーと3年の契約を締結する。	YES 発電所は特定されている。	NO 発電所の使用方法（産出する電力の量および時期）は契約で事前に定められている。顧客はその使用方法を変更することができない。また，顧客は，発電所を稼	NO 契約にリースは含まれない。

第4章　リースの識別　65

設例	資産は特定されているか？	顧客は特定された資産の使用を支配する権利を有するか？	契約はリースを含むか？
		働する権利を有しておらず，かつ，発電所を設計していない。	
6-2 顧客は，発電所が産出する電力のすべてを購入することについて，サプライヤーと10年の契約を締結する。	YES 発電所は特定されている。	YES 顧客は，10年の使用期間全体を通じて発電所が算出する電力のすべてを得る権利を有するため，資産の使用から生じる経済的利益のほとんどすべてを享受する権利を有している。 顧客は，使用期間全体を通じて発電所の使用方法（産出する電力の量および時期）を決定する権利を有しているため，資産の使用を指図する権利を有している。	YES 契約にリースが含まれている。
6-3 顧客は，太陽光ファームが産出する電力のすべてを購入することについて，サプライヤーと20年の契約を締結する。	YES 太陽光ファームは特定されている。	YES 顧客は，20年の使用期間全体を通じて太陽光ファームが産出する電力のすべてを得る権利を有するため，資産の使用から生じる経済的利益のほとんどすべてを享受する権利を有している。 太陽光ファームの使用方法（電力を産出するかどうか，いつ，どのくらい産出するか）に係る決定は，その設計によって事前になされており，かつ，顧客が太陽光ファームを設計している。	YES 契約にリースが含まれている。

第9節 IFRS会計基準との比較

1 リースの定義

新リース会計基準では，IFRS第16号におけるリースの定義をIFRS第16号の主要な定めとして取り入れている（基準BC25項）。

図表4-9-1 リースの定義の比較

	日本基準	IFRS会計基準
リースの定義	原資産を使用する権利を一定期間にわたり対価と交換に移転する契約または契約の一部分（基準6項）	資産（原資産）を使用する権利を一定期間にわたり対価と交換に移転する契約または契約の一部分（IFRS16.付録A）

なお，米国会計基準においては，リースは次のように定義されており，対象とする資産（原資産）を有形固定資産に限定している点が異なる（ASC842 Glossary）。

A contract, or part of a contract, that conveys the right to control the use of identified property, plant, or equipment (an identified asset) for a period of time in exchange for consideration.（特定された有形固定資産（特定の資産）の使用を支配する権利を一定期間にわたり対価と交換に移転する契約または契約の一部分）

第4章　リースの識別　67

2 リースの識別に関するIFRS第16号のガイダンス

　新リース会計基準では，リースの識別に関する定めについて，リースの定義と同様に基本的にIFRS第16号の定めと整合的なものとしている（基準BC30項）。

図表4-9-2　リースの識別に関する定めの比較

	日本基準	IFRS会計基準
リースの識別	契約が特定された資産の使用を支配する権利を一定期間にわたり対価と交換に移転する場合，当該契約はリースを含む。 （基準26項）	契約が特定された資産の使用を支配する権利を一定期間にわたり対価と交換に移転する場合には，当該契約はリースであるかまたはリースを含んでいる。 （IFRS16.9）

　ただし，IFRS第16号のリースの識別に関する細則的なガイダンスについては，国際的な比較可能性が大きく損なわれるか否か等を考慮の上で，取捨選択して取り入れられている（基準BC30項）。

　IFRS第16号におけるリースの識別に関するガイダンスのうち，新リース会計基準に取り入れられていない主なものは次のとおりである。これらのガイダンスの詳細については，IFRS第16号の本文を参照されたい。

図表4-9-3　IFRS第16号におけるガイダンスのうち，新リース会計基準に取り入れられていない主なものの概要

リースの定義およびリースの識別における「一定期間」
一定期間は，特定された資産の使用量（例えば，設備が生産のために使用される製造単位数）で記述される場合もある（10）。

契約が共同支配の取決め等によって締結される場合のリースの識別
契約が，IFRS第11号「共同支配の取決め」で定義されている共同支配の取決め等によって締結される場合，その共同支配の取決めは契約における顧客とみなされ

る。このような契約についてリースの識別を評価する際には，共同支配の取決め
が特定された資産の使用を使用期間全体を通じて支配する権利を有しているのか
どうかを評価する（B11）。

特定された資産

（資産が特定されるケース）
資産は，契約に明記されていないときにおいても，資産が顧客に利用可能とされ
る時点で黙示的に定められることによって特定される場合もある（B13）。

（特定の日または所定の事象の発生以後に生じる資産を代替する権利の取扱い）
サプライヤーが，特定の日または所定の事象の発生の以後にしか資産を代替する
権利または義務を有さない場合，サプライヤーの資産を代替する権利は実質的で
はない。サプライヤーは使用期間全体を通じて資産を代替する実質上の能力を有
していないからである（B15）。

（資産を代替する権利が実質的であるかの評価において考慮すべきでない事項）
サプライヤーの資産を代替する権利が実質的であるかどうかについての評価は，
契約時の事実および状況が基礎となり，契約時において，発生する可能性が高い
とは考えられない将来の事象の考慮は除外される。契約時において，発生する可
能性が高いとは考えられず，したがって評価から除外すべき将来の事象の例とし
ては，次のものがある（B16）。

(a) 将来の顧客が資産の使用について市場よりも高いレートを支払うという合
意
(b) 契約時にほとんど開発されていない新技術の導入
(c) 顧客による資産の使用または資産の稼働と，契約時に可能性が高いと考え
られた使用または稼働との間の著しい相違
(d) 使用期間中の資産の市場価格と，契約時に可能性が高いと考えられた市場
価格との間の著しい相違

（資産の所在と資産を代替することから生じるコストの間の一般的な関係）
資産が顧客の敷地等にある場合には，資産を代替することから生じるコストは，
一般的に，サプライヤーの敷地にある場合よりも高く，したがって，資産を代替
することからもたらされる経済的利益を上回る可能性が高くなる（B17）。

（特定の場合において資産を代替する権利の取扱い）
資産が適切に稼働していない場合や技術的なアップグレードが利用可能になった
場合に，サプライヤーが資産を修理および維持管理のために代替する権利または
義務は，顧客が特定された資産を使用する権利を有することを妨げるものではな
い（B18）。

第4章　リースの識別　69

（資産を代替する実質的な権利の有無が判定できない場合の取扱い）
顧客は，サプライヤーが資産を代替する実質的な権利を有しているかどうかを容易に判定できない場合，代替する権利は実質的ではないと仮定しなければならない（B19）。

資産の使用から生じる経済的利益

（使用から生じる経済的利益の内容）
顧客は，資産の使用からの経済的利益を多くの方法（資産の使用，保有またはサブリースなどによる）で直接または間接に得ることができる。資産の使用から得られる経済的利益には，主要なアウトプットおよび副産物や，資産の使用から得られる他の経済的利益のうち第三者との商取引から実現することのできるものが含まれる（B21）。

（考慮すべき経済的利益の範囲）
資産の使用から生じる経済的利益は，顧客が資産を使用する権利の定められた範囲の中で考慮される（B22）。
例1：契約において，自動車の使用が特定の地域のみに限定されている場合，その地域内での自動車の使用から生じる経済的利益のみを考慮すべきで，それ以上は考慮してはならない。
例2：契約において，自動車の使用は特定のマイル数までしかできないと定めている場合，そのマイル数の自動車の使用から生じる経済的利益のみを考慮すべきで，それ以上は考慮してはならない。

（経済的利益の一部が顧客からサプライヤーへ支払われる場合の取扱い）
契約で，顧客が資産の使用から得られたキャッシュ・フローの一部分を対価としてサプライヤー等に支払うことが要求されている場合には，対価として支払われるキャッシュ・フローは，顧客が資産の使用から得る経済的利益の一部とみなされる。例えば，小売スペースの使用から生じた売上高の一定割合が使用の対価として顧客からサプライヤーへ支払われる場合，考慮すべき経済的利益は売上高から生じるキャッシュ・フロー（すなわち，サプライヤーへの一定割合の支払前）である（B23）。

資産の使用を指図する権利

（顧客が資産の使用方法を変更できる場合の取扱い）
顧客は，契約に定められた使用権の範囲内で，使用期間全体にわたり資産の使用方法を変更できる場合には，資産の使用方法を指図する権利を有している。この評価においては，使用期間全体にわたる資産の使用方法の変更に最も関連性のある意思決定権を考慮する。意思決定権は，使用から得られる経済的利益に影響を与える場合には，関連性がある。最も関連性のある意思決定権は，資産の性質お

よび契約の条件に応じて，契約によって異なる可能性が高い（B25）。

（資産の使用方法を変更する権利を与える意思決定権の内容と例）
状況に応じて，定められた顧客の使用権の範囲内で資産の使用方法を変更する権利を与える意思決定権の例として，次のものがある（B26）。

意思決定権	例
資産によって産出されるアウトプットの種類を変更する権利	● 船積用コンテナを物品の輸送に使用するのか保管に使用するのかを決定する権利 ● 小売スペースで販売する製品の構成を決定する権利
アウトプットが産出される時期を変更する権利	● 機械や発電所をいつ使用するのかを決定する権利
アウトプットが産出される場所を変更する権利	● トラックまたは船の目的地を決定する権利 ● 設備をどこで使用するのかを決定する権利
アウトプットを産出するのかどうかおよびアウトプットの数量を変更する権利	● 発電所からエネルギーを産出するかどうかや，発電所からどれだけのエネルギーを産出するのかを決定する権利

（資産の稼働または維持管理に関する権利の取扱い）
資産の稼働または維持管理に限定されている権利は，資産の使用方法を変更する権利を与えない意思決定権の一例である。しかし，資産を稼働させる権利は，資産の使用方法に係る決定が事前になされている場合には，資産の使用を指図する権利を顧客に与える場合がある（B27）。

（資産の使用に関する決定を行う権利のうち考慮すべき事項）
顧客が資産の使用を指図する権利を有しているかどうかを評価する際には，使用期間中に資産の使用に関する決定を行う権利のみを考慮しなければならない（ただし，顧客が資産の使用方法を事前に決定するように資産を設計した場合は除く）。例えば，顧客が使用期間前にアウトプットを指定できるだけである場合には，顧客は資産の使用を指図する権利を有していない。使用期間前にアウトプットを指定できる能力は，資産の使用に関する他の意思決定権がない場合には，財またはサービスを購入する顧客と同じ権利を顧客に与えるだけである（B29）。

（防御的な権利の取扱い）
契約において，資産等に対するサプライヤーの利益の保護や，サプライヤーによる法律または規則への準拠を確保するための条項が記載される場合がある。これらは防御的な権利の例であり，次のような条項が該当する。

第4章　リースの識別　　71

> - ●顧客による資産の使用の最大量を指定すること
> - ●顧客による資産の使用場所や使用時期を限定すること
> - ●顧客に対して，特定の運用上の慣行に従うことを要求すること
> - ●顧客に対して，資産の使用方法の変更をサプライヤーに伝えることを要求すること

このような防御的な権利は，通常，顧客の使用権の範囲を定めるものであるが，単独では，顧客が資産の使用を指図する権利を有することを妨げるものではない（B30）。

(注)　本表において文末に示されている（　）内の数字は，IFRS第16号の項番号である。また，説明上，本表において用いられている用語は，新リース会計基準における用語に合わせている。

③　リースの識別に関するIFRS第16号の設例

　新リース会計基準では，リースの識別に関する適用指針の設例については，リースの識別に関する定めと同程度の内容となる形でIFRS第16号に付属する設例を取り入れている（基準BC30項）。

　IFRS第16号におけるリースの識別に関する設例のうち，新リース会計基準に取り入れられていない主なものの概要は**図表4-9-4**のとおりである。各設例の詳細については，IFRS第16号に付属する設例を参照されたい。

72

図表 4 - 9 - 4 IFRS第16号に付属する設例のうち，新リース会計基準に取り入れられていない主なものの概要

設例	資産は特定されているか？	顧客は特定された資産の使用を支配する権利を有するか？	契約はリースを含むか？
3　光ファイバー・ケーブル			
3 A 顧客は，より大きなケーブル（香港と東京を接続している）の中の3本の定められた物理的に別個のものであるダーク・ファイバーを使用することについて，公益事業会社（サプライヤー）と15年の契約を締結する。	YES ファイバーは契約で明示的に定められており，ケーブルの中の他のファイバーとは物理的に別個のものである。	YES 顧客は，使用期間全体を通じてファイバーを独占的に使用し，使用による経済的利益のほとんどすべてを得る権利を有している。 顧客は，ファイバーの使用方法についての関連性のある決定を行い，資産の使用を指図する権利を有している。	YES 契約にファイバーのリースが含まれている。
3 B 顧客は，香港と東京を接続するケーブルの中の所定の量の稼働能力を使用することについて，公益事業会社（サプライヤー）と15年の契約を締結する。	NO 顧客に提供されるケーブルの稼働能力部分は，物理的に区分されておらず，また，ケーブルの稼働能力のほとんどすべてを表すものではない。	NO サプライヤーは，各顧客のデータの送信に関するすべての決定を行う。	NO ケーブルの稼働能力を使用できるサービスである。
5　トラックのレンタル			
5 顧客は，ニューヨークからサンフランシスコへ貨物を輸送するため，1週間にわたるトラックの使用	YES トラックは契約で明示的に定められている。	YES 顧客は，使用期間全体を通じてトラックを独占的に使用し，使用による経済的利益のほとんどすべてを得る	YES 契約にトラックのリースが含まれている。

第4章　リースの識別　73

設例	資産は特定されているか？	顧客は特定された資産の使用を支配する権利を有するか？	契約はリースを含むか？
について，サプライヤーと契約を締結する。		権利を有している。トラックの使用方法は契約で事前に決定されているが，顧客はトラックを運行する権利を有しており，したがって，資産の使用を指図する権利を有している。	ただし，借手のリース期間は1週間であるため，短期リースに該当する。
6　船舶			
6 A 顧客は，所定の船舶でロッテルダムからシドニーへ貨物を輸送することについて，船舶所有者（サプライヤー）と契約を締結する。	YES 船舶は契約で明示的に定められている。	NO 顧客の貨物は，船舶の積載容量のほとんどすべてを占有しており，したがって，顧客は使用期間全体を通じて資産の使用による経済的利益のほとんどすべてを得る権利を有している。しかし，船舶の使用方法は契約で事前に決定されており，また，顧客は，船舶を運航する権利を有しておらず，かつ，顧客は船舶の設計をしていない。したがって，顧客は，資産の使用を指図する権利を有していない。	NO 貨物を輸送するサービスである。
6 B 顧客は，所定の船舶の5年間にわたる使用について，サプライヤーと契約を締結する。	YES 船舶は契約で明示的に定められている。	YES 顧客は，使用期間全体を通じて船舶を独占的に使用し，使用による経済的利益のほとんどすべてを得る権利を有している。	YES 契約に船舶のリースが含まれている。

設例	資産は特定されているか？	顧客は特定された資産の使用を支配する権利を有するか？	契約はリースを含むか？
		顧客は，船舶を航行するのかどうか，どこを，いつ航行するのかを，輸送する貨物とともに決定するため，資産の使用を指図する権利を有している。	
7　航空機			
7 顧客は，航空機の使用について，航空機所有者（サプライヤー）と2年の契約を締結する。 契約は，航空機の内装および外装の仕様を詳細に示している。	YES 航空機は契約で明示的に定められている。	YES 顧客は，使用期間全体を通じて航空機を独占的に使用し，使用による経済的利益のほとんどすべてを得る権利を有している。 顧客は，航空機を飛行するのかどうか，どこを，いつ飛行するのかを，輸送する乗客および貨物とともに決定するため，資産の使用を指図する権利を有している。	YES 契約に航空機のリースが含まれている。
8　シャツに関する契約			
8 顧客は，特定の種類，品質および数量のシャツを購入することについて，製造業者（サプライヤー）と3年の契約を締結する。	YES サプライヤーは，顧客のニーズを満たすことができる工場を1つしか有していないため，工場は黙示的に定められている。	NO サプライヤーは，工場を他の顧客との契約を履行するために使用することができるため，顧客は，使用期間全体を通じて工場の使用による経済的利益のほとんどすべてを得る権利を有していない。 サプライヤーは工場の使用方法を決定できるため，顧	NO 顧客はシャツを購入している。

第4章　リースの識別　75

設例	資産は特定されているか？	顧客は特定された資産の使用を支配する権利を有するか？	契約はリースを含むか？
		客は，資産の使用を指図する権利を有していない。	

（注）　設例に付された番号は，IFRS第16号に付属する設例の番号を示している。また，説明上，本表において用いられている用語は，新リース会計基準における用語に合わせている。

第 5 章

契約に含まれる各構成部分
の区分

本章では，識別されたリースを含む契約（第4章参照）について，リースを構成する部分を区分するプロセスを取り扱う。

| リースを含む契約の識別（第4章） | リースを構成する部分の区分（第5章） | 借手の会計処理／貸手の会計処理（第6章，第7章） |

第1節　全体像

契約が単一のリースのみで構成されている場合，その対価全体に対して新リース会計基準に従って会計処理を行う。

それ以外の場合として，例えば，契約が複数のリースで構成されている場合や，リース以外にもサービスが含まれている場合には，会計処理にあたって次のステップが必要となる。

- ステップ1：契約に含まれる構成部分の識別（後述第2節参照）
- ステップ2：各構成部分への契約対価の配分（後述第3節および第4節参照）

改正前リース会計基準は，典型的なリース，すなわち役務提供相当額のリース料に占める割合が低いものを対象としており，役務提供相当額は重要性が乏しいことを想定し，維持管理費用相当額に準じて会計処理を行うこととしていた（第3章参照）。

一方，新リース会計基準では，これまで役務提供相当額として取り扱ってきた金額は，リースを構成しない部分に含まれることになる（指針BC16項）。したがって，役務提供が含まれている契約については，借手と貸手ともに，その契約における対価をリースを構成する部分とリースを構成しない部分に配分の上で，前者については新リース会計基準に従って会計処理を行い，後者については適切な他の会計基準を適用することとなる（**図表5-1-1**のステップ②）。

図表 5－1－1 リースの識別と契約の対価の配分に関する検討プロセス

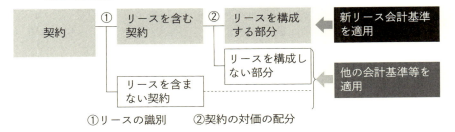

第2節 契約に含まれる構成部分の識別

1 各構成部分の内容

　リースを含む契約には，リースを構成する部分以外にも，財やサービスの提供等の「リースを構成しない部分」が含まれる場合がある。

(リースを含む契約が複数の要素により構成されている例)
● 自動車のリースにメンテナンス・サービスが含まれる契約
● 設備機器のリースに保険料等の諸費用が含まれる契約

　新リース会計基準では，契約における対価の中に含まれる要素として，次の3つの種類を識別している。

(1) リースを構成する部分
(2) リースを構成しない部分
(3) 上記のいずれにも該当しない部分

　なお，契約には，複数の独立したリースを構成する部分が含まれている場合もある。この点については本節②を参照されたい。

(1) リースを構成しない部分
　リースを構成しない部分には，サプライヤーが顧客に対して提供している財

やサービス等が該当する。

　このようなリースを構成しない部分に対しては，新リース会計基準以外の関連する会計基準が適用される。例えば，貸手においては，借手へ提供されるサービスの場合には，収益認識会計基準が適用される可能性がある。一方で，借手においては，財の購入の場合には棚卸資産，有形固定資産，または無形固定資産の会計基準等，サービスの受領の場合には一般的な費用処理の会計原則を適用することが考えられる。

(2)　いずれにも該当しない部分

　リースを構成する部分とリースを構成しない部分のいずれにも該当しない部分には，次のものが該当する（指針11項，13項）。

図表 5-2-1　いずれにも該当しない部分

借手の場合	貸手の場合
● 借手に財またはサービスを移転しない活動およびコストについて借手が支払う金額	● 借手に財またはサービスを移転しない活動およびコストについて借手が支払う金額，または， ● 原資産の維持管理に伴う固定資産税，保険料等の諸費用（維持管理費用相当額）

　このうち，原資産の維持管理に伴う固定資産税，保険料等の諸費用（維持管理費用相当額）は，改正前リース会計基準に定められていたものと同様と考えられる。

　一方，IFRS第16号では，維持管理費用相当額に類似するものとして，「借手に財またはサービスを移転しない活動およびコスト」について言及されている。当該コストには，固定資産税および保険料のほか，例えば，契約締結のために貸手に生じる事務コストの借手への請求等，借手に財またはサービスを移転しない活動に係る借手への請求が含まれる。

　「維持管理費用相当額」と「借手に財またはサービスを移転しない活動およ

びコスト」の範囲は一致することが多いと考えられるが，両者の間には借手に財またはサービスを移転するかどうかの評価を要求するか否かで差があることから，その範囲は異なる可能性がある（指針BC15項）。

（参考）　IFRS会計基準における取扱い
　以下は，IFRS第16号における実務において「借手に財またはサービスを移転しない活動およびコスト」と考えられる借手による支払の例である。
- 資産がリースされているか，または誰にリースされているかにかかわらず，税務当局が貸手のみに負担させることができるような，資産の所有者（貸手）が固定資産税を負担しているリース資産に関する固定資産税
- 原資産に対する貸手の利益を補填する保険（例えば，不動産リースにおけるオフィス・ビルの物理的構造を補償する保険や自動車のリースにおいて貸手が主たる受益者である衝突保険）
- コミットメント・フィー
- その他の管理費用

2　独立したリースの構成部分の識別

(1)　契約が複数の原資産の使用権を含む場合

　契約には複数のリースを構成する部分が含まれている場合もある（指針BC26項）。例えば，複数台の自動車をリースする契約や，不動産と設備機器を併せてリースする契約などである。

　契約の中に複数の原資産を使用する権利が含まれている場合，まとめて1つのリース構成部分となるか，複数の独立したリース構成部分となるかを判定する。

　このように独立したリース構成部分を識別することは，次のような場合に関連すると考えられる（指針BC26項）。

---

(1)　貸手が機器とソフトウェアのリースを同時に行う，すなわち，機器のリースと知的財産のライセンスの付与を同時に行う場合の会計単位の判断（指針BC27項，第3章第3節2(2)参照）
(2)　少額リースに関する簡便的な取扱いにおいて，「新品時の原資産の価値が少額であるリース」の簡便的な取扱いを選択するときの「リース1件ごと」の判断（指針22項(2)②，第6章第5節2(1)参照）

(2) 独立したリースの構成部分となるか否かの判定

契約に含まれる複数の原資産を使用する権利は，次の2つの要件を満たす場合，それぞれ独立したリースを構成する部分になる。それ以外の場合，まとめて単一のリース構成部分になる（指針16項）。

図表5-2-2 独立したリースの構成部分となるための2つの要件

要件1：原資産の使用から単独で借手が経済的利益を得ることができること，または，原資産と借手が容易に利用できる他の資源を組み合わせて借手が経済的利益を得ることができること
要件2：原資産の契約の中の他の原資産への依存性または相互関連性が高くないこと

↓

2つの要件を満たす場合	それ以外の場合
それぞれを独立したリース構成部分として取り扱う	まとめて1つのリース構成部分として取り扱う

これらの要件は，収益認識会計基準34項における定めと整合的なものである（指針BC26項）。

収益認識会計基準34項
　顧客に約束した財またはサービスは，次の(1)および(2)の要件のいずれも満たす場合には，別個のものとする。
(1) 当該財またはサービスから単独で顧客が便益を享受することができること，あるいは，当該財またはサービスと顧客が容易に利用できる他の資源を組み合わせて顧客が便益を享受することができること（すなわち，当該財またはサービスが別個のものとなる可能性があること）
(2) 当該財またはサービスを顧客に移転する約束が，契約に含まれる他の約束と区分して識別できること（すなわち，当該財またはサービスを顧客に移転する約束が契約の観点において別個のものとなること）

設例5-1 独立したリース構成部分として取り扱う場合

（前提条件）
● 借手は，貸手との間で，20台の車両をリースする契約を締結する。

（検討）
- 要件 1 ：借手は，車両 1 台の使用から単独で経済的利益を得ることができる。
- 要件 2 ：各車両について，契約の中の他の車両との間に相互関連性は高くない。
　いずれの要件も満たすことから，借手は，契約には20個の独立したリース構成部分が含まれると判断した。

3 契約に組込デリバティブが含まれている場合の取扱い

　デリバティブとは，次の特徴を有する金融商品である（移管指針第 9 号「金融商品会計に関する実務指針」（以下「金融商品実務指針」という） 6 項）。

(1) その権利義務の価値が一定の変数（基礎数値）の変化に反応して変化するもので，基礎数値を有し，かつ，想定元本か固定もしくは決定可能な決済金額のいずれか，または想定元本と決済金額の両方を有する契約である。
(2) 当初純投資が不要，または他の類似の契約と比べほとんど必要としない。
(3) 純額（差金）決済がなされる。

　リースに組み込まれたデリバティブに対しては，企業会計基準第10号「金融商品に関する会計基準」（以下「金融商品会計基準」という）が適用され，次のように取り扱われる（金融商品実務指針18項，金融商品会計基準40項）。

(1) 原則として，リースとリースに組み込まれたデリバティブを区分せず一体として取り扱う（金融商品会計基準40項）。
(2) ただし，次のすべての要件を満たす場合には，デリバティブはリースとは区分して時価評価し，評価差額を当期の損益として処理する（企業会計基準適用指針第12号「その他の複合金融商品（払込資本を増加させる可能性のある部分を含まない複合金融商品）に関する会計処理」 3 項）。
　　a. 組込デリバティブのリスクが現物の金融資産または金融負債に及ぶ可能性があること
　　b. 組込デリバティブと同一条件の独立したデリバティブが，デリバティブの特徴を満たすこと
　　c. 当該複合金融商品について，時価の変動による評価差額が当期の損益に反映されないこと

　リースに組み込まれたデリバティブの取扱いについては，新リース会計基準の公表において，見直しは行われていない。したがって，これまでと同様に，

84

金融商品会計基準等に従い，上記のすべての要件を満たした場合に，当該デリバティブは，リースと区分して，会計処理されると考えられる。

(参考)　IFRS会計基準における取扱い
　IFRS第16号においては，借手において，リースを構成する部分とリースを構成しない部分を区別せずに，合わせて単一のリースを構成する部分として会計処理する実務上の便法を，主契約からの分離が要求される組込デリバティブ（IFRS第9号「金融商品」の4.3.3項）に対して適用することはできないことが定められている（IFRS16.15）。

第3節　借手における契約対価の配分

1　契約対価の配分方法

(1)　配分方法

　借手は，契約における対価の金額を，リースを構成する部分とリースを構成しない部分へ，それぞれの部分の独立価格の比率に基づいて配分する。また，契約における対価の中に，借手に財またはサービスを移転しない活動およびコストについて借手が支払う金額が含まれる場合，当該金額を契約における対価の一部としてリースを構成する部分とリースを構成しない部分とに配分する（指針11項）。

第5章　契約に含まれる各構成部分の区分　85

図表 5 - 3 - 1　独立価格の比率による契約対価の配分

① 各構成部分の独立価格に基づく比率を算定する。
② 契約における対価（借手に財またはサービスを移転しない活動およびコストに相当する金額を含む）を，①の比率に基づき各構成部分へ配分する。

(2) 独立価格の算定方法

独立価格は，貸手または類似のサプライヤーが当該構成部分または類似の構成部分について企業に個々に請求するであろう価格に基づいて算定される。借手においてそれぞれの部分の独立価格が明らかでない場合，借手は，観察可能な情報を最大限に利用して，独立価格を合理的な方法で見積る（指針BC17項）。

この見積りにおいては，市場において利用可能な類似の資産やサービスを考慮して，類似の契約の条件（支払金額，契約期間，延長オプション等の有無等）を参照することが考えられる。

2　実務上の便法

(1) 契約対価の配分を行わない実務上の便法

借手は，実務上の便法として，リースを構成する部分とリースを構成しない部分とを分けずに，両部分を合わせてリースを構成する部分として会計処理を行うことを選択できる。借手は，この実務上の便法を適用する対象を，次のいずれかの単位で決定する（基準29項）。

(1) 対応する原資産を自ら所有していたと仮定した場合に貸借対照表において表示するであろう科目ごと

(2)	性質および企業の営業における用途が類似する原資産のグループごと

　連結財務諸表においては，個別財務諸表において上記の(1)または(2)の単位で行った実務上の便法を適用するかの選択を見直さないことができる（基準30項）。

(2)　実務上の便法を適用する単位

　本実務上の便法を適用する単位については，基準29項の(1)と(2)のいずれかを借手が決定することができる。

　IFRS第16号では，同様の実務上の便法は，原資産のクラスごとにすべきことが定められている。また，原資産のクラスは，性質および企業の営業における用途が類似した原資産のグルーピングであると記述されている（IFRS16.8および15）。

　IFRS会計基準を任意適用して連結財務諸表を作成している企業の場合，個別財務諸表において基準29項の(2)に定められた単位で実務上の便法を適用することにより，実務上の便法を用いる範囲について，連結財務諸表を作成する際に修正が不要になると考えられる（コメント対応表41）。

(3)　実務上の便法を適用するかどうかの決定における考慮事項

　実務上の便法を借手が適用できる場合について，特段の要件は定められていない。したがって，借手は，契約におけるリースを構成しない部分の比率が小さいかどうかにかかわらず，実務上の便法を適用することができる。

　一方で実務上の便法を適用することは，リースを構成しない部分を含めて使用権資産とリース負債を計上することによって，バランスシートの増大につながる。したがって，一般的に，借手において実務上の便法を適用することによる総合的なメリットは，契約におけるリースを構成しない部分の比率が小さいほど，より大きくなる。

第5章　契約に含まれる各構成部分の区分　　87

図表5-3-2　実務上の便法のメリット・デメリット

実務上の便法により得られるメリット	実務上の便法により生じるデメリット
契約対価の配分を行う負担から解放される。	リースを構成しない部分がオンバランスされる。

3 少額リースの判定における維持管理費用相当額の取扱い

　借手は，少額リースに関する簡便的な取扱い（指針22項(2)①，第6章第5節②(1)参照）を適用する場合，リース契約1件当たりの金額の算定において維持管理費用相当額の合理的見積額を控除することができる（指針23項）。これは，改正前リース会計基準においては，少額リース資産に該当するかの判定においてそのような取扱いを認めていることから（改正前のリース適用指針35項(3)），新リース会計基準においても当該取扱いを踏襲したものと考えられる（コメント対応表59）。

設例5-2　借手における契約対価の配分

（前提条件）
- 借手は，貸手との間で，リースを構成する部分とリースを構成しない部分（役務提供）を含む契約を締結した。
- リース開始日はT1期首であり，借手のリース期間は3年である。
- 契約における対価の総額は30,000千円である。借手は各T期末に10,000千円を支払う。
- 借手は，独立価格等を次のように把握している。
  - ・リースを構成する部分の独立価格：23,800千円
  - ・リースを構成しない部分（役務提供）の独立価格：10,200千円
  - ・借手に財またはサービスを移転しない活動およびコスト（原資産に係る固定資産税および保険料）：1,000千円
- 借手の年度決算日は各T期末である。
- 説明上，リース負債の測定に用いられる割引率は，ゼロとする。
- 減価償却費は借手のリース期間を耐用年数とし，残存価額をゼロとして定額法で計算する。

（借手の会計処理）

(1) リースを構成する部分とリースを構成しない部分とに分けて会計処理する場合
（基準28項）

① 契約における対価の配分

● 契約における対価（30,000千円）はリースを構成する部分とリースを構成しない
部分へそれぞれの独立価格の比率に基づいて配分する。

● 契約における対価に含まれる借手に財またはサービスを移転しない活動およびコ
ストについて借手が支払う金額（1,000千円）は，契約における対価の一部として
リースを構成する部分とリースを構成しない部分へ配分される（指針11項）。

(単位：千円)

	独立価格	独立価格の比率		契約対価の配分額
リースを構成する部分	23,800	0.7 (23,800÷34,000)	→	21,000 (＝30,000×0.7)
リースを構成しない部分	10,200	0.3 (10,200÷34,000)	→	9,000 (＝30,000×0.3)
合計	34,000	1		30,000

② 会計処理

T1期首（リース開始日）

(単位：千円)

(借) 使 用 権 資 産(※)	21,000	(貸) リ ー ス 負 債(※)	21,000

（※） リース負債および使用権資産の金額は，契約の対価のうちリースを構成する部分
に配分された金額に基づいて算定される。

T1期末（第1回支払日・年度決算日）

(単位：千円)

(借) リ ー ス 負 債(※1)	7,000	(貸) 現 金 預 金	10,000
費 用(※2)	3,000		
(借) 減 価 償 却 費(※3)	7,000	(貸) 減価償却累計額	7,000

（※1） リース負債の返済額：21,000千円×（1年/3年）＝7,000千円

（※2） 契約における対価のうち，リースを構成しない部分に配分された金額（9,000千
円×（1年/3年）＝3,000千円）は，その内容を示す科目で費用に計上する。

（※3） 減価償却費：21,000千円×（1年/3年）＝7,000千円

(2) リースを構成する部分と関連するリースを構成しない部分とを合わせてリース
を構成する部分として会計処理する場合（基準29項）

① 契約における対価の配分

第5章　契約に含まれる各構成部分の区分　　89

本会計処理の場合，契約における対価の配分は行われない（基準29項）。

② 会計処理

T1期首（リース開始日）

（単位：千円）

| （借）使 用 権 資 産(※) | 30,000 | （貸）リ ー ス 負 債(※) | 30,000 |

（※）　リース負債および使用権資産の金額は，契約における対価の金額に基づいて算定される。

T1期末（第1回支払日・年度決算日）

（単位：千円）

| （借）リ ー ス 負 債(※1) | 10,000 | （貸）現 金 預 金 | 10,000 |
| （借）減 価 償 却 費(※2) | 10,000 | （貸）減価償却累計額 | 10,000 |

（※1）　リース負債の返済額：30,000千円×（1年/3年）＝10,000千円
（※2）　減価償却費：30,000千円×（1年/3年）＝10,000千円

第4節　貸手における契約対価の配分

1　契約対価の配分方法

　貸手は，契約における対価の金額を，リースを構成する部分とリースを構成しない部分へ，それぞれの部分の<u>独立販売価格</u>の比率に基づいて配分する。また，契約における対価の中に，<u>借手に財またはサービスを移転しない活動およびコストについて借手が支払う金額</u>，あるいは，<u>原資産の維持管理に伴う固定資産税，保険料等の諸費用（維持管理費用相当額）</u>が含まれる場合，当該配分にあたって，次の(1)または(2)のいずれかの方法により会計処理を行う（指針13項）。

(1)　借手に財またはサービスを移転しない活動およびコストについて借手が支払う金額を契約における対価の一部としてリースを構成する部分とリースを構成しない部分とに配分する。

> (2) 維持管理費用相当額を契約における対価から控除し収益に計上する,または貸手の固定資産税,保険料等の費用の控除額として処理する。

ただし,(2)の方法を選択する場合で,維持管理費用相当額がリースを構成する部分の金額に対する割合に重要性が乏しいときは,当該維持管理費用相当額についてリースを構成する部分の金額に含めることができる。

(1) 配分方法

貸手においては,指針13項の(1)と(2)の方法のとおり,それぞれIFRS第16号と整合的な取扱いと改正前リース会計基準の定めを踏襲する取扱いのいずれかを選択することとされている。貸手の会計処理については基本的に改正前リース会計基準の定めを踏襲する方針(基準BC13項)であることから,(2)の方法が選択肢として維持されている(指針BC23項)。

図表5-4-1　独立販売価格の比率による契約対価の配分(指針13項の(1)の方法)

① 各構成部分の独立販売価格に基づく比率を算定する。
② 契約における対価(借手に財またはサービスを移転しない活動およびコストに相当する金額を含む)を,①の比率に基づき各構成部分へ配分する。

第5章 契約に含まれる各構成部分の区分　91

図表5-4-2 維持管理費用相当額を契約対価から控除する配分（指針13項の(2)の方法）

① 各構成部分の独立販売価格に基づく比率を算定する。
② 契約における対価（維持管理費用相当額の控除後）を，①の比率に基づき各構成部分へ配分する。また，維持管理費用相当額は，収益に計上または費用の控除額として処理する。

(2) 独立販売価格の算定方法

貸手における対価の配分は，収益認識会計基準との整合性を図るものであり，「独立販売価格」は，収益認識会計基準9項における定義を参照している（指針BC22項）。

この結果，契約がリースと収益認識会計基準が適用されるサービスの提供を含む場合，それぞれの構成部分に対して「独立販売価格」という同一の考え方に基づいて契約の対価の配分を行うことになると考えられる。

以下は，収益認識会計基準において「独立販売価格」について定めている主な事項である。

> ● 独立販売価格の定義
> 「独立販売価格」とは，財またはサービスを独立して企業が顧客に販売する場合の価格をいう（収益認識会計基準9項）。
> ● 独立販売価格を直接観察できない場合の取扱い
> 財またはサービスの独立販売価格を直接観察できない場合には，市場の状況，企業固有の要因，顧客に関する情報等，合理的に入手できるすべての情報を考慮し，観察可能な入力数値を最大限利用して，独立販売価格を見積る。類似の状況においては，見積方法を首尾一貫して適用する（収益認識会計基準69項）。
> ● 独立販売価格を直接観察できない場合の独立販売価格の見積方法の例

（企業会計基準適用指針第30号「収益認識に関する会計基準の適用指針」（以下「収益認識適用指針」という）31項～32項）

　財またはサービスの独立販売価格を直接観察できない場合の当該独立販売価格の見積方法には，例えば，次の(1)から(3)の方法がある。
　(1)　調整した市場評価アプローチ
　　財またはサービスが販売される市場を評価して，顧客が支払うと見込まれる価格を見積る方法
　(2)　予想コストに利益相当額を加算するアプローチ
　　履行義務を充足するために発生するコストを見積り，当該財またはサービスの適切な利益相当額を加算する方法
　(3)　残余アプローチ
　　契約における取引価格の総額から契約において約束した他の財またはサービスについて観察可能な独立販売価格の合計額を控除して見積る方法。この方法は，次の①または②のいずれかに該当する場合に限り，使用できる。
　　①　同一の財またはサービスを異なる顧客に同時またはほぼ同時に幅広い価格帯で販売していること（すなわち，典型的な独立販売価格が過去の取引または他の観察可能な証拠から識別できないため，販売価格が大きく変動する）
　　②　当該財またはサービスの価格を企業が未だ設定しておらず，当該財またはサービスを独立して販売したことがないこと（すなわち，販売価格が確定していない）

　財またはサービスの独立販売価格を直接観察できない場合に，当該財またはサービスのうち複数の独立販売価格が大きく変動するまたは確定していないときには，上記における複数の方法を組み合わせて，独立販売価格を見積る。

2 　実務上の便法

(1)　契約対価の配分を行わない実務上の便法

　貸手は，実務上の便法として，以下のすべてを満たす場合には，リースを構成する部分とリースを構成しない部分とを分けずに，両部分を合わせて会計処理を行うことができる。貸手は，この実務上の便法を適用するかの選択を契約ごとに行う（指針14項）。

(1)　リースを構成しない部分が収益認識会計基準の適用対象である。
(2)　リースを構成する部分と関連するリースを構成しない部分の収益の計上の時期およびパターンが同じである。

(3) リースを構成する部分がオペレーティング・リースに分類される。

貸手がこの実務上の便法を適用する場合，リースを構成する部分がリースを含む契約の主たる部分であるかどうかに応じて次の(1)または(2)により会計処理を行う（指針15項）。

(1) リースを構成する部分がリースを含む契約の主たる部分であるときは，リースを構成する部分と関連するリースを構成しない部分とを分けずに合わせてリースを構成する部分としてオペレーティング・リースに係る会計処理を行う（指針82項，第7章第8節参照）。
(2) (1)に該当しないときは，リースを構成する部分と関連するリースを構成しない部分とを分けずに合わせて収益認識会計基準に従って単一の履行義務として会計処理を行う。

図表5-4-3 貸手における契約対価の配分方法に関するフローチャート

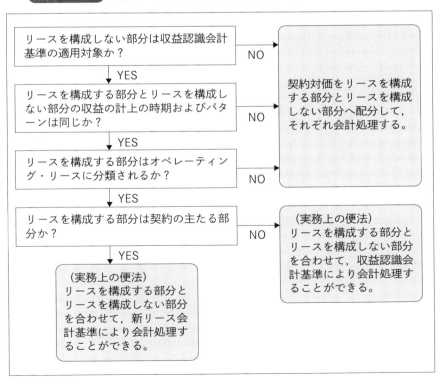

(2) 実務上の便法が設けられた背景

契約における対価の配分に関して，貸手における実務上の便法は，IFRS会計基準においては定めがない一方で，米国会計基準においては定められている。

新リース会計基準では，次の点等を考慮した上で，適用上のコストと複雑性の低減を図る観点から，米国会計基準の定めを参考として実務上の便法を定めている（指針BC25項）。

- リースを構成する部分とリースを構成しない部分の収益の計上の時期およびパターンが同じである場合には，双方を分けて会計処理を行ったときの収益の計上額と双方を分けずに会計処理を行ったときの収益の計上額は変わらないと考えられる。
- 上記を踏まえると，両部分を合わせて取り扱い会計処理を行うこととしても情報の有用性が大きく損なわれないと考えられる。

（参考）　米国会計基準における取扱い

米国会計基準においては，契約における対価の配分に関して，次のように貸手に対する実務上の便法が定められている（ASC 842-10-15-42A〜42B）。

- リースを構成しない部分がFASB Accounting Standard CodificationのTopic 606「顧客との契約から生じる収益」（以下「ASC 606」という）に従って会計処理が行われ，かつ，次の両方を満たす場合，貸手は会計方針の選択として，実務上の便法として，原資産のクラス別に，リースを構成する部分からリースを構成しない部分を区分せず，リースを構成する部分とこれに関連するリースを構成しない部分を単一の構成部分として会計処理を行うことを選択できる。
  a. リースを構成する部分と関連するリースを構成しない部分の移転の時期およびパターンが同一である。
  b. リースを構成する部分を区分して会計処理する場合，そのリースを構成する部分がオペレーティング・リースに分類される。

- 上記の実務上の便法を選択する貸手は，結合した構成部分を次のとおり会計処理する。
  a. リースを構成しない部分が結合した構成部分の支配的な（predominant）部分である場合，ASC 606に従って全体として単一の履行義務として会計処理する。
  b. それ以外の場合，ASC 842に従って全体をオペレーティング・リースとして会計処理する。

第5章　契約に含まれる各構成部分の区分　　95

> リースを構成しない部分が結合された構成部分の支配的な部分か否かを決定するにあたっては，貸手は，借手がリースを構成する部分よりもリースを構成しない部分がより価値があるものと合理的に期待しているかどうかを考慮する。

設例 5 - 3　貸手における契約対価の配分：リースを構成する部分がファイナンス・リースの場合

（前提条件）
- 貸手は，借手との間で，リースを構成する部分とリースを構成しない部分（役務提供）を含む契約を締結した。
- リース開始日はT 1 期首であり，貸手のリース期間は 3 年である。
- 契約における対価は30,000千円である。貸手は各 T 期末に10,000千円を受け取る。
- 貸手は，独立販売価格等を次のように把握している。
  - ・リースを構成する部分の独立販売価格：23,800千円
  - ・リースを構成しない部分の独立販売価格：10,200千円
  - ・借手に財またはサービスを移転しない活動およびコスト（原資産に係る固定資産税および保険料：1,000千円（この金額は，維持管理費用相当額にも相当する）
- 貸手のリースは，所有権移転外ファイナンス・リースに分類される。
- リースを構成しない部分には収益認識会計基準が適用される。
- 貸手のリースは，製品または販売以外を事業とする貸手が当該事業の一環で行うリースに該当する。
- 貸手による原資産の現金購入価額は18,000千円である。
- 貸手の年度決算日は各 T 期末である。
- 貸手は利息相当額を各期に定額で配分している。

(1)　借手に財またはサービスを移転しない活動およびコストを契約における対価の一部としてリースを構成する部分とリースを構成しない部分に配分する場合（指針13項(1)参照）
①　契約における対価の配分
- 契約における対価（30,000千円）について，リースを構成する部分とリースを構成しない部分へそれぞれの独立販売価格の比率に基づいて配分する。
- 指針13項(1)の方法においては，契約における対価に含まれる借手に財またはサービスを移転しない活動およびコストについて借手が支払う金額（1,000千円）は　別個に会計処理せず，契約における対価の一部としてリースを構成する部分とリースを構成しない部分へ配分される。

（単位：千円）

	独立販売価格	独立販売価格の比率		契約対価の配分額
リースを構成する部分	23,800	0.7 (23,800÷34,000)	→	21,000 (＝30,000×0.7)
リースを構成しない部分	10,200	0.3 (10,200÷34,000)	→	9,000 (＝30,000×0.3)
合計	34,000	1		30,000

② 会計処理

T1期首（リース開始日）

（単位：千円）

（借）リース投資資産(※)	18,000	（貸）買　掛　金	18,000

（※）　リース投資資産は，原資産の現金購入価額で計上する。

T1期末（第1回回収日・年度決算日）

（単位：千円）

（借）現　金　預　金	10,000	（貸）リース投資資産(※1)	6,000
		受　取　利　息(※1)	1,000
		収　　　　　益(※2)	3,000

（※1）　前提条件に記載のとおり，受取利息を定額で配分している。
　　　　リース投資資産：10,000千円－3,000千円－1,000千円＝6,000千円
　　　　受取利息：(21,000千円－18,000千円)×(1年/3年)＝1,000千円
（※2）　前提条件に記載のとおり，契約における対価のリースを構成しない部分に配分した金額(9,000千円×(1年/3年)＝3,000千円)に対して，収益認識会計基準に従って会計処理を行う。

以後も同様な会計処理を行う。

(2)　維持管理費用相当額を契約における対価から控除する場合（指針13項(2)参照）
①　契約における対価の配分
　●　契約における対価（30,000千円）から維持管理費用相当額（1,000千円）を控除した金額について，リースを構成する部分とリースを構成しない部分へそれぞれの独立販売価格の比率に基づいて配分する。

第 5 章　契約に含まれる各構成部分の区分　　97

（単位：千円）

	独立販売価格	独立販売価格の比率		契約対価の配分額
リースを構成する部分	23,800	0.7 （23,800÷34,000）	→	20,300 （＝29,000×0.7）
リースを構成しない部分	10,200	0.3 （10,200÷34,000）	→	8,700 （＝29,000×0.3）
合計	34,000	1		29,000

配分される契約の対価＝契約における対価（30,000千円）－維持管理費用相当額（1,000千円）＝29,000千円

② 会計処理

T 1 期首（リース開始日）

（単位：千円）

（借）リース投資資産（※）	18,000	（貸）買　　掛　　金	18,000

（※）　リース投資資産は，原資産の現金購入価額で計上する。

T 1 期末（第 1 回回収日・年度決算日）

（単位：千円）

（借）現　金　預　金	10,000	（貸）リース投資資産（※1）	6,000
		受　取　利　息（※1）	767
		収　　　　　益（※2）	2,900
		収益（または費用の減少）（※3）	333

（※1）　前提条件に記載のとおり，受取利息を定額で配分している。
　　　　　リース投資資産：10,000千円－3,000千円－1,000千円＝6,000千円
　　　　　受取利息：（20,300千円－18,000千円）×（1年/3年）＝767千円
（※2）　前提条件に記載のとおり，契約における対価のリースを構成しない部分に配分した金額（8,700千円×（1年/3年）＝2,900千円）に対して，収益認識会計基準に従って会計処理を行う。
（※3）　契約における対価から控除した維持管理費用相当額（1,000千円×（1年/3年）＝333千円）は，収益に計上するか，または貸手の費用の控除額として処理する。

以後も同様な会計処理を行う。

98

| 設例 5 - 4 | 貸手における契約対価の配分：リースを構成する部分がオペレーティング・リースの場合の実務上の便法 |

（前提条件）
1. 貸手は，借手との間で，リースを構成する部分とリースを構成しない部分（役務提供）を含む契約を締結した。
2. リース開始日はT1期首であり，貸手のリース期間は2年である。
3. 契約における対価は20,000千円である。貸手は各T期末に10,000千円を受け取る。
4. リースを構成しない部分は収益認識会計基準の適用対象である。
5. リースを構成する部分とリースを構成しない部分の収益の計上の時期およびパターンは同じである。
6. リースを構成する部分はオペレーティング・リースに分類される。
7. 貸手は，前提条件4から6を踏まえて，本契約を指針14項における実務上の便法を用いて会計処理することを選択した。
8. 貸手の年度決算日は各T期末である。

(1) リースを構成する部分がリースを含む契約の主たる部分である場合（指針15項(1)）
① 契約における対価の配分
　本契約は指針14項における実務上の便法を用いて会計処理するため，契約における対価の配分を行わない。
② 会計処理
T1期首（リース開始日）
仕訳なし

T1期末（第1回回収日・年度決算日）

（単位：千円）

| （借）現　金　預　金 | 10,000 | （貸）受 取 リ ー ス 料（※） | 10,000 |

（※）　オペレーティング・リースに係る会計処理を行う。

以後も同様な会計処理を行う。

(2) リースを構成する部分がリースを含む契約の主たる部分ではない場合（指針15項(2)）
① 契約における対価の配分
　本契約は指針14項における実務上の便法を用いて会計処理するため，契約における対価の配分を行わない。

第5章　契約に含まれる各構成部分の区分　99

② 会計処理

T1期首（リース開始日）

仕訳なし

T1期末（第1回回収日・年度決算日）

（単位：千円）

（借）現 金 預 金	10,000	（貸）収 益（※）	10,000

（※） 収益認識会計基準に従って単一の履行義務として会計処理を行う。

以後も同様な会計処理を行う。

第5節　IFRS会計基準との比較

　日本基準とIFRS会計基準のいずれにおいても，原則として，契約における対価の金額はリースを構成する部分とリースを構成しない部分に配分された上で，それぞれ会計処理される。

　ただし，両基準では，主に次の点で差異がある。

- 借手における実務上の便法について，日本基準ではこれを適用する単位に関してIFRS会計基準と同様の方法に加えてもう1つの選択肢がある。
- 貸手における原則的な配分方法について，日本基準では，IFRS会計基準と同様の取扱いに加えて改正前リース会計基準を踏襲した取扱い（維持管理費用相当額に関する取扱い）の選択肢がある。
- 日本基準において定められている貸手における実務上の便法は，IFRS会計基準では定められていない。

図表5−5−1　IFRS会計基準との比較

	日本基準	IFRS会計基準
（借手貸手共通）		
契約対価の配分の原則	リースを含む契約について，リースを構成する部分とリースを構成しない部分とに分けて会計処理を	リースまたはリースを含んだものである契約について，契約の中のリース構成部分のそれぞれを契約

100

	日本基準	IFRS会計基準
	行う（基準28項）。	の非リース構成部分と区分して会計処理する（IFRS16.12）。
（借手）		
原則的な配分方法	契約における対価の金額について，リースを構成する部分とリースを構成しない部分とに配分するにあたって，それぞれの部分の独立価格の比率に基づいて配分する。 契約における対価の中に，借手に財またはサービスを移転しない活動およびコストについて借手が支払う金額が含まれる場合，当該金額を契約における対価の一部としてリースを構成する部分とリースを構成しない部分とに配分する（指針11項）。	契約における対価を，リース構成部分の独立価格と非リース構成部分の独立価格の総額との比率に基づいて各リース構成部分に配分する（IFRS16.13）。 契約に，借手に財またはサービスを移転しない活動およびコストについて借手が支払う金額が含まれている場合，当該金額は，契約の対価の一部として，リース構成部分と非リース構成部分とに配分する（IFRS16.B33）。
実務上の便法	対応する原資産を自ら所有していたと仮定した場合に貸借対照表において表示するであろう科目ごとまたは性質および企業の営業における用途が類似する原資産のグループごとに，リースを構成する部分とリースを構成しない部分とを分けずに，リースを構成する部分と関連するリースを構成しない部分とを合わせてリースを構成する部分として会計処理を行うことを選択することができる（基準29項）。	原資産のクラスごとに，非リース構成部分をリース構成部分と区別せずに，各リース構成部分および関連する非リース構成部分を単一のリース構成部分として会計処理することを選択することができる（IFRS16.15）。 原資産のクラスとは，性質および企業の営業における用途が類似した原資産のグルーピングである（IFRS16.8）。
（貸手）		
原則的な配分方法	契約における対価の金額について，リースを構成する部分とリースを構成しない部分とに配分するにあたって，それぞれの部分の独立販	リース構成部分と1つまたは複数の追加的なリース構成部分または非リース構成部分とを含んだ契約について，契約における対価を

第5章　契約に含まれる各構成部分の区分　　101

	日本基準	IFRS会計基準
	売価格の比率に基づいて配分する。契約における対価の中に，借手に財またはサービスを移転しない活動およびコストについて借手が支払う金額，または，維持管理費用相当額が含まれる場合，当該配分にあたって，次の(1)または(2)のいずれかの方法を選択する（指針13項）。 (1)　借手に財またはサービスを移転しない活動およびコストについて借手が支払う金額を契約における対価の一部としてリースを構成する部分とリースを構成しない部分とに配分する方法 (2)　維持管理費用相当額を契約における対価から控除し，収益に計上する，または，固定資産税，保険料等の費用の控除額として処理する方法	IFRS第15号の73項から90項を適用して配分する（IFRS16.17）。 契約に，借手に財またはサービスを移転しない活動およびコストについて借手が支払う金額が含まれている場合，当該金額は，契約の対価の一部として，リース構成部分と非リース構成部分とに配分する（IFRS16.B33）。
実務上の便法	以下のすべての要件を満たす場合，契約ごとに，契約の対価を配分せずに，リースを構成する部分と関連するリースを構成しない部分を合わせて会計処理することができる（指針14項）。 (1)　リースを構成しない部分が収益認識会計基準の適用対象である。 (2)　リースを構成する部分と関連するリースを構成しない部分の収益の計上の時期およびパターンが同じである。 (3)　リースを構成する部分がオペレーティング・リースに分類される。	該当なし。

第 6 章

借手の会計処理

| 第1節 | 全体像 |

借手は，原則として，すべてのリースについて使用権資産とリース負債を認識する。この会計処理には次のステップが含まれる。

---

① 契約に含まれるリースを構成する部分とリースを構成しない部分の区分（第5章参照）
② 使用権資産とリース負債の当初測定（リース開始日における会計処理）
③ 使用権資産とリース負債の事後測定（借手のリース期間中における会計処理）
④ 表示および注記事項（第10章参照）

以上のステップごとに，関連する検討事項をまとめると**図表6-1-1**のとおりである。

図表6-1-1 借手の会計処理の主な内容

①リースと非リースの区分	②使用権資産とリース負債の当初測定	③使用権資産とリース負債の事後測定	④表示・注記事項
● 契約の対価のリースを構成する部分とリースを構成しない部分への配分 ● 借手に財またはサービスを移転しない活動およびコストの取扱い ● 契約の対価を配分しない実務上の便法	● 借手のリース期間の決定 ● 借手のリース料の決定 ● 割引率の決定 ● 認識の免除（短期リース，少額リース） ● リース負債の当初測定（原則的な取扱いと例外的な取扱い） ● 使用権資産の当初測定	● リース負債の利息相当額の配分 ● 使用権資産の減価償却 ● 使用権資産の減損 ● リース負債の見直し（契約条件の変更を伴う場合） ● リース負債の見直し（契約条件の変更を伴わない場合）	● 表示の選択肢 ● 開示目的 ● 注記事項
第5章第3節参照	本章第2節〜第6節参照	本章第7節〜第9節参照	第10章参照

第6章 借手の会計処理　105

1 主な会計処理

「基準改正における基本的な方針」に記載のとおり（第1章第2節[1]参照），借手の会計処理については，IFRS第16号の主要な定めを取り入れている。

借手の会計処理について原則的な取扱いは次のとおりである。例外的な取扱い等については，各節を参照されたい。

（リース開始日）

(借) 使 用 権 資 産	xxx	(貸) リ ー ス 負 債	xxx

借手は，リース開始日に，使用権資産とリース負債を次の金額で計上する。

- 使用権資産：リース負債の金額にリース開始日までに支払ったリース料，付随費用等を加算し，リース・インセンティブを控除した金額（上記仕訳では，説明上，加減算すべき金額はないものとしている）
- リース負債：借手のリース料から利息相当額の合理的な見積額を控除した現在価値

（借手のリース期間中）

① 使用権資産の減価償却

(借) 減 価 償 却 費	xxx	(貸) 減価償却累計額	xxx

使用権資産の減価償却は，一定の要件を満たす場合を除き，借手のリース期間にわたり残存価額をゼロとして定額法で行われる。

② リース負債の返済と利息計上

(借) リ ー ス 負 債	xxx	(貸) 現 金 預 金	xxx
支 払 利 息	xxx		

リース負債の支払利息は，原則として利息法により認識される。

③ リース期間終了時

(借) リ ー ス 負 債	xxx	(貸) 現 金 預 金	xxx
支 払 利 息	xxx		
(借) 減 価 償 却 費	xxx	(貸) 減価償却累計額	xxx
(借) 減価償却累計額	xxx	(貸) 使 用 権 資 産	xxx

上記の仕訳では，リース期間終了時に，リース料の最終回の支払と原資産の

返却が行われた場合を想定している。

2　主な改正点

　改正前リース会計基準においては，リースをオペレーティング・リース取引とファイナンス・リース取引に分類した上で，ファイナンス・リース取引については，リース資産とリース債務を認識することとしていた。一方，新リース会計基準においては，すべてのリースについて使用権資産とリース負債を計上するため，従来オペレーティング・リース取引に分類されていたリースについても関連する資産および負債が計上されることになる。

　また，上記以外に借手の会計処理に関する主な改正点は**図表6-1-2**のとおりである。

図表6-1-2　借手の会計処理に関する主な改正点

主な改正点	改正内容
借手のリース期間	改正前リース会計基準では，リース期間は，借手が再リースを行うことが明らかな場合を除き，解約不能期間とされていた。 新リース会計基準では，解約不能期間に，借手が行使することが合理的に確実である延長オプション期間および借手が行使しないことが合理的に確実である解約オプション期間を加えた期間である（後述第2節参照）。
変動リース料	改正前リース会計基準では，リース料が将来の一定の指標により変動するリース取引など，特殊なリース取引は扱っていなかった。 新リース会計基準では，借手の変動リース料を定義した上で，指数またはレートに応じて決まる借手の変動リース料は，借手のリース料に含まれる（後述第3節②および⑥参照）。
借地権等の設定に係る権利金等	改正前リース会計基準では，借地権等の設定に係る権利金等に関する定めはなかった。 新リース会計基準では，使用権資産の取得原価に含まれ，原則として，借手のリース期間を耐用年数とし，減価償却が行われる（後述第6節②(4)および第7節②(3)参照）。

建設協力金等の差入預託保証金	改正前リース会計基準では，建設協力金等の差入預託保証金の会計処理は定められておらず，金融商品実務指針において定められていた。 新リース会計基準では，その具体的な会計処理について，金融商品実務指針から削除した上で，新リース会計基準における適用指針において定めることとされた（後述第6節②(6)参照）。
リース負債の計上額の見直し	改正前リース会計基準では，リース期間中にリース期間やリース料等が変更された場合の取扱いについては定められていなかった。 新リース会計基準では，そのような場合におけるリース負債等の計上額の見直し方法について定めている（後述第8節および第9節参照）。

第2節　借手のリース期間

1 借手のリース期間の定義

借手のリース期間の決定は，借手が貸借対照表に計上する使用権資産とリース負債の金額に直接的に影響を与える。

借手のリース期間は，借手が原資産を使用する権利を有する解約不能期間に，次の(1)および(2)の両方を加えた期間をいう（基準15項）。

(1)　借手が行使することが合理的に確実であるリースの延長オプションの対象期間
(2)　借手が行使しないことが合理的に確実であるリースの解約オプションの対象期間

これは，IFRS第16号における定めと同様である。

借手のリース期間は，リースの開始日，すなわち，貸手が借手による原資産の使用を可能にする日（基準18項）に開始する。

図表6-2-1 借手のリース期間のイメージ

解約不能期間	延長オプション／解約オプションの対象期間	
	行使すること／行使しないことが合理的に確実である期間	それ以外の期間
借手のリース期間		

設例6-1 借手のリース期間の決定（延長オプション・解約オプション）

1．延長オプションがある場合

● 借手は，貸手との間で，車両のリース契約を締結した。

● 契約期間は2年間であり，その期間での解約はできない。また，これに加えて1年間の延長オプションが付されている。

● 借手は，当該延長オプションを行使することが合理的に確実であると判断している。

● 以上から，借手のリース期間は3年と決定された。

2年	1年
解約不能期間	行使することが合理的に確実である延長オプションの期間
借手のリース期間	

2．解約オプションがある場合

● 借手は，貸手との間で，車両のリース契約を締結した。

● 契約期間は3年であり，そのうち2年間は解約ができない。残りの1年間は解約オプションが付されている。

● 借手は，当該解約オプションを行使しないことが合理的に確実であると判断している。

● 以上から，借手のリース期間は3年と決定された。

2年	1年
解約不能期間	行使しないことが合理的に確実である解約オプションの期間
借手のリース期間	

第6章 借手の会計処理 109

2 借手のリース期間の決定における検討ポイント

借手のリース期間の決定に関する主なポイントは，リース開始日と借手の
リース期間中のそれぞれにおいて，次のとおりである。

図表6-2-2 リース期間の決定におけるポイント

リース開始日における借手のリース期間の決定	リース期間中における借手のリース期間の変更
●「合理的に確実」が示す閾値（後述(1)参照） ● 経済的インセンティブを生じさせる要因の考慮（後述(2)参照） 　(1) 延長または解約オプションの対象期間に係る契約条件（リース料，違約金，残価保証，購入オプションなど） 　(2) 大幅な賃借設備の改良の有無 　(3) リースの解約に関連して生じるコスト 　(4) 企業の事業内容に照らした原資産の重要性 　(5) 延長または解約オプションの行使条件	● 契約条件の変更を伴う変更（後述第8節参照） ● オプションの行使可能性に関する見積りの変更（後述第9節①参照） ● オプションの行使，不行使による解約不能期間の変更（後述第9節①③参照）

(1) 「合理的に確実」が示す閾値

借手のリース期間の決定においては，延長オプション等の行使可能性について「合理的に確実」であるか否かを判断する。

新リース会計基準では，IFRS第16号におけるリース期間の決定で用いられている蓋然性（reasonably certain）を取り入れていることを明らかにするため，「合理的に確実」という表現を用いている（基準BC37項）。

「合理的に確実」は蓋然性が相当程度高いことを示している。この点，IFRS第16号には「合理的に確実」に関する具体的な閾値の記載はないが，米国会計

110

基準更新書第2016-02号「リース（Topic 842）」では，「合理的に確実」が高い閾値であることを記載した上で，米国会計基準の文脈として，発生する可能性のほうが発生しない可能性より高いこと（more likely than not）よりは高いが，ほぼ確実（virtually certain）よりは低いであろうことが記載されている（指針BC29項）。

(2)　合理的に確実か否かの判断（経済的インセンティブを生じさせる要因の考慮）

①　経済的インセンティブを生じさせる要因

借手のリース期間の決定において延長オプション等の行使可能性を判定する上では，企業による判断が要求される。ただし，借手のリース期間は，経営者の意図や見込みのみに基づく年数ではない点に留意が必要である（指針BC30項）。

借手による延長オプション等の行使可能性の判定においては，経済的インセンティブを生じさせる次のような要因を考慮する（指針17項）。

⑴　延長または解約オプションの対象期間に係る契約条件（リース料，違約金，残価保証，購入オプションなど）
⑵　大幅な賃借設備の改良の有無
⑶　リースの解約に関連して生じるコスト
⑷　企業の事業内容に照らした原資産の重要性
⑸　延長または解約オプションの行使条件

ただし，これらの要因の1つが存在することがただちに延長オプション等の行使可能性が合理的に確実であると結論付けるものではない。合理的に確実か否かの判断においては，関連する諸要因を総合的に勘案して行う必要があると考えられる。

第6章　借手の会計処理　111

②　延長オプション等の行使が合理的に確実か否かの判断プロセス

図表6-2-3　経済的インセンティブと延長オプション等の行使

| 経済的インセンティブを生じさせる要因が識別されるか | ⇒ | 識別された経済的インセンティブの存在によって，延長オプションを行使する（または，解約オプションを行使しない）ことが合理的に確実であると判断されるか |

どのような経済的インセンティブが延長オプション等の行使可能性の判断に影響を与えるかについては，例えば，**図表6-2-4**に示す関連性のある事実や状況を考慮する必要があると考えられる。

図表6-2-4　延長オプション等の行使可能性の判断において考慮される事実や状況

契約条件に関連するもの	● 延長オプション等の対象期間におけるリース料が市場水準の賃料と比較して割安かどうか ● 契約を延長しなかった場合や契約を解約した場合に，違約金の支払や原資産を貸手へ返却するためのコストが発生するか ● 契約に複数のオプション（複数の延長オプション，延長オプションと購入オプションの組み合わせ等）が含まれている場合，あるオプションの行使の判断がそれ以外のオプションの行使の判断へ影響を及ぼすか
原資産の性質に関連するもの	● 代替資産を調達することが困難か ● 原資産に対してカスタマイズが行われたか ● 原資産に付設された資産（賃貸不動産に取り付けられた建物附属設備等）があるか
借手の状況に関連するもの	● 借手の事業計画 ● 原資産を使用する借手の事業の安定性や投資の予想回収期間

a．延長または解約オプションの対象期間に係る契約条件

例えば，**図表6-2-5**に示す契約条件については，延長オプションを行使すること，または解約オプションを行使しないことについて，経済的インセン

112

ティブを生じさせる可能性がある。

図表6-2-5 経済的インセンティブを生じさせる可能性がある契約条件

契約条件の内容	説明
延長オプションの対象期間におけるリース料が市場水準に比べて有利である。	借手は，市場水準より有利な条件でリースを継続するために，延長オプションを行使する経済的インセンティブを生じさせる可能性がある。
解約オプションを行使した場合に生じる違約金が相対的に多額である。	借手は，違約金の支払を回避するために，解約オプションを行使しない経済的インセンティブを生じさせる可能性がある。
延長オプションの対象期間が終了した後に行使可能となる購入オプションがある場合において，当該購入オプションの行使価額が市場水準と比べて割安である。	延長オプションの対象期間におけるリース料が市場水準より有利とはいえない場合でも，借手は，当該延長オプションを行使した上でその後に購入オプションを行使する経済的インセンティブを生じさせる可能性がある。

b．大幅な賃借設備の改良の有無

賃借設備の改良とは，次のようなものをいう。

● 土地のリースにおいて，その土地の上に借手が建設した建物等
● 建物等のリースにおいて，その建物等に付設した建物附属設備等

延長オプション等の行使に関して経済的インセンティブを生じさせるかという観点からは，ここで考慮すべき賃借設備の改良は，すでに実施済みのものだけでなく，延長オプション等が行使可能となる時点までに実施予定のものも含まれると考えられる。

これらの賃借設備の改良が借手のリース期間の判断に影響を与える「大幅な賃借設備の改良」に該当するか否かは，例えば，賃借設備の改良の金額，移設の可否，資産を除去するための金額等の事実および状況に基づく総合的な判断

が必要になると考えられる（指針BC34項(2)①）。

したがって、金額的には重大な賃借設備の改良が行われたとしても、次のようなケースでは、経済的インセンティブを生じさせる「大幅な賃借設備の改良」に該当しない可能性もある。

- 賃借設備の改良は、少額のコストで取り外した上で、他の目的で継続使用することができる。
- 対象の原資産は借手の安定的な事業で使用されるため、これに関連する賃借設備の改良のコストは解約不能期間内で（すなわち、延長オプション等の対象期間の開始前において）すべて回収される可能性が高いと見込まれる。

c．リースの解約に関連して生じるコスト

リースの解約に関連して生じる可能性のあるコストとしては、契約の解約により生じるコストと、解約により代替資産を確保するためのコスト（代替資産が必要な場合）がある（**図表6-2-6**参照）。

これらのコストが大きいほど、契約を解約せずに継続する経済的インセンティブはより大きくなると考えられる。

図表6-2-6 リースの解約に関連して生じるコストの例

解約関連コストの内容	具体例
契約の解約により生じるコスト	● 解約違約金 ● 原資産の撤去コスト ● 契約に基づき、原資産をリース開始時の状態に回復させるためのコスト
解約により代替資産を確保するためのコスト	● 借手のニーズを充足する新たな原資産を見つけるコスト ● 交渉コスト ● 再設置コスト

また、一部の契約では、解約するための条件として、借手は解約時の原資産の残価を保証することが要求される場合がある。この場合、借手は、そのような残価保証に基づき要求される予想支払額の影響を考慮して、解約オプション

の対象期間終了前にリースを解約する経済的インセンティブを有しているかを
評価する必要があると考えられる。

d．企業の事業内容に照らした原資産の重要性

次のような場合，一般的に，借手が代替資産を見つけることはより困難にな
る。したがって，借手は，契約を解約せずに継続する経済的インセンティブを
有すると考えられる。

- 原資産が特別仕様の資産である場合
- 適合する代替資産が希少である場合
- 原資産の所在地が借手の事業戦略上，重要である場合

---

e．延長または解約オプションの行使条件

例えば，オプションの行使条件が借手にとって有利である場合には，経済的
インセンティブが生じうると考えられる（指針BC32項）。

(3)　その他の考慮事項

また，延長オプション等の行使可能性の検討にあたって考慮される事項につ
いて，新リース会計基準では，IFRS第16号の定めを参考に次のように説明さ
れている。

図表6-2-7　借手のリース期間の決定におけるその他の考慮事項

考慮事項	説明
解約不能期間の長さと延長オプション等の行使可能性の一般的な関係（指針BC31項）	借手のリース期間終了後の代替資産の調達に要するコストを考慮すると，次のように考えられる。 ● リースの解約不能期間が短いほど，借手が延長オプションを行使する可能性（または解約オプションを行使しない可能性）は高くなる場合がある。 ● リースの解約不能期間が十分に長い場合には，借手が延長オプションを行使する可能性（または解約オプションを行

第6章 借手の会計処理 115

	使しない可能性）は低くなる場合がある。
借手が特定の種類の資産を通常使用してきた過去の慣行および経済的理由（指針BC33項）	借手における過去の慣行および経済的理由は，借手のオプションの行使可能性を評価する上で有用な情報を提供する可能性がある。ただし，一概に過去の慣行に重きを置いてオプションの行使可能性を判断することを要求するものではなく，将来の見積りに焦点を当てる必要がある。 合理的に確実であるかどうかの判断は，諸要因（指針17項参照）を総合的に勘案して判断する。
借手のリース期間とリース物件における附属設備の耐用年数の関係（指針BC34項(2)②）	借手のリース期間とリース物件における附属設備の耐用年数は，相互に影響を及ぼす可能性があるが，それぞれの決定における判断およびその閾値は異なるため，両者は必ずしも整合しない場合があると考えられる。一方，リース物件における附属設備について，借手のリース期間中の除却および借手のリース期間後の使用を見込んでいない場合，両者は整合する場合もあると考えられる。

3 借手のリース期間の決定におけるフリーレント期間の取扱い

借手のリース期間は，リースの開始日（基準18項）に開始する。したがって，リース開始日後に一定期間リース料が無償（フリーレント）になる場合，そのようなフリーレントの期間は，借手のリース期間に含まれると考えられる（コメント対応表71）。

図表6-2-8 借手のリース期間とフリーレント期間の関係

借手のリース期間（借手が原資産を使用する権利を有する期間）	
リース料が無償となる期間 （フリーレント期間）	借手のリース料が発生する期間

4 借手のリース期間の決定における再リースの取扱い

再リース期間は，再リースに関する取決めにおける再リースに係るリース期間と定義されている（基準17項）。

一方で，新リース会計基準において，再リースについての定義はないが，結論の背景では，その一般的な特徴として，次の2点が挙げられている（基準BC27項）。

- 再リースに関する条項が当初の契約において明示されていること
- 経済的耐用年数を考慮した解約不能期間経過後において，当初の月額リース料程度の年間リース料により行われる1年間のリースであること

このように，再リースは，再リース期間におけるリース料が解約不能期間と比較して12分の1程度に減額されるという性質を有する。したがって，例えば一般的な不動産リースにおける延長オプションが再リースに該当するケースは極めて稀と考えられる。

契約に再リースが含まれる場合，リース開始日においては，通常の延長オプションと同様に，借手により再リースすることが合理的に確実である場合に借手のリース期間に含められる（基準31項，コメント対応表161）。

借手のリース期間中における再リース期間の取扱いについては，後述第9節①(4)を参照されたい。

5 リースが非連続の期間により構成される場合の借手のリース期間

新リース会計基準は，リースと使用期間をそれぞれ次のように定義している。

リース	原資産を使用する権利を一定期間にわたり対価と交換に移転する契約または契約の一部分をいう（基準6項）。
使用期間	資産が顧客との契約を履行するために使用される期間（非連続の期間を含む）をいう（指針4項(1)）。

したがって，借手のリース期間は，通常は連続した期間となるが，原資産の使用を支配する非連続の期間の合計として決定される場合もあると考えられる。

第6章　借手の会計処理　117

設例6-2／リースが非連続の期間により構成される場合の借手のリース期間

（前提条件）
- 小売店を営む企業（借手）は，10年間にわたり，毎年7月から9月の3か月間のみ，小売スペースを使用するリース契約を締結する。
- 企業は上記の対象期間について，小売スペースの使用を支配する権利を有している。

（検討）
　借手のリース期間は，非連続な期間で構成される30か月（毎年3か月×10年）になると考えられる。

　したがって，本リースは，短期リースの定義を満たさないため（後述第5節①参照），借手は，原則どおり，リース開始日にリース負債と使用権資産を認識する（後述第6節参照）。

　使用権資産は，原則として，借手のリース期間にわたり定額法で減価償却される。すなわち，減価償却費は，10年間にわたり毎年7月から9月の3か月のみ認識される。

　また，リース負債に係る利息費用は原則として利息法を用いて，10年の期間全体にわたり認識されると考えられる。

⑥　普通借地契約等に関する借手のリース期間の決定

　ASBJにおける審議の過程では，わが国の普通借地契約および普通借家契約についてIFRS第16号と同様に借手のリース期間を判断することに対して，実務上の困難性を指摘する意見が示されていた。これに対応して，新リース会計基準では，実務上の判断に資するために，次の設例が示されている。

図表6-2-9　普通借地契約等の設例の一覧

設例8	普通借地契約および普通借家契約における借手のリース期間
設例8-1	普通借家契約（延長オプションを含むか否かの判断）
設例8-2	普通借家契約（延長オプションを行使することが合理的に確実である場合(1)）
設例8-3	普通借家契約（延長オプションを行使することが合理的に確実である場合(2)）

設例 8 - 4	普通借地契約（解約オプションを行使しないことが合理的に確実である場合）
設例 8 - 5	普通借家契約（経済的インセンティブとして考慮すべきものが特にない場合）

　これらの設例は，借手のリース期間を判断する際の思考プロセスを示すことに重点を置いており，事実および状況によって判断は異なりうることが示されている。

　以下で示す設例 6 - 3，6 - 4 および 6 - 5 は，それぞれ適用指針の設例 8 - 1，8 - 3 および 8 - 4 を基礎として要約したものである。

設例 6 - 3 ／ 普通借家契約（延長オプションを含むか否かの判断）

（前提条件）
1．A社（借手）は，B社（貸手）と建物の賃貸借契約（普通借家契約）を締結した。
2．A社は，指針 5 項に従って，当該契約がリースを含むと判断した。
3．当該賃貸借契約の契約期間は 1 年である。ただし，A社が 3 か月前に解約の旨を通知すれば契約を解約できる。
4．貸手は，借地借家法上，正当な事由があると認められる場合，契約期間満了の 6 か月前までの間に借手に契約を更新しない旨の通知をすることができるが，B社が更新を拒絶する正当な事由があると認められるとは考えられない。
5．上記以外に考慮すべき要因はないものとする。

（延長オプションを含むか否かの判断）
　契約期間は 1 年であるが，借地借家法により，貸手は，正当な事由があると認められる場合でなければ，更新の拒絶の通知を行うことができない。前提条件 4 より，B社が更新を拒絶する正当な事由があると認められるとは考えられないため，A社は，借地借家法を根拠として，契約期間である 1 年を超える期間について借手のリース期間を決定するための延長オプションを有すると判断した。

設例 6 - 4 ／ 普通借家契約（延長オプションを行使することが合理的に確実である場合）

（前提条件）
1．A社（借手）は，X事業の店舗として使用するため，B社（貸手）が保有する

第6章　借手の会計処理　119

　建物の店舗用スペースについて，B社と賃貸借契約（普通借家契約）を締結した。
２．A社は，指針５項に従って，当該契約がリースを含むと判断した。
３．当該賃貸借契約の契約期間は１年であり，A社は１年間の途中で当該契約を解
　約することはできない。A社は，１年が経過した後は，更新時の市場レートの賃
　料で当該契約を毎年更新することができる。また，延長オプションの行使条件は
　付されておらず，延長オプションの対象期間に係るその他の契約条件については
　特に設定されていない。
４．A社は，リース開始日において当該店舗を戦略的に重要な店舗の１つと位置付
　けており，他の店舗に比べて多額の投資を行い重要な建物附属設備を設置した。
　A社は，当該建物附属設備の物理的使用可能期間を10年と見積っている。また，
　当該店舗での営業を10年目以後も継続する場合には，改めて同様の建物附属設備
　の設置が必要となる。
５．A社のX事業では，営業上の観点から定期的なリニューアルを必要としており，
　おおむね５年で当該建物附属設備の一部について入替えのための除却と追加コス
　トが発生する。
６．当該店舗の立地は現在のA社のX事業にとって最良と考えられるため，A社は
　戦略的に重要な店舗の１つとして営業することを想定しており，店舗の損益の状
　況のみで撤退の判断は行わないとしている。

（経済的インセンティブを生じさせる要因の考慮）
　A社は，行使することが合理的に確実である延長オプションの対象期間を決定す
るにあたって，例えば，次のような経済的インセンティブを生じさせる要因を考慮
する（指針17項参照）。

経済的インセンティブ	前提条件の分析	考慮すべき要因
①　延長オプションまたは解約オプションの対象期間に係る契約条件（リース料，違約金，残価保証，購入オプションなど）	前提条件３：更新時の市場レートの賃料で当該契約を更新することができ，また，延長オプションの対象期間に係るその他の契約条件が特に付されていない。	特に考慮すべきものはない。
②　大幅な賃借設備の改良の有無 ③　リースの解約に関連して生じるコスト	前提条件４：当該店舗を戦略的に重要な店舗の１つと位置付けており，他の店舗に比べて多額の投資を行い重要な建物附属設備を設置している。	要因(1)：延長オプションを行使しない場合には建物附属設備が除却されるため，延長オプションを行使する経済的インセン

		前提条件5：営業上の観点から定期的なリニューアルを行う必要があり，おおむね5年で当該建物附属設備の一部について入替えのための除却と追加コストの発生が見込まれる。	ティブがある。要因(2)：延長オプションを行使する場合には入替えのためのコストが生じるため，延長オプションを行使しない可能性がある。
④	企業の事業内容に照らした原資産の重要性	前提条件6：店舗の立地がX事業にとって最良であり，A社は戦略的に重要な店舗の1つとして営業することを想定していることに加え，損益の状況のみで撤退の判断を行わない。	要因(3)：企業の事業内容に照らした原資産の重要性は高い。
⑤	延長オプションまたは解約オプションの行使条件	前提条件3：延長オプションの行使条件は付されていない。	特に考慮すべきものはない。

（借手のリース期間の決定）

　A社は，リース開始日において借手のリース期間として確実である1年の解約不能期間を出発点として，経済的インセンティブを生じさせる要因の有無を総合的に勘案して評価し，その期間までは延長する可能性が合理的に確実といえるまで高いが，その期間を超えると合理的に確実よりは延長する可能性が低下すると判断するその期間を借手のリース期間として決定する。

　ここで，A社は，自社のビジネスモデルに基づき現実的に想定しうる次の3つのシナリオについて検討を行った。

シナリオ	考慮すべき要因	延長オプションの行使可能性に関する判断
（シナリオ1）5年経過時点まで延長オプションを行使	他の店舗に比べて多額の投資を行い重要な建物附属設備を設置している状況において早期に延長オプションを行使しない場合には，他の店舗よりも大規模に建物附属設備が除却されることとなる（上記の要因(1)）。当該店舗は損益の状況のみで撤退の	店舗のリニューアルを行う前までの期間（5年間）については，延長オプションを行使する可能性は合理的に確実よりも高いと判断した。

第6章　借手の会計処理　121

		判断を行わない戦略的に重要な店舗の1つである（上記の要因(3)）。
（シナリオ2）10年経過時点まで延長オプションを行使	5年経過時点で，リニューアルによる建物附属設備の一部について入替えのための除却と追加コストが発生する（上記の要因(2)）。しかし，当該店舗は損益の状況のみで撤退の判断を行わない戦略的に重要な店舗の1つであり（上記の要因(3)），また，延長オプションを行使しない場合に他の店舗に比べて大規模の除却が行われる（上記の要因(1)）。その後5年間が経過するまでの期間については，経済的インセンティブの観点から考慮すべきものは特にない。	5年経過時点で，リニューアルによる建物附属設備の一部について入替えのための除却と追加コストが発生したとしても延長オプションを行使する可能性は合理的に確実よりも高いと判断した。また，その後，重要な建物附属設備の物理的使用可能期間である10年まで延長オプションを行使する可能性は合理的に確実よりも高いと判断した。
（シナリオ3）20年経過時点まで延長オプションを行使	建物附属設備の物理的使用可能期間の10年目以後も店舗の営業を継続する場合には，全面的に建物附属設備を再設置することが必要となる（上記の要因(2)）。当該店舗は損益の状況のみで撤退の判断を行わない戦略的に重要な店舗で原資産の重要性はある（上記の要因(3)）が，全面的な建物附属設備の再設置を行ってまで延長オプションを行使するかどうかは再設置に要する金額やその時点の経済状況などによる。	シナリオ3において20年経過時点まで延長オプションを行使する可能性は，シナリオ2において10年経過時点まで延長オプションを行使する可能性よりも相対的に低く，合理的に確実よりも低いと判断した。

以上から，A社は，借手のリース期間を10年と決定した。

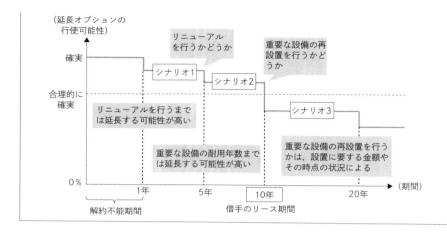

設例6-5 | 普通借地契約（解約オプションを行使しないことが合理的に確実である場合）

（前提条件）
1. A社（借手）は、安定的に展開しているX事業における新店舗を出店するために、店舗として使用する建物を建設するための土地について、B社（貸手）と賃貸借契約（普通借地契約）を締結した。
2. A社は、指針5項に従って、当該契約がリースを含むと判断した。
3. 当該賃貸借契約の契約期間は40年である。ただし、A社が6か月前に解約の旨を通知すれば契約を解約できる。また、解約オプションの行使条件は付されておらず、解約オプションの対象期間に係るその他の契約条件については特に設定されていない。
4. A社は、建物の物理的使用可能期間を20年と見積っている。
5. A社は、20年後に同様の建物に建て替えることが可能であるが、当該賃貸借契約の開始時と同程度の投資が必要であり、建替えの計画については、今後検討する予定である。
6. A社のX事業における店舗の平均賃借期間は25年である。
7. A社は、当該賃貸借契約の開始時点における事業計画において、X事業を10年以上継続することを見込んでいる。X事業の収益は安定しているため、事業計画を達成する可能性は高いと考えている。
8. 新店舗の立地は、交通の便のよい繁華街であり、他の事業に容易に転用することができる。また、これまでX事業を中心に展開してきた地域ではあるが、戦略的に重要な店舗ではないため、A社は、店舗の収益が計画どおりに上がらない場合、建物の解体費用など解約に関連するコストを考慮して店舗の残りの物理的使

第6章　借手の会計処理　123

月可能期間について転貸することを予定している。

（経済的インセンティブを生じさせる要因の考慮）
　A社は，行使しないことが合理的に確実である解約オプションの対象期間を決定
するにあたって，例えば，次のような経済的インセンティブを生じさせる要因を考
慮する（指針17項参照）。

経済的インセンティブ	前提条件の分析	考慮すべき要因
① 延長オプションまたは解約オプションの対象期間に係る契約条件（リース料，違約金，残価保証，購入オプションなど）	前提条件3：6か月前に解約の旨を通知すれば契約を解約することができ，また，解約オプションの対象期間に係るその他の契約条件が特に付されていない。	特に考慮すべきものはない。
② 大幅な賃借設備の改良の有無 ③ リースの解約に関連して生じるコスト	前提条件1：土地に店舗用の建物を建設しており，途中で賃貸借契約を解約した場合には建物を除却し，その解体費用が発生する。前提条件8：新店舗の立地は交通の便の良い繁華街であり，他の事業に容易に転用することができる。	要因(1)：建物の除却および解体のコストを負担してまで解約するかどうかという観点，および他の事業に容易に転用できるという観点から解約オプションを行使しない経済的インセンティブがある。
④ 企業の事業内容に照らした原資産の重要性	前提条件8：当該店舗はX事業にとって戦略的に重要な店舗ではない。	企業の事業内容に照らした原資産の重要性は必ずしも高くない。
⑤ 延長オプションまたは解約オプションの行使条件	前提条件3：解約オプションの行使条件は付されていない。	特に考慮すべきものはない。
⑥ その他の考慮要因	前提条件7：X事業を10年以上継続することを見込んでいる。前提条件5：20年後に同様の建物に建て替えることが可能であるが，当該賃貸借契約の	要因(2)：20年を超えて当該土地の使用を続ける場合，店舗建物の建替えが必要となる。

| | 開始時と同程度の投資が必要である。建替えの計画については今後検討する予定である。 | |

（借手のリース期間の決定）

　A社は，リース開始日において借手のリース期間として確実である6か月の解約不能期間を出発点として，経済的インセンティブを生じさせる要因の有無を総合的に勘案して評価し，その期間までは解約しない可能性が合理的に確実といえるまで高いが，その期間を超えると合理的に確実よりは解約しない可能性が低下すると判断するその期間を借手のリース期間として決定する。

　ここで，A社は，自社のビジネスモデルに基づき現実的に想定しうる次の2つのシナリオについて検討を行った。

シナリオ	考慮すべき要因	延長オプションの行使可能性に関する判断
（シナリオ1）20年経過時点まで解約オプションを行使しない。	20年経過時点までに解約オプションを行使した場合には建物の解体に関連するコストが発生する。また，収益が計画どおりに上がらない場合には建物を残りの物理的使用可能期間について転貸することを予定している（上記の要因(1)）。	建物の物理的使用可能期間である20年間は現在のX事業または転貸により建物を使用するとして，20年経過時点まで解約オプションを行使しない可能性は合理的に確実よりも高いと判断した。
（シナリオ2）20年経過時点を超えて解約オプションを行使せず契約を継続する。	20年を超えて当該土地の使用を続ける場合，店舗建物の建替えが必要となるが，建替えの計画については今後検討する予定である（上記の要因(2)）。	建替えコストを考慮するとシナリオ2の20年経過時点を超えて解約オプションを行使しない可能性は，シナリオ1の20年経過時点まで解約オプションを行使しない可能性よりも相対的に低く，合理的に確実よりも低いと判断した。

　以上から，A社は，借手のリース期間を20年と決定した。

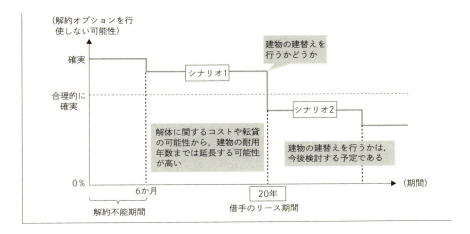

第3節 借手のリース料

　借手は，リース開始日に，原則として，その時点において未払の「借手のリース料」の割引現在価値としてリース負債を計上する（後述第6節①参照）。

　借手のリース料は，借手が借手のリース期間中に原資産を使用する権利に対して行う貸手に対する支払であり，次の(1)から(5)の支払で構成される（基準19項）。

(1) 借手の固定リース料（後述①参照）
(2) 指数またはレートに応じて決まる借手の変動リース料（後述②参照）
(3) 残価保証に係る借手による支払見込額（後述③参照）
(4) 借手が行使することが合理的に確実である購入オプションの行使価額（後述④参照）
(5) リースの解約に対する違約金の借手による支払額（借手のリース期間に借手による解約オプションの行使を反映している場合）（後述⑤参照）

　一方，次の支払は，借手のリース料を構成しない（基準19項，基準BC42項）。

(1) 契約におけるリースを構成しない部分に配分された対価（第5章参照）
(2) 変動リース料のうち，指数またはレートに応じて決まらないもの（後述⑥参照）

図表6-3-1 借手のリース料に含まれる項目と含まれない項目

借手のリース料に含まれる項目	借手のリース料に含まれない項目
(1) 借手の固定リース料 (2) 指数またはレートに応じて決まる借手の変動リース料 (3) 残価保証に係る借手による支払見込額 (4) 借手が行使することが合理的に確実である購入オプションの行使価額 (5) リースの解約に対する違約金の借手による支払額（借手のリース期間に借手による解約オプションの行使を反映している場合）	(1) 契約におけるリースを構成しない部分に配分された対価 (2) 変動リース料のうち，指数またはレートに応じて決まらないもの

1 借手の固定リース料

「借手の固定リース料」とは，借手が借手のリース期間中に原資産を使用する権利に関して行う貸手に対する支払であり，借手の変動リース料以外のものをいう（基準20項）。

借手の固定リース料の典型的な例としては，月額○○千円，年額xx千円といった形で契約に固定支払額が明記されているものがある。

また，次のようなリース料は，借手の固定リース料と同様に扱われる（基準BC43項）。

(1) 形式上は一定の指標に連動して変動する可能性があるが実質的には支払が不可避であるもの
(2) 変動可能性が解消されて支払額が固定化されるもの（例えば，リース開始日においては原資産の使用に連動するが，リース開始日後のある時点で変動可能性が解消され，残りの借手のリース期間について支払が固定化されるようなリース料）

(1)について，例えば次のようなリース料は借手の固定リース料と同様に扱われる可能性があると考えられる。

借手は将来の状況に応じて複数のケースのいずれかの支払を行うが，いずれのケースとなっても借手が支払う必要がある最低額が存在する場合の当該最低額（例えば，契約上，ある事象が生じた場合には400千円の支払が生じ，それ以外の場合には250千円の支払が生じるときにおける250千円）

　また，(2)のような場合，リース開始日においては，指数およびレートに応じて決まらない変動リース料として，借手のリース料に含まれないが，その後に変動可能性が解消された時点で，借手の固定リース料として扱われる結果，借手のリース料に変更が生じる。この場合，借手はリース負債の計上額の見直し（基準40項(2)）を行う（詳細については，後述第9節を参照）。

（参考）IFRS会計基準における取扱い

　IFRS第16号においては，形式上は変動可能性を含んでいるが，実質上は不可避である支払を「実質上の固定リース料」として，固定リース料に含めている（IFRS16.27(a)，B42）。

　実質上の固定リース料は，例えば次のケースに存在する。

ケース	説明
(a)　支払が変動リース料として構成されているが，当該支払に真正の変動可能性がない。	この場合の例は次のとおりである。 (i)　資産がリース期間中に稼働が可能であると判明した場合にのみ，または発生しない可能性が本当はない事象が発生した場合にのみ行わなければならない支払がある。 (ii)　当初は原資産の使用に連動した変動リース料であるが，開始日後のある時点で変動可能性が解消されて残りのリース期間については支払が固定となるもの。そのような支払は，変動可能性が解消された時点で実質上の固定リース料となる。
(b)　借手が行うことのできる複数の支払セットがあるが，それらの支払セットのうち1つだけが現実的である。	この場合，現実的な支払のセットをリース料とする。
(c)　借手が行うことのできる複数の現	この場合，合計金額が（割引後のベー

| 実的な支払セットがあるが，それら
の支払セットのうち少なくとも1つ
を実行しなければならない。 | ス で）最低となる支払セットをリース
料とする。 |

② 指数またはレートに応じて決まる借手の変動リース料

(1) 原則的な取扱い

指数またはレートに応じて決まる借手の変動リース料には次のようなものが含まれる。

(1)　消費者物価指数やベンチマーク金利の変動に連動するリース料
(2)　市場における賃料の変動を反映するように当事者間の協議をもって見直されることが契約条件で定められているリース料（指針24項）

(2)については，例えば，不動産賃借契約において市場賃料等を踏まえて見直されるリース料（一般に，賃料改訂条項やレントレビュー条項と呼ばれるもの）が該当すると考えられる。

このような変動リース料は，借手のリース期間にわたり，指数またはレートの将来の変動は織り込まずに，次のように算定される（指針25項，48項）。

図表6-3-2　変動リース料の算定

リース開始日	借手のリース期間中
借手のリース期間にわたりリース開始日現在の指数またはレートに基づいて算定する。	指数またはレートの変動により今後支払うリース料に変動が生じたときに，借手の残存リース期間にわたり変動後の指数またはレートに基づいて算定する。

具体的な数値例については，後述第9節③の設例6-26を参照されたい。

⑵ 例外的な取扱い

　借手は，対象の指数またはレートの将来の変動を合理的な根拠をもって見積ることができる場合，その見積られた指数またはレートに基づき借手のリース料およびリース負債を算定することを選択できる。この選択は，リースごとにリース開始日に行う（指針26項）。

　この例外的な取扱いは，IFRS第16号には置かれていない。ASBJにおける審議の過程では，一部のリースでは原資産の経年劣化により，対象の指数またはレートがリース開始日以降に低下するため，借手のリース期間にわたりリース開始日現在の指数またはレートを用いて算定を行うと，リース負債が過大になるとの意見が聞かれた。このような意見等を踏まえ，新リース会計基準では合理的な根拠をもって指数またはレートの将来の変動を見積ることができることを条件に，以上の例外的な取扱いを認めている（指針BC47項〜BC49項）。

　また，リース開始日にこの例外的な取扱いを選択した場合，同日以降，決算日ごとに参照する指数またはレートの将来の変動を見積り，当該見積られた指数またはレートに基づきリース料およびリース負債を修正し，リース負債の修正額に相当する金額を使用権資産に加減する（指針49項）。

　当該例外的な取扱いを適用するにあたっては，参照する指数またはレートの将来の変動の見積りが，マクロ経済情報など比較的客観的な情報に基づいているか，また，参照する指数またはレートの将来の変動を見積るための十分な情報が入手できているかの検討が必要であり，当該検討においては，実態に応じた合理的な根拠が必要であると考えられる（コメント対応表96）。

　具体的な数値例については，後述第9節③の設例6-27を参照されたい。

③　残価保証に係る借手による支払見込額

　「残価保証」とは，リース終了時に，原資産の価値が契約上取り決めた保証価額に満たない場合，その不足額について貸手と関連のない者が貸手に対して支払う義務を課せられる条件をいう。貸手と関連のない者には，借手および借手と関連のある当事者ならびに借手以外の第三者が含まれる（基準22項）。

　改正前リース会計基準においては，リース料には，契約上取り決めた保証額（残価保証額）が含まれていた。これに対して，新リース会計基準では，借手

のリース料には，残価保証に係る借手による支払見込額（すなわち，残価保証額から原資産の見積残存価額を控除したもの）が含まれることに変更された。

　新リース会計基準において，借手のリース料はその定義において借手による「貸手に対する支払」と定められている（本節冒頭参照）。この定義との整合性から，借手による支払見込額を借手のリース料に含めている（基準BC44項）。

　以上の点を含め，残価保証に関連する取扱いは**図表 6 - 3 - 3**のとおり改正されている。

図表 6 - 3 - 3　残価保証に対する取扱いの改正点

	改正前リース会計基準 （ファイナンス・リース取引の取扱い）	新リース会計基準
（借手の）リース料に含められる残価保証に係る支払額	契約上取り決めた保証額（残価保証額）	残価保証に係る借手による支払見込額（残価保証額から原資産の見積残存価額を控除したもの）（基準35項(3)）
借手のリース期間中の借手のリース料の見直し	見直しは行わない（リース期間にわたり，残価保証額をリース料に含めているため）。	残価保証支払見込額に変動が生じた場合，借手のリース料の変更として，リース負債の見直しを行う（基準40項(2)，指針47項(2)，後述第 9 節参照）。
関連する使用権資産（リース資産）の減価償却	残価保証の取決めがある場合，リース資産について，当該保証額を残存価額として減価償却を行う。	残価保証の取決めがある場合でも，使用権資産について，残存価額はゼロとして減価償却を行う（基準38項）。

　なお，新リース会計基準の適用初年度において，指針118項ただし書きの方法（第11章第 3 節①における容認法）を選択する借手は，改正前リース会計基準におけるファイナンス・リース取引について，指針120項に定める経過措置を用いる場合（第11章第 3 節②(2)①参照）において適用初年度の前事業年度の期末日におけるリース資産およびリース債務の帳簿価額に残価保証額が含まれるときは，当該金額は，適用初年度の期首時点における残価保証に係る借手に

第6章 借手の会計処理 131

よる支払見込額に修正する必要がある（指針120項）。

設例 6-6 残価保証を含むリースの会計処理

（前提条件）

借手の決算日	各T期末
借手のリース期間	T1期首をリース開始日とする3年
借手のリース料	年額：1,000千円（毎年T期末払い3回）
残価保証	● 残価保証額：2,000千円 ● 残価保証に関する借手による支払見込額：500千円
現在価値の算定に用いる割引率	借手の追加借入利子率：年5％
使用権資産の減価償却方法	定額法（残存価額はゼロ）

（会計処理）
リース負債の当初測定

$$= \frac{1,000}{（1＋0.05）} + \frac{1,000}{（1＋0.05）^2} + \frac{1,000＋500※}{（1＋0.05）^3} = 3,155千円$$

※残価保証に係る借手による支払見込額を借手のリース料に含めて，リース負債を当初測定する（基準35項(3)）。

上記における利息相当額345千円（＝3,500千円－3,155千円）については，借手のリース期間にわたり，利息法により配分される（基準36項）。

T1期首（リース開始日）

（単位：千円）

（借）使 用 権 資 産	3,155	（貸）リ ー ス 負 債	3,155

T1期末（リース料支払日，決算日）

（単位：千円）

（借）リ ー ス 負 債（※2）	842	（貸）現 金 預 金	1,000
支 払 利 息（※1）	158		
減 価 償 却 費（※3）	1,052	減価償却累計額	1,052

（※1） 支払利息158千円＝リース負債期首残高3,155千円×5％

（※2） リース負債842千円＝借手のリース料年額1,000千円－支払利息（※1）158千円

（※3） 減価償却費1,052千円＝使用権資産取得原価3,155千円÷耐用年数3年

T2期末（リース料支払日，決算日）

（単位：千円）

（借）リ ー ス 負 債（※2）	884	（貸）現 金 預 金	1,000
支 払 利 息（※1）	116		
減 価 償 却 費	1,052	減 価 償 却 累 計 額	1,052

（※1）　支払利息116千円＝リース負債前期末残高2,313千円×5％
（※2）　リース負債884千円＝借手のリース料年額1,000千円－支払利息（※1）116千円

T3期末（リース料支払日，リース終了時，決算日）

（単位：千円）

（借）リ ー ス 負 債（※2）	929	（貸）現 金 預 金	1,000
支 払 利 息（※1）	71		
減 価 償 却 費	1,052	減 価 償 却 累 計 額	1,052
減 価 償 却 累 計 額	3,155	使 用 権 資 産	3,155
リ ー ス 負 債	500	未 払 金（※3）	500

（※1）　支払利息71千円＝リース負債前期末残高1,429千円×5％
（※2）　リース負債929千円＝借手のリース料年額1,000千円－支払利息（※1）71千円
（※3）　本設例では，リース開始日における支払見込額と同額の残価保証が行われたと仮定している。

4　借手が行使することが合理的に確実である購入オプションの行使価額

　購入オプションについては，借手のリース期間の決定における延長オプション（前述第2節1参照）と同様に，その行使が合理的に確実である場合に行使価額を借手のリース料に含める。

　この点は，改正前リース会計基準においては割安購入選択権が付与されている場合に行使価額をリース料に含めるとしていた点から変更されている。

第6章　借手の会計処理　133

図表6-3-4　割安購入選択権または購入オプションに関する取扱いの改正点

	改正前リース会計基準	新リース会計基準
（借手の）リース料	割安購入選択権が付されている場合に，行使価額をリース料に含める。	購入オプションの行使が合理的に確実である場合に，行使価額を借手のリース料に含める。
使用権資産（またはリース資産）の減価償却の方法	割安購入選択権が付されている場合に，所有権移転ファイナンス・リースとして，減価償却を行う。	購入オプションの行使が合理的に確実である場合に，原資産の所有権が借手に移転すると認められるリースとして，減価償却を行う（基準37項，指針43項(2)，後述第7節②(1)参照）。

設例6-7　**購入オプションを含むリースの会計処理**

（前提条件）

借手の決算日	各T期末
借手のリース期間	T1期首をリース開始日とする3年
借手のリース料	年額：1,000千円（毎年T期末払い3回）
購入オプション	契約に含まれる以下の条件の購入オプションについて，行使することが合理的に確実であると見込まれている。 ● 行使価額：2,000千円 ● 行使時期：リース終了時点（T3年末）
現在価値の算定に用いる割引率	借手の追加借入利子率：年5％
使用権資産の減価償却方法	● 原資産を自ら所有していたと仮定した場合に適用する減価償却方法：定額法 ● 原資産の耐用年数：5年 ● 残存価額の合理的な見積額：使用権資産の取得原価の10％

（会計処理）

リース負債の当初測定

$$= \frac{1,000}{(1+0.05)} + \frac{1,000}{(1+0.05)^2} + \frac{1,000+2,000^{※}}{(1+0.05)^3} = 4,451千円$$

※行使することが合理的に確実である購入オプションの行使価額を借手のリース料に含めて，リース負債を当初測定する（基準35項(4)）。

上記における利息相当額549千円（＝5,000千円－4,451千円）については，借手のリース期間にわたり，利息法により配分される（基準36項）。

T1期首（リース開始日）

（単位：千円）

（借）使用権資産	4,451	（貸）リース負債	4,451

T1期末（リース料支払日，決算日）

（単位：千円）

（借）リース負債（※2）	777	（貸）現金預金	1,000
支払利息（※1）	223		
減価償却費（※3）	801	減価償却累計額	801

（※1）　支払利息223千円＝リース負債期首残高4,451千円×5％
（※2）　リース負債777千円＝借手のリース料年額1,000千円－支払利息（※1）223千円
（※3）　減価償却費801千円＝（使用権資産取得原価4,451千円－残存価額445千円（取得原価×10％））÷耐用年数5年

借手による購入オプションの行使が合理的に確実であるリースについては，契約の諸条件に照らして原資産の所有権が借手に移転すると認められるリースに該当し，原資産を自ら所有していたと仮定した場合に適用する減価償却方法と同一の方法により，減価償却費を算定する（基準37項，指針43項(2)）。

T2期末（リース料支払日，決算日）

（単位：千円）

（借）リース負債（※2）	816	（貸）現金預金	1,000
支払利息（※1）	184		
減価償却費	801	減価償却累計額	801

（※1）　支払利息184千円＝リース負債前期末残高3,673千円×5％
（※2）　リース負債816千円＝借手のリース料年額1,000千円－支払利息（※1）184千円

第6章　借手の会計処理　135

T3期末（リース料/購入オプション料支払日，リース終了時，決算日）

（単位：千円）

（借）リ ー ス 負 債（※2）	857	（貸）現 金 預 金	1,000
支 払 利 息（※1）	143		
減 価 償 却 費	801	減 価 償 却 累 計 額	801
有 形 固 定 資 産（※3）	4,451	使 用 権 資 産	4,451
リ ー ス 負 債	2,000	現 金 預 金	2,000

（※1）　支払利息143千円＝リース負債前期末残高2,857千円×5％
（※2）　リース負債857千円＝借手のリース料年額1,000千円－支払利息（※1）143千円
（※3）　本設例では，一例として，所有権移転時に計上する有形固定資産について，使用権資産の取得原価および減価償却累計額を引き継ぐことを想定している。

T3期末以降，有形固定資産としての会計処理が行われる。

5　リースの解約に対する違約金の借手による支払額

　解約オプションの行使に伴い違約金の支払が必要な場合，当該違約金を考慮の上で，解約オプションを行使しないことが合理的に確実であるか否かを判断する（指針17項(1)，前述第2節②参照）。その結果，借手のリース期間に解約オプションの行使が反映される場合，関連する解約金の支払額が借手のリース料に含められる（基準19項(5)）。

図表6-3-5　解約オプションの行使の判断と違約金の取扱いの関係

借手のリース期間の決定における解約オプションの行使の判断		解約に対する違約金の支払額の取扱い
借手のリース期間に解約オプションの行使が反映されている場合	→	借手のリース料に，違約金の支払額を含める。
上記以外の場合	→	借手のリース料に，違約金の支払額を含めない。

136

設例 6 − 8 リースの解約に対する違約金の借手による支払額の会計処理

（前提条件）

借手の決算日	各Ｔ期末
借手のリース期間	● 契約期間はＴ１期首をリース開始日とする５年である。 ● 解約オプションが付されており，借手のリース期間はＴ３期末に解約オプションが行使されることを反映して，３年と決定されている。
借手のリース料	年額：1,000千円（毎年Ｔ期末払い５回）
解約に対する違約金	Ｔ３期末に解約オプションを行使した場合，契約期間の終了時点までの残りのリース料を解約金として支払う。
現在価値の算定に用いる割引率	借手の追加借入利子率：年５％
使用権資産の減価償却方法	定額法（残存価額はゼロ）

（会計処理）

リース負債の当初測定

$$= \frac{1,000}{(1+0.05)} + \frac{1,000}{(1+0.05)^2} + \frac{1,000+2,000^{※}}{(1+0.05)^3} = 4,451千円$$

※借手のリース期間はＴ３期末における解約オプションの行使を反映しているため，当該行使により支払うことが見込まれる解約金（Ｔ３期末から契約期間であるＴ５期末までの残りのリース料2,000千円）を借手のリース料に含めて，リース負債を当初測定する（基準35項(5)）。

　上記における利息相当額549千円（＝5,000千円−4,451千円）については，借手のリース期間にわたり，利息法により配分される（基準36項）。

Ｔ１期首（リース開始日）

（単位：千円）

（借）使 用 権 資 産	4,451	（貸）リ ー ス 負 債	4,451

以後の会計処理は省略する。

第6章　借手の会計処理　137

6 借手のリース料に含まれない変動リース料

借手のリース料に含まれない変動リース料には，次のようなリース料が該当する（基準BC41項，BC42項）。

- 原資産から得られる借手の業績に連動して支払額が変動するリース料（例えば，不動産テナント等の原資産を利用することで得られた売上高の所定の割合を基礎とすると定めているようなリース料）
- 原資産の使用に連動して支払額が変動するリース料（例えば，原資産の使用量が所定の値を超えた場合に，追加のリース料が生じるようなリース料）

このような変動リース料については，リース負債の計上額に含められず，その発生時に損益に計上される（指針51項，後述第7節5参照）。

第4節 現在価値の算定に用いる割引率

借手がリース負債の現在価値の算定のために用いる割引率は，次のとおりである（指針37項）。

(1) 貸手の計算利子率を知り得る場合，当該利率による。
(2) 貸手の計算利子率を知り得ない場合，借手の追加借入に適用されると合理的に見積られる利率による。

貸手の計算利子率は，貸手のリース料の現在価値と貸手のリース期間終了時に見積られる残存価額で残価保証額以外の額の現在価値の合計額が，当該原資産の現金購入価額または借手に対する現金販売価額と等しくなるような利率である（指針66項）。

1 貸手の計算利子率を知り得る場合

通常，貸手の計算利子率を算定するためには，貸手により使用された重要なインプットのすべて（例えば，原資産の現金購入価額または借手に対する現金販売価格，貸手のリース期間の終了時における原資産の見積残存価額など）を入手または算定できることが必要と考えられる。

2 借手の追加借入に適用される利率

借手の追加借入に適用されると合理的に見積られる利率（指針37項）には例えば，次のような利率を含む（指針BC66項）。

---

(1) 借手のリース期間と同一の期間におけるスワップレートに借手の信用スプレッドを加味した利率
(2) 新規長期借入金等の利率
　① 契約時点の利率
　② 契約が行われた月の月初または月末の利率
　③ 契約が行われた月の平均利率
　④ 契約が行われた半期の平均利率

なお，(2)の場合には，借手のリース期間と同一の期間の借入を行う場合に適用される利率を用いる。

実務上は，借手が長期借入を行っていないようなケースでは，借手自らの新規長期借入金等の利率を算定することが困難な場合もありうる。このような場合，借手と同程度の信用格付けを有する他社の信用スプレッド等を参考にして，追加借入に適用される利率を算定すること等が考えられる。

（参考）IFRS会計基準における取扱い
　IFRS第16号付録Aでは，借手の追加借入利子率を「借手が，同様の期間にわたり，同様の保証を付けて，使用権資産と同様の価値を有する資産を同様の経済環境において獲得するのに必要な資金を借り入れるために支払わなければならないであろう利率」と定義している。

借手の追加借入に適用されると合理的に見積られる利率の定めについては，改正前リース会計基準の定めを踏襲している。新リース会計基準は，簡素で利便性が高い会計基準とすることを開発にあたっての基本的な方針とする中，この定めは，これまでも実務で適用されてきており，適用が困難であるとの意見は聞かれていないためである（コメント対応表95）。

第6章　借手の会計処理　139

| 第5節 | 短期リース，少額リースに関する簡便的な取扱い |

　借手は，原則としてすべてのリースについて，リース開始日に使用権資産およびリース負債を計上する。この原則の例外として，以下のリースについては，リース負債と使用権資産を認識せず（すなわち，オフバランス処理），借手のリース料を借手のリース期間にわたって原則として定額法により費用処理することができる（指針20項，22項）。

(1)　短期リース
(2)　少額リース

図表6-5-1　簡便的な取扱いによる会計処理のイメージ

● リース開始日
仕訳なし（使用権資産とリース負債を認識しない）

● 借手のリース期間中

| (借) リ ー ス 費 用 | XXX | (貸) 現 金 預 金 | XXX |

1　短期リース

(1)　短期リースの定義

　短期リースとは，リース開始日において，借手のリース期間が12か月以内であり，購入オプションを含まないリースである（指針4項(2)）。

　短期リースをオフバランス処理するかどうかは，対応する原資産を自ら所有していたと仮定した場合に貸借対照表において表示するであろう科目ごとまたは性質および企業の営業における用途が類似する原資産のグループごとに適用するか否かを選択する（指針20項）。また，連結財務諸表においては，個別財務諸表において個別貸借対照表に表示するであろう科目ごとまたは性質および

企業の営業における用途が類似する原資産のグループごとに行った当該選択を見直さないことができる（指針21項）。

⑵ 借手のリース期間との関係

新リース会計基準における「短期リース」の範囲は，改正前リース会計基準における「短期のリース取引」の範囲と必ずしも一致しないことに留意が必要である。

新リース会計基準における短期リースの定義は，借手のリース期間を参照している。この借手のリース期間は，解約不能期間に一定の要件を満たす延長オプション期間等を含めた期間として定義されている（詳細は前述第2節①参照）。したがって，短期リースに該当するかの判断は，延長オプションや解約オプションの行使可能性を考慮して借手のリース期間を決定した上で行うこととなる。

| 設例6-9 | 短期リースに該当するか否かの判定と会計処理 |

（前提条件）
- 借手は，貸手との間で，契約期間1年の車両のリース契約を締結した。
- 本契約の解約不能期間は1年であり，その後1年間の延長オプションが付されている。
- 借手は，車両運搬具のリースが短期リースに該当する場合，指針20項の簡便的な取扱いを採用することとしている。
- （ケース1）借手は，延長オプションを行使することが合理的に確実でないと判断した。
- （ケース2）借手は，延長オプションを行使することが合理的に確実であると判断した。

（検討）
（ケース1）短期リースに該当する場合
- 前提条件より，借手のリース期間は1年と決定されたため，当該リースは短期リースに該当する。
- 借手は，当該車両のリースについて，簡便的な取扱いとして，リース負債と使用権資産を認識せず，借手のリース料を借手のリース期間にわたって定額法により費用処理する。

第6章　借手の会計処理　　141

（ケース2）短期リースに該当しない場合
● 前提条件より，借手のリース期間は2年と決定されたため，当該リースは短期リースに該当しない。
● 借手は，当該車両のリースについて，原則的な取扱いとして，リース負債と使用権資産を認識する。

2　少額リース

(1)　少額リースの定義

　少額リースとして，リース開始日に使用権資産およびリース負債を計上せず，借手のリース料を借手のリース期間にわたって原則として定額法により費用として計上することができるリースは，次のとおりである。なお，このうち(2)については，①または②のいずれかを選択するものとし，選択した方法を首尾一貫して適用する（指針22項）。

> (1)　重要性が乏しい減価償却資産について，購入時に費用処理する方法が採用されている場合で，借手のリース料が当該基準額以下のリース
> (2)　次の①または②を満たすリース
> 　① 　企業の事業内容に照らして重要性の乏しいリースで，かつ，リース契約1件当たりの金額に重要性が乏しいリース（借手のリース料が300万円以下であるリースを想定）
> 　② 　新品時の原資産の価値が少額であるリース（IFRS第16号と同様にその開発当時の2015年において新品時に5千米ドル以下程度の価値の原資産のリースを想定）

　また，(1)については，基準額と適用単位について，次のとおりとすることができる（指針22項(1)）。

基準額	企業が減価償却資産の処理について採用している基準額より利息相当額だけ高めに設定すること。
適用単位	リース契約に複数の単位の原資産が含まれる場合，当該契約に含まれる原資産の単位ごとに適用すること。

　(1)と(2)①は，改正前リース会計基準における取扱いを踏襲している。また，(2)②は，IFRS第16号を踏まえた簡便的な取扱いである。

(2) 指針22項(2)における2つの選択肢

　企業において，指針22項(2)における①と②のいずれを選択するかを判断する
上では，次のような観点がある。

① 追加的な負担の観点

　改正前リース会計基準において指針22項(2)①に関する認識の免除を適用して
いる借手については，これを継続することを選択することにより，追加的な負
担を減らすことができると考えられる。一方，連結財務諸表において，同項(2)
②に関する認識の免除を適用しているIFRS会計基準任意適用企業においては，
その個別財務諸表において同様の取扱いをすることにより，IFRS第16号の定
めを個別財務諸表に用いても，基本的に修正が不要となると考えられる（指針
BC41項）。

② 認識の免除範囲の観点

　両者は図表6-5-2のとおり複数の点でその対象範囲は異なり，どちらが認
識の免除範囲をより広範とするかは，借手が有するリースの内容によって異な
ると考えられる（指針BC41項）。したがって，自己の有するリースの内容に照
らしてそれぞれを選択した場合の認識の免除範囲を比較衡量することが考えら
れる。

図表6-5-2　指針22項(2)における2つの選択肢の相違点

	指針22項(2)①の少額リース	指針22項(2)②の少額リース
金額の規模	300万円以下	5千米ドル以下程度
金額の対象	リース契約1件当たりのリース料（契約に含まれるリース1件当たりではない）	リース1件ごとの原資産の新品時の価格
追加的な条件	企業の事業内容に照らして重要性の乏しいリースであること	なし

その他の留意事項	リース契約1件当たりの金額の算定において，次のように取り扱うことができる（指針22項(2)①，23項）。 ● 1つのリース契約に科目の異なる有形固定資産または無形固定資産が含まれているときは，異なる科目ごとにその合計額により判定すること ● 参照する期間は，原則として借手のリース期間であるが，契約に定められた期間とすること ● 維持管理費用相当額の合理的見積額を控除すること	リース1件ごとの判断は，指針16項における独立したリースの考え方（第5章第2節②参照）に基づいて行う（指針BC26項）。

③ 短期リースに関する注記項目

　簡便的な取扱いにより会計処理した短期リース（指針20項）について，損益計算書においてこれに係る費用の発生額を区分して表示していない場合，当該発生額および当該発生額が含まれる科目を注記する（指針100項(1)）。詳細については，第10章第4節②(2)を参照されたい。

第6節 リース開始日における会計処理

　借手は，リース開始日に，リース負債と使用権資産を**図表6-6-1**のように当初測定して計上する（基準33項，34項，指針27項～35項）。

　リース開始日とは，貸手が，借手による原資産の使用を可能にする日をいう（基準18項）。

　なお，契約がリースを含むか否かの判断については，契約の締結時に行うことが要求されている（基準25項，第4章第4節①参照）。

図表6-6-1 リース負債と使用権資産の当初測定額

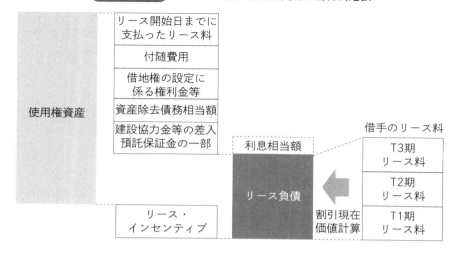

リース負債と使用権資産の当初認識に至るまでのステップと，新リース会計基準における関連する記述は次のとおりである。

図表6-6-2 リース負債と使用権資産の当初測定に至るまでのステップ

ステップ	新リース会計基準における関連する記述
① 借手のリース期間の決定（前述第2節参照）	「借手のリース期間」とは，借手が原資産を使用する権利を有する解約不能期間に，次の(1)および(2)の両方を加えた期間をいう（基準15項）。 (1) 借手が行使することが合理的に確実であるリースの延長オプションの対象期間 (2) 借手が行使しないことが合理的に確実であるリースの解約オプションの対象期間
② 借手のリース料の決定（前述第3節参照）	「借手のリース料」とは，借手が借手のリース期間中に原資産を使用する権利に関して行う貸手に対する支払であり，次のもので構成される（基準19項）。 (1) 借手の固定リース料 (2) 指数またはレートに応じて決まる借手の変動リース料 (3) 残価保証に係る借手による支払見込額

	(4) 借手が行使することが合理的に確実である購入オプションの行使価額
	(5) リースの解約に対する違約金の借手による支払額（借手のリース期間に借手による解約オプションの行使を反映している場合）
③ 割引率の決定（前述第4節参照）	借手がリース負債の現在価値の算定のために用いる割引率は，次のとおりとする（指針37項）。 (1) 貸手の計算利子率を知りうる場合，当該利率による。 (2) 貸手の計算利子率を知りえない場合，借手の追加借入に適用されると合理的に見積られる利率による。
④ リース負債の当初測定（後述①参照）	借手は，リース負債の計上額を算定するにあたって，原則として，リース開始日において未払である借手のリース料からこれに含まれている利息相当額の合理的な見積額を控除し，現在価値により算定する方法による（基準34項）。
⑤ 使用権資産の当初測定（後述②参照）	借手は，リース開始日に，基準34項に従い算定された額によりリース負債を計上する。また，当該リース負債にリース開始日までに支払った借手のリース料および付随費用を加算し，受け取ったリース・インセンティブを控除した額により使用権資産を計上する（基準33項）。

① リース負債の当初測定

(1) 原則的な取扱い（利息法）

リース負債は，リース開始日において未払である借手のリース料から利息相当額の合理的な見積額を控除し，現在価値により当初測定される（基準34項）。

上記における利息相当額については，借手のリース期間にわたり，利息法により配分される（基準36項）。

(2) 例外的な取扱い（利子込み法，利子定額法）

使用権資産総額に重要性が乏しいと認められる場合，次のいずれかの方法が認められる（指針40項）。

(1)　借手のリース料から利息相当額の合理的な見積額を控除しない方法（利子込み法）

　　この場合，使用権資産およびリース負債は，借手のリース料をもって計上され，借手のリース期間にわたり支払利息は計上されず，減価償却費のみ計上される。
(2)　利息相当額の総額を借手のリース期間中の各期に定額で配分する方法（利子定額法）

（注）　利子定額法のリース負債の当初測定額については，原則的な取扱い（利息法）と同額である。

　使用権資産総額に重要性が乏しいと認められる場合とは，以下の比率が10％未満である場合をいう（指針41項）。

$$\frac{\text{未経過の借手のリース料の期末残高}}{\text{未経過の借手の}\atop\text{リース料の期末残高} + {\text{有形固定資産および}\atop\text{無形固定資産の期末残高}}}$$

　連結財務諸表においては，上記の判定を連結財務諸表の数値を基礎として見直すことができる。見直した結果，個別財務諸表の結果の修正を行う場合，連結修正仕訳で修正を行う（指針42項）。

　「未経過の借手のリース料の期末残高」には，以下のものは含まれない（指針BC68項(1)）。

●短期リースおよび少額リース（前述第5節参照）として使用権資産およびリース負債を計上せず，借手のリース料を借手のリース期間にわたって原則として定額法により費用として計上することとしたもの
●利息相当額を利息法（基準36項）により各期に配分している使用権資産に係るもの

　また，「有形固定資産および無形固定資産の期末残高」について未経過の借手のリース料の期末残高と二重になる場合，未経過の借手のリース料，有形固定資産および無形固定資産の期末残高の合計額の算定上，二重にならないように調整を行う（指針BC68項(2)）。

　この例外的な取扱いは，IFRS第16号では定められていない。しかし，改正

第6章　借手の会計処理　147

前リース会計基準において実務の追加的な負担を軽減することを目的として導入され，すでに浸透していることから，新リース会計基準においても踏襲されている（指針BC69項）。

設例 6 -10 借手の会計処理（利息法，利子込み法，利子定額法）

（前提条件）

借手の決算日	各Ｔ期末
借手のリース期間	Ｔ１期首をリース開始日とする３年
借手のリース料	年額：1,000千円（毎年Ｔ期末払い３回）
現在価値の算定に用いる割引率	借手の追加借入利子率：年５％
使用権資産の減価償却方法	定額法（残存価額はゼロ）

（会計処理）
1．原則的な取扱い（利息法）
リース負債の当初測定

$$=\frac{1,000}{(1+0.05)}+\frac{1,000}{(1+0.05)^2}+\frac{1,000}{(1+0.05)^3}=2,723千円$$

　上記における利息相当額277千円（＝3,000千円－2,723千円）については，借手のリース期間にわたり，利息法により配分される（基準36項）。

Ｔ１期首（リース開始日）

（単位：千円）

（借）使 用 権 資 産	2,723	（貸）リ ー ス 負 債	2,723

Ｔ１期末（リース料支払日，決算日）

（単位：千円）

（借）リ ー ス 負 債(※2)	864	（貸）現 金 預 金	1,000
支 払 利 息(※1)	136		
減 価 償 却 費(※3)	908	減価償却累計額	908

（※１）　支払利息136千円＝リース負債期首残高2,723千円×５％
（※２）　リース負債864千円＝借手のリース料年額1,000千円－支払利息（※１）136千円
（※３）　減価償却費908千円＝使用権資産取得原価2,723千円÷耐用年数３年

T 2 期末（リース料支払日，決算日）

（単位：千円）

（借）リ ー ス 負 債(※2)	907	（貸）現 金 預 金	1,000
支 払 利 息(※1)	93		
減 価 償 却 費	908	減価償却累計額	908

（※1） 支払利息93千円＝リース負債前期末残高1,859千円×5％
（※2） リース負債907千円＝借手のリース料年額1,000千円－支払利息（※1）93千円

T 3 期末（リース料支払日，リース終了時，決算日）

（単位：千円）

（借）リ ー ス 負 債(※2)	952	（貸）現 金 預 金	1,000
支 払 利 息(※1)	48		
減 価 償 却 費	908	減価償却累計額	908
減価償却累計額	2,723	使 用 権 資 産	2,723

（※1） 支払利息48千円＝リース負債前期末残高952千円×5％
（※2） リース負債952千円＝借手のリース料年額1,000千円－支払利息（※1）48千円

2．例外的な取扱い（利子込み法）
　利子込み法においては，借手のリース料から利息相当額の合理的な見積額を控除せずにリース負債を測定する（指針40項(1)）。

リース負債の当初測定＝1,000千円×3年＝3,000千円

T 1 期首（リース開始日）

（単位：千円）

（借）使 用 権 資 産	3,000	（貸）リ ー ス 負 債	3,000

T 1 期末（リース料支払日，決算日）

（単位：千円）

（借）リ ー ス 負 債	1,000	（貸）現 金 預 金	1,000
減 価 償 却 費(※)	1,000	減価償却累計額	1,000

（※） 減価償却費1,000千円＝使用権資産取得原価3,000千円÷耐用年数3年

第6章　借手の会計処理　149

T2期末（リース料支払日，決算日）

（単位：千円）

（借）リ ー ス 負 債	1,000	（貸）現 金 預 金	1,000
減 価 償 却 費	1,000	減 価 償 却 累 計 額	1,000

T3期末（リース料支払日，リース終了時，決算日）

（単位：千円）

（借）リ ー ス 負 債	1,000	（貸）現 金 預 金	1,000
減 価 償 却 費	1,000	減 価 償 却 累 計 額	1,000
減 価 償 却 累 計 額	3,000	使 用 権 資 産	3,000

3．例外的な取扱い（利子定額法）

　リース負債の当初測定額は，「1.原則的な取扱い（利息法）」と同額の2,723千円となる。

　借手のリース期間にわたる利息相当額の配分は，毎年定額で配分される（指針40項(2)）。

T1期首（リース開始日）

（単位：千円）

（借）使 用 権 資 産	2,723	（貸）リ ー ス 負 債	2,723

T1期末（リース料支払日，決算日）

（単位：千円）

（借）リ ー ス 負 債（※2）	908	（貸）現 金 預 金	1,000
支 払 利 息（※1）	92		
減 価 償 却 費（※3）	908	減 価 償 却 累 計 額	908

（※1）　支払利息92千円＝（借手のリース料総額3,000千円－リース負債2,723千円）÷3年

（※2）　リース負債908千円＝借手のリース料年額1,000千円－支払利息（※1）92千円

（※3）　減価償却費908＝使用権資産取得原価2,723千円÷耐用年数3年

T2期末（リース料支払日，決算日）

（単位：千円）

（借）リ ー ス 負 債	908	（貸）現 金 預 金	1,000
支 払 利 息	92		
減 価 償 却 費	908	減 価 償 却 累 計 額	908

T3期末（リース料支払日，リース終了時，決算日）

(単位：千円)

(借) リ ー ス 負 債	908	(貸) 現 金 預 金	1,000
支 払 利 息	92		
減 価 償 却 費	908	減価償却累計額	908
減価償却累計額	2,723	使 用 権 資 産	2,723

(参考) 各年へ配分される費用（単位：千円）
利息法の場合

	T1期	T2期	T3期	合計
支払利息	136	93	48	277
減価償却費	908	908	908	2,723
合計	1,044	1,001	955	3,000

利子込み法の場合

	T1期	T2期	T3期	合計
支払利息	—	—	—	—
減価償却費	1,000	1,000	1,000	3,000
合計	1,000	1,000	1,000	3,000

利子定額法の場合

	T1期	T2期	T3期	合計
支払利息	92	92	92	277
減価償却費	908	908	908	2,723
合計	1,000	1,000	1,000	3,000

2 使用権資産の当初測定

　使用権資産は，リース負債の計上額に，次の項目を加減算して当初測定される（基準33項）。

（加算項目）
● リース開始日までに支払った借手のリース料（後述(2)参照）
● 付随費用（後述(3)参照）
● 資産除去債務相当額（指針28項，後述(5)参照）
　また，以下の項目についても使用権資産の当初測定に含められる。
● 借地権の設定に係る権利金等（指針27項，後述(4)参照）
● 建設協力金等の差入預託保証金の一部（指針29項〜35項，後述(6)参照）
（減算項目）
● 受け取ったリース・インセンティブ（後述(7)参照）

(1)　（参考）改正前リース会計基準における貸手の購入価額または借手の見積現金購入価額と比較を行う方法の削除

　改正前リース会計基準においては，ファイナンス・リース取引に係るリース資産の計上額は，以下のいずれか低い額として算定されていた（改正前のリース適用指針22項）。

(a)　リース料総額の割引現在価値
(b)　貸手の購入価額等（これが明らかでない場合は，見積現金購入価額）

　新リース会計基準では，このように貸手の購入価額等と比較した上で計上額を算定する方法は踏襲せず，借手のリース料の現在価値を基礎として使用権資産の計上額を算定することとしている。

(2)　リース開始日までに支払ったリース料

　リース開始日までに支払ったリース料は，使用権資産の取得価額に含まれる（基準33項）。

152

設例6-11 リース開始日までに支払ったリース料がある場合の会計処理

（前提条件）

借手の決算日	各T期末
借手のリース期間	T1期首をリース開始日とする3年
借手のリース料	● 年額：1,000千円（毎年T期末払い3回） ● 上記に加えて，リース開始日に1,500千円を支払う。
現在価値の算定に用いる割引率	借手の追加借入利子率：年5％
使用権資産の減価償却方法	定額法（残存価額はゼロ）

（会計処理）

① リース負債の当初測定

$$=\frac{1,000}{(1+0.05)}+\frac{1,000}{(1+0.05)^2}+\frac{1,000}{(1+0.05)^3}=2,723千円$$

上記における利息相当額277千円（＝3,000千円−2,723千円）については，借手のリース期間にわたり，利息法により配分される（基準36項）。

② 使用権資産の当初測定

＝リース負債の当初測定額2,723千円＋リース開始日までに支払ったリース料1,500千円（基準33項）＝4,223千円

T1期首（リース開始日）

（単位：千円）

（借）使 用 権 資 産	4,223	（貸）リ ー ス 負 債	2,723
		現 金 預 金	1,500

T1期末（リース料支払日，決算日）

（単位：千円）

（借）リ ー ス 負 債（※2）	864	（貸）現 金 預 金	1,000
支 払 利 息（※1）	136		
減 価 償 却 費（※3）	1,408	減価償却累計額	1,408

（※1） 支払利息136千円＝リース負債期首残高2,723千円×5％

（※2） リース負債864千円＝借手のリース料年額1,000千円−支払利息（※1）136千円

（※3） 減価償却費1,408千円＝使用権資産取得原価4,223千円÷耐用年数3年

第6章　借手の会計処理　153

T 2 期末（リース料支払日，決算日）

(単位：千円)

(借)	リ ー ス 負 債(※2)	907	(貸)	現 金 預 金			1,000
	支 払 利 息(※1)	93					
	減 価 償 却 費	1,408		減価償却累計額			1,408

（※1）　支払利息93千円＝リース負債前期末残高1,859千円×5％
（※2）　リース負債907千円＝借手のリース料年額1,000千円－支払利息（※1）93千円

T 3 期末（リース料支払日，リース終了時，決算日）

(単位：千円)

(借)	リ ー ス 負 債(※2)	952	(貸)	現 金 預 金			1,000
	支 払 利 息(※1)	48					
	減 価 償 却 費	1,408		減価償却累計額			1,408
	減価償却累計額	4,223		使 用 権 資 産			4,223

（※1）　支払利息48千円＝リース負債前期末残高952千円×5％
（※2）　リース負債952千円＝借手のリース料年額1,000千円－支払利息（※1）48千円

(3)　付随費用

　付随費用について，その範囲は明確にされていないが，付随費用に含まれる対象は，取引の実態に応じて判断する必要がある（コメント対応表98）。

(4)　借地権の設定に係る権利金等

　借地権の設定に係る権利金等は，借地権の設定において借地権者である借手が借地権設定者である貸手に支払った権利金，および借手と貸手との間で借地契約を締結するにあたり当該貸手が第三者と借地契約を締結していた場合に，当該借手が当該第三者に対して支払う借地権の譲渡対価をいう（指針4項(9)）。

　新リース会計基準では，借地権の設定に係る権利金等について，次のように定義されている（指針4項(6)～(8)）。

図表6-6-3　借地権等の定義

旧借地権	借地法の規定により設定された借地権
普通借地権	定期借地権以外の借地権（旧借地権を除く）
定期借地権	借地借家法第22条第1項，第23条第1項および第2項または第24条第1項の規定による定めのある借地権

　また，借地権の設定に係る権利金等には，借手と貸手との間で借地契約を締結するにあたり当該貸手が第三者と借地契約を締結していた場合に，当該借手が当該第三者に対して支払う借地権の譲渡対価が含まれる（指針4項(9)）。

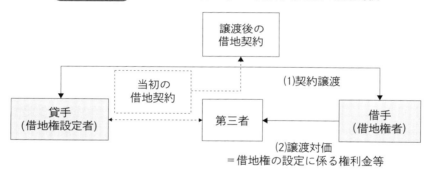

図表6-6-4　借手が第三者に対して支払う借地権の譲渡対価

　借地権の設定に係る権利金等に関する数値例は後述第7節②(3)の設例6-15を参照されたい。

(5) 資産除去債務相当額

　資産除去債務を負債として計上する場合の関連する有形固定資産が使用権資産であるとき，企業会計基準第18号「資産除去債務に関する会計基準」（以下「資産除去債務会計基準」という）の7項に従い，当該負債の計上額と同額が使用権資産の帳簿価額に加算される（指針28項）。

第6章　借手の会計処理　155

（資産除去債務会計基準）

4．資産除去債務は，有形固定資産の取得，建設，開発または通常の使用によっ
て発生した時に負債として計上する。

7．資産除去債務に対応する除去費用は，資産除去債務を負債として計上した時
に，当該負債の計上額と同額を，関連する有形固定資産の帳簿価額に加える。
　　資産計上された資産除去債務に対応する除去費用は，減価償却を通じて，当
該有形固定資産の残存耐用年数にわたり，各期に費用配分する。

設例6-12／資産除去債務相当額がある場合の会計処理

（前提条件）

借手の決算日	各T期末
借手のリース期間	T1期首をリース開始日とする3年
借手のリース料	年額：1,000千円（毎年T期末払い3回）
現在価値の算定に用いる割引率	借手の追加借入利子率：年5％
使用権資産の減価償却方法	定額法（残存価額はゼロ）
関連する資産除去債務	● リース開始日において資産除去債務会計基準に基づき関連する資産除去債務が生じる。 ● 当該資産除去債務はリース終了時点において支払うことが見込まれ，その金額は1,000千円と見積もられた。 ● 資産除去債務に関する割引率（資産除去債務会計基準6項(2)）：年0.5％

（会計処理）

① リース負債の当初測定

$$= \frac{1,000}{(1+0.05)} + \frac{1,000}{(1+0.05)^2} + \frac{1,000}{(1+0.05)^3} = 2,723千円$$

　上記における利息相当額277千円（＝3,000千円－2,723千円）については，借手の
リース期間にわたり，利息法により配分される（基準36項）。

② 資産除去債務の当初測定

$$= \frac{1,000}{(1+0.005)^3} = 985千円$$

　資産除去債務はそれが発生したときに，有形固定資産の除去に要する割引前の将

来キャッシュ・フローを見積り，割引後の金額（割引価値）で算定する（資産除去債務会計基準 6 項）。

③　使用権資産の当初測定
　　＝リース負債の当初測定額2,723千円＋資産除去債務の当初測定額985千円（基準33項）＝3,708千円

Ｔ 1 期首（リース開始日）

（単位：千円）

（借）使 用 権 資 産	3,708	（貸）リ ー ス 負 債	2,723
		資 産 除 去 債 務	985

Ｔ 1 期末（リース料支払日，決算日）

（単位：千円）

（借）リ ー ス 負 債（※ 2 ）	864	（貸）現 金 預 金	1,000
支 払 利 息（※ 1 ）	136		
減 価 償 却 費（※ 4 ）	1,236	減 価 償 却 累 計 額	1,236
資産除去債務に	5	資 産 除 去 債 務	5
係 る 利 息 費 用（※ 3 ）			

（※ 1 ）　支払利息136千円＝リース負債期首残高2,723千円× 5 ％
（※ 2 ）　リース負債864千円＝借手のリース料年額1,000千円－支払利息（※ 1 ）136千円
（※ 3 ）　資産除去債務に係る利息費用 5 千円＝資産除去債務期首残高985千円×0.5％
（※ 4 ）　減価償却費1,236千円＝使用権資産取得原価3,708千円÷耐用年数 3 年

Ｔ 2 期末（リース料支払日，決算日）

（単位：千円）

（借）リ ー ス 負 債（※ 2 ）	907	（貸）現 金 預 金	1,000
支 払 利 息（※ 1 ）	93		
減 価 償 却 費	1,236	減 価 償 却 累 計 額	1,236
資産除去債務に	5	資 産 除 去 債 務	5
係 る 利 息 費 用（※ 3 ）			

（※ 1 ）　支払利息93千円＝リース負債前期末残高1,859千円× 5 ％
（※ 2 ）　リース負債907千円＝借手のリース料年額1,000千円－支払利息（※ 1 ）93千円
（※ 3 ）　資産除去債務に係る利息費用 5 千円＝資産除去債務前期末残高990千円×0.5％

第6章　借手の会計処理　　157

T3期末（リース料支払日，リース終了時，資産除去債務の履行日，決算日）

（単位：千円）

（借）リース負債（※2）	952	（貸）現金預金	1,000
支払利息（※1）	48		
減価償却費	1,236	減価償却累計額	1,236
資産除去債務に係る利息費用（※3）	5	資産除去債務	5
減価償却累計額	3,708	使用権資産	3,708
資産除去債務（※4）	1,000	現金預金	1,000

（※1）　支払利息48千円＝リース負債前期末残高952千円×5％
（※2）　リース負債952千円＝借手のリース料年額1,000千円－支払利息（※1）48千円
（※3）　資産除去債務に係る利息費用5千円＝資産除去債務前期末残高995千円×0.5％
（※4）　本設例では，リース開始日における支払見込額と同額の除去費用が発生したと仮定している。

⑹　建設協力金等の差入預託保証金

　建設協力金とは，賃貸用建物等の建設において，入居予定者（借手）から土地の所有者（貸手）へ拠出される建設資金をいう。一般的に，建設協力金は，低利の金利（または無金利）が付され，一定期間据え置き後に賃借期間内の一定期間にわたり分割返済される（指針BC60項）。

　建設協力金や敷金等の差入預託保証金は，金融商品であるが，差入預託保証金のうち，以下について使用権資産の取得原価に含めて会計処理が行われる。

- 将来返還されないことが契約上定められている差入預託保証金
- 将来返還される差入預託保証金のうち，その支払額と当初認識時の時価の差額

図表6-6-5　建設協力金等の差入預託保証金の会計処理（指針29項～35項）

	建設協力金等の差入預託保証金（敷金を除く）	敷金
将来返還されるもの	（当初認識時） ● 差入預託保証金を時価で計上する（※）。 ● 差入預託保証金の支払額と時価の差額を使	取得原価で貸借対照表に計上する。 ただし，左記の差入預

		託保証金に準じて会計処理を行うことができる。
	用権資産の取得原価に含めて計上する。 (契約期間中) ● 差入預託保証金の当初認識時の時価と返済額との差額を，弁済期または償還期に至るまで毎期一定の方法で受取利息として計上する。 ● 差入預託保証金の支払額と時価の差額は，使用権資産の取得原価の一部として，減価償却される。 ただし，返済期日までの期間が短いもの等，その影響額に重要性がない差入預託保証金については，以上の会計処理ではなく，債権に準じて会計処理を行うことができる。	
将来返還されないもの	使用権資産の取得原価に含めて会計処理を行う。	

（※）　当初認識時における時価は，差入預託保証金の返済期日までのキャッシュ・フローを割り引いた現在価値として算定される（指針29項）。建設協力金に関して，差入企業である借手が対象となった土地建物に抵当権を設定している場合，現在価値に割り引くための利子率は，原則としてリスク・フリーの利子率を使用する。当該利子率としては，例えば，契約期間と同一の期間の国債の利回りが考えられる（指針30項，BC63項）。

①　敷金を差し入れている場合の資産除去債務の処理

　建物等の賃借契約において，当該賃借建物等に係る有形固定資産（内部造作等）の除去などの原状回復が契約で要求されていることから，当該有形固定資産に関連する資産除去債務を計上しなければならない場合がある。

　この場合において，当該賃借契約に関連する敷金の計上額に関連する部分について，当該資産除去債務の負債計上およびこれに対応する除去費用の資産計上に代えて，当該敷金の回収が最終的に見込めないと認められる金額を合理的に見積り，そのうち当期の負担に属する金額を費用に計上する方法によることができる（企業会計基準適用指針第21号「資産除去債務に関する会計基準の適用指針」9項，指針35項）。

第6章 借手の会計処理　159

② 新リース会計基準における改正点

改正前リース会計基準において，建設協力金等の差入預託保証金の会計処理は定められておらず，金融商品実務指針に定められていた。この定めについては，差入預託保証金は主にリース契約の締結により生じる項目であることから，次のような改正を行った上で，その記載箇所を新リース会計基準へ移している（指針BC59項）。当該改正に伴い一定の場合には改正前リース会計基準において採用していた会計処理を継続できる経過措置が定められている（第11章第3節②(2)④参照）。

図表6-6-6　差入預託保証金についての改正点

	改正前リース会計基準	新リース会計基準
将来返還される差入預託保証金（敷金を除く）	影響額に重要性がない場合を除き，次のように取り扱う。 ●時価相当額を金融資産で計上する。 ●支払額と時価の差額を長期前払家賃で計上する。	影響額に重要性がない場合を除き，次のように取り扱う。 ●時価相当額を金融資産で計上する。 ●支払額と時価の差額を使用権資産に含めて計上する。
将来返還される敷金	取得原価を敷金等に計上する。	取得原価を敷金等に計上する。ただし，将来返還される差入預託保証金等と同様の会計処理も認められる。
将来返還されない差入預託保証金（敷金を含む）	取得原価を差入保証金等に計上する。	取得原価を使用権資産に含めて計上する。

設例6-13　建設協力金がある場合の会計処理

（前提条件）

借手（各T期末が決算日）は，T1期首に，地主（貸手）との間で以下の条件を含む建物のリース契約を締結する。
●借手は，借手がテナントとして入居予定の建物の建設資金として12,000千円を建設協力金として支払う。
●借手は，建物の完成後に当該建物に入居する。

- 借手のリース期間は，T1期首をリース開始日とする5年である。
- 建設協力金12,000千円は無利息であり，借手のリース期間終了時に同額で地主から返済される。
- 説明上，借手のリース期間中にリース料の支払はないものとする。
- 建設協力金の時価算定のために適用される割引率は年8％である。

（会計処理）

① 建設協力金の時価

$$= \frac{12,000}{(1+0.08)^5} = 8,167千円$$

この金額は，長期貸付金として計上される。

② 使用権資産に含めて計上される金額
＝建設協力金の支払額12,000千円－建設協力金の時価8,167千円＝3,833千円

以上から，各期における長期貸付金の帳簿価額および利息計上額は，次のとおりとなる。

期	期首	利息計上額	返済額	期末
T1	8,167	653	－	8,820
T2	8,820	706	－	9,526
T3	9,526	762	－	10,288
T4	10,288	823	－	11,111
T5	11,111	889	12,000	－

T1期首（建設協力金支払日，リース開始日）

（単位：千円）

（借）長 期 貸 付 金	8,167	（貸）現 金 預 金	12,000
使 用 権 資 産	3,833		

T1期末（決算日）

（単位：千円）

（借）長 期 貸 付 金	653	（貸）受 取 利 息	653
減 価 償 却 費（※）	766	減価償却累計額	766

（※）減価償却費766千円＝使用権資産取得原価3,833千円÷耐用年数5年

第6章　借手の会計処理　　161

T2期からT4期の会計処理は省略する。

T5期末（リース終了時，建設協力金返済日）

（単位：千円）

（借）	長 期 貸 付 金	889	（貸）	受 取 利 息	889
	現 金 預 金	12,000		長 期 貸 付 金	12,000
	減 価 償 却 費	766		減価償却累計額	766
	減価償却累計額	3,833		使 用 権 資 産	3,833

(7)　受け取ったリース・インセンティブ

　新リース会計基準においては，IFRS会計基準と異なり，何がリース・インセンティブに該当するかについては明記されていない。

> **（参考）IFRS会計基準における取扱い**
> 　IFRS第16号においては，リース・インセンティブは「貸手が借手にリースに関連して行う支払，または貸手による借手のコストの弁済もしくは引受け」と定義されている（IFRS16.付録A）。
> 　IFRS第16号の実務上，リース・インセンティブは，例えば，貸手による借手に対する前渡金，または貸手による借手のコストの弁済もしくは引受けの形式をとる場合がある（例えば，移転費用や借手の既存のリース・コミットメントに関連する費用）。また，このようなリース・インセンティブは，リース契約の中の条項の1つとして明記される場合もあれば，形式的にはリース契約とは別個に約束される場合もあると考えられている。

第7節　借手のリース期間中における会計処理

　借手は，リース開始日に使用権資産およびリース負債を計上した後，借手のリース期間にわたり，リース負債と使用権資産に対して次のような会計処理を行う。

162

図表 6 - 7 - 1 借手のリース期間中の会計処理

1．借手のリース期間中，毎期行われる会計処理	2．特定の事象が生じた場合に行われる会計処理
● リース負債に係る利息相当額の配分（後述①参照） ● 使用権資産の減価償却（後述②参照）	● 使用権資産の減損（後述③参照） ● 契約条件の変更によるリース負債の計上額の見直しおよび使用権資産の修正（後述第 8 節参照） ● 契約条件の変更を伴わないリース負債の見直しおよび使用権資産の修正（後述第 9 節参照）

① リース負債に係る利息相当額の配分

リース負債は，原則として利息法により，その未返済元本残高に一定の利率を乗じた利息相当額を各期に配分して事後測定される（指針38項）。

ただし，例外的な取扱いとして，一定の条件を満たす場合，利息相当額の取扱いについて次の方法が認められる（指針40項）。

● リース負債の当初測定時に控除せず，各期に配分しない方法（利子込み法）
● リース負債の当初測定時に控除した上で，各期に定額で配分する方法（利子定額法）

例外的な取扱いが認められる条件については前述第 6 節①(2)を，利息相当額の配分方法に関する数値例については，前述第 6 節①の設例 6 -10を参照されたい。

② 使用権資産の減価償却

使用権資産の減価償却は，リースの契約に含まれる諸条件に応じて，次のように行う（基準37項，38項）。

第6章　借手の会計処理　　163

図表6-7-2　使用権資産の減価償却方法

使用権資産	→	原資産の所有権が借手に移転すると認められるリース（以下「所有権移転型リース」という）に関する使用権資産	●原資産を自ら所有していたと仮定した場合に適用する減価償却方法と同一の方法により減価償却費を算定する。 ●耐用年数は，経済的使用可能予測期間とし，残存価額は合理的な見積額とする。
	→	それ以外のリース（以下「所有権移転型でないリース」という）に関する使用権資産	●定額法等の減価償却方法の中から企業の実態に応じたものを選択適用した方法により減価償却費を算定する。 ●原則として，借手のリース期間を耐用年数とし，残存価額をゼロとする。

(1)　所有権移転型リースの範囲

　契約上の諸条件に照らして原資産の所有権が借手に移転すると認められるリースの範囲は，**図表6-7-3**のとおり，基本的に改正前リース会計基準における所有権移転ファイナンス・リース取引の要件を踏襲している（指針43項）。

　ただし，**図表6-7-3**における(2)について，改正前リース会計基準では，割安購入選択権に関連して言及されていた点について，新リース会計基準では，購入オプションの行使が合理的に確実である場合に変更されている。これは，購入オプションが割安かどうかのみではなく，他の要因も考慮してその行使が合理的に確実な場合とするほうが，借手への所有権移転の可能性を反映して減価償却費の算定が可能となると考えられたためである（指針BC71項）。

　借手による購入オプションの行使が合理的に確実であるリースは，必ずしも割安購入選択権が与えられているときに限定されるものではないことに留意が必要である（コメント対応表89）。

　なお，**図表6-7-3**における(3)については，IFRS第16号では設けられていない定めである。しかし，原資産が特別仕様であり使用可能期間を通じて借手によってのみ使用されることが明らかであるリースは，原資産を自ら所有する場合と司様の期間にわたって使用されるものであるため，改正前リース会計基

準における定めを踏襲し，原資産を自ら所有していたと仮定した場合に適用する減価償却方法と同一の方法とすることとしている（指針BC71項また書き）。

図表6-7-3 原資産の所有権が借手に移転すると認められるリースの範囲

改正前リース会計基準	新リース会計基準
(1) リース契約上，リース期間終了後またはリース期間の中途で，リース物件の所有権が借手に移転することとされているリース取引	(1) 契約上，契約期間終了後または契約期間の中途で，原資産の所有権が借手に移転することとされているリース
(2) リース契約上，借手に対して，リース期間終了後またはリース期間の中途で，名目的価額またはその行使時点のリース物件の価額に比して著しく有利な価額で買い取る権利（本章では「割安購入選択権」という）が与えられており，その行使が確実に予想されるリース取引	(2) 契約期間終了後または契約期間の中途で，借手による購入オプションの行使が合理的に確実であるリース
(3) リース物件が，借手の用途等に合わせて特別の仕様により製作または建設されたものであって，当該リース物件の返還後，貸手が第三者に再びリースまたは売却することが困難であるため，その使用可能期間を通じて借手によってのみ使用されることが明らかなリース取引	(3) 原資産が，借手の用途等に合わせて特別の仕様により製作または建設されたものであって，当該原資産の返還後，貸手が第三者に再びリースまたは売却することが困難であるため，その使用可能期間を通じて借手によってのみ使用されることが明らかなリース

(2) 所有権移転型でないリースに関する使用権資産の耐用年数

契約上の諸条件に照らして原資産の所有権が借手に移転すると認められるリース以外のリースに係る使用権資産の減価償却においては，原則として，借手のリース期間を耐用年数とするとされている（基準38項）。この点について，IFRS第16号では耐用年数について，以下のとおり記述されているが，新リース会計基準では，使用権資産の耐用年数が借手のリース期間と比べて短いケー

第6章　借手の会計処理　　165

スは稀であると考えられるため，原則的な取扱いのみを示している（コメント
対応表147）。

（参考）IFRS会計基準における取扱い
　IFRS第16号においては，原資産の所有権が借手に移転すると認められるリース
以外のリースに関する使用権資産の耐用年数は，使用権資産の耐用年数とリース
期間のいずれか短い期間とされている（IFRS16.32）。

　なお，新リース会計基準では，残価保証に関して借手のリース料に含まれる
金額について，残価保証額から借手による支払見込額へ変更した（前述第3節
③参照）ため，残価保証がある場合に残価保証額を残存価額として減価償却す
るという改正前リース会計基準の取扱いは廃止されている。

設例6-14／所有権移転型リースの減価償却

（前提条件）

借手の決算日	各T期末
借手のリース期間	T1期首をリース開始日とする3年
借手のリース料	年額：1,000千円（毎年T期末払い3回）
現在価値の算定に用いる割引率	借手の追加借入利子率：年5％
所有権移転条項	リース期間の終了時点で借手に原資産の所有権が移転する。
使用権資産の減価償却方法	●原資産を自ら所有していたと仮定した場合に適用する減価償却方法：定額法 ●原資産の耐用年数：5年 ●残存価額の合理的な見積額：使用権資産の取得原価の10％

（会計処理）
リース負債の当初測定

$$= \frac{1,000}{(1+0.05)} + \frac{1,000}{(1+0.05)^2} + \frac{1,000}{(1+0.05)^3} = 2,723千円$$

　上記における利息相当額277千円（＝3,000千円－2,723千円）については，借手の
リース期間にわたり，利息法により配分される（基準36項）。

T1期首（リース開始日）

（単位：千円）

（借）使 用 権 資 産	2,723	（貸）リ ー ス 負 債	2,723

T1期末（リース料支払日，決算日）

（単位：千円）

（借）リ ー ス 負 債（※2）	864	（貸）現 金 預 金	1,000
支 払 利 息（※1）	136		
減 価 償 却 費（※3）	490	減価償却累計額	490

（※1） 支払利息136千円＝リース負債期首残高2,723千円×5％
（※2） リース負債864千円＝借手のリース料年額1,000千円－支払利息（※1）136千円
（※3） 減価償却費490千円＝（使用権資産取得原価2,723千円－残存価額272千円（取得原価×10％））÷耐用年数5年

　原資産の所有権が借手に移転すると認められるリースについては，契約の諸条件に照らして原資産の所有権が借手に移転すると認められるリースに該当し，原資産を自ら所有していたと仮定した場合に適用する減価償却方法と同一の方法により，減価償却費を算定する（基準37項，指針43項(1)）。

T2期末（リース料支払日，決算日）

（単位：千円）

（借）リ ー ス 負 債（※2）	907	（貸）現 金 預 金	1,000
支 払 利 息（※1）	93		
減 価 償 却 費（※3）	490	減価償却累計額	490

（※1） 支払利息93千円＝リース負債前期末残高1,859千円×5％
（※2） リース負債907千円＝借手のリース料年額1,000千円－支払利息（※1）93千円

T3期末（リース料支払日，リース終了時，決算日）

（単位：千円）

（借）リ ー ス 負 債（※2）	952	（貸）現 金 預 金	1,000
支 払 利 息（※1）	48		
減 価 償 却 費	490	減価償却累計額	490
有 形 固 定 資 産（※3）	2,723	使 用 権 資 産	2,723

（※1） 支払利息48千円＝リース負債前期末残高952千円×5％
（※2） リース負債952千円＝借手のリース料年額1,000千円－支払利息（※1）48千円

第6章　借手の会計処理　167

（※3）　本設例では，一例として，所有権移転時に計上する有形固定資産について，使用権資産の取得原価および減価償却累計額を引き継ぐことを想定している。

T4期末（決算日）

（単位：千円）

| （借）減 価 償 却 費 | 490 | （貸）減価償却累計額 | 490 |

T5期末（決算日）

（単位：千円）

| （借）減 価 償 却 費 | 490 | （貸）減価償却累計額 | 490 |

　所有権移転型でないリースの減価償却については，前述第6節1の設例6-10における原則的な取扱いを参照。また，設例6-10（所有権移転型でないリース）と本設例の減価償却費および減価償却累計額を比較すると次のとおりとなる。

	所有権移転型でないリース		所有権移転型リース	
	減価償却費	減価償却累計額	減価償却費	減価償却累計額
T1年	908	908	490	490
T2年	908	1,816	490	980
T3年	908	2,723	490	1,470
T4年	―	―	490	1,960
T5年	―	―	490	2,450

(3)　借地権の設定に係る権利金等に関する減価償却

　「借地権の設定に係る権利金等」とは，借地権の設定において借地権者である借手が借地権設定者である貸手に支払った権利金，および借手と貸手との間で借地契約を締結するにあたり当該貸手が第三者と借地契約を締結していた場合に，当該借手が当該第三者に対して支払う借地権の譲渡対価をいう（指針4項(9)）。

①　原則的な取扱い

　借地権の設定に係る権利金等は，使用権資産の取得価額に含まれる（前述第

6節②(4)参照）。したがって，当該権利金等は使用権資産の一部として，借手のリース期間にわたり減価償却されることが原則となる（指針27項前段）。

②　旧借地権または普通借地権の設定に係る権利金等に関する例外的な取扱い

改正前リース会計基準においては減価償却について特段の定めはなかったことから，これまでは必ずしも償却が行われていたとは限らない。これを踏まえて，旧借地権または普通借地権の設定に係る権利金等のうち，次のいずれかに該当する権利金等については，例外的な取扱いとして，減価償却を行わないものとすることができる（指針27項ただし書き）。

---
① 新リース会計基準の適用前において償却していなかった場合，本リースの適用初年度の期首に計上されている当該権利金等および新リース会計基準の適用後に新たに計上される権利金等の双方
② 新リース会計基準の適用初年度の期首に権利金等が計上されていない場合，新リース会計基準の適用後に新たに計上される権利金等

「借地権」は，借地借家法および，借地借家法により廃止される前の借地法の規定に基づく権利であり，建物の所有を目的とする地上権または土地の賃貸権をいう（指針4項(3)）。当該借地権として，新リース会計基準では，「旧借地権」，「普通借地権」および「定期借地権」が定義されており（指針4項(6)〜(8)），上記の例外的な取扱いの対象は，「旧借地権」または「普通借地権」の設定に係る権利金等に限定されている。

そのため，「定期借地権」の設定に係る権利金等については，前述①の原則的な取扱いに従って，借手のリース期間にわたり減価償却されることになる（指針BC57項）。

また，新リース会計基準を適用する際の経過措置として，適用初年度の期首に計上されている旧借地権の設定に係る権利金等または普通借地権の設定に係る権利金等を償却していなかった場合，当該権利金等を使用権資産の取得価額（指針18項）に含めた上で，当該権利金等のみ償却しないことができる（指針127項，第11章第3節③(1)参照）。

当該経過措置を含めた旧借地権または普通借地権の設定に係る権利金等に関

して，新リース会計基準で取りうる会計方針は次のとおりである。

図表6-7-4 権利金等に関して新リース会計基準で取りうる会計方針

従来の会計方針		新リース会計基準で取りうる会計方針
旧借地権または普通借地権の設定に係る権利金等が計上されている。	償却していた。	原則どおり，減価償却を行う。
	償却していなかった。	次のいずれかを選択できる。 (1) 適用初年度より前に計上していた分と，適用後の新規計上分の両方について，減価償却を行う。 (2) 適用初年度より前に計上していた分と，適用後の新規計上分の両方について，減価償却を行わない。 (3) 適用初年度より前に計上していた分のみ，減価償却を行わない。適用後の新規計上分については，減価償却を行う。
旧借地権または普通借地権の設定に係る権利金等が計上されていない。		適用後の新規計上分について，次のいずれかを選択できる。 (1) 減価償却を行う。 (2) 減価償却を行わない。

　なお，借地権の設定に係る権利金等について，新リース会計基準を適用する際のその他の経過措置に関しては第11章第3節②(2)③を参照されたい。

170

設例 6−15	普通借地権の設定に係る権利金等に対する例外的な取扱い

（前提条件）

借手の決算日	各Ｔ期末
借手のリース期間	Ｔ１期首をリース開始日とする３年
借手のリース料	●年額：1,000千円（毎年Ｔ期末払い３回） ●普通借地権の設定に関する権利金等として1,500千円をリース開始日に貸手に支払う。
現在価値の算定に用いる割引率	借手の追加借入利子率：年５％
使用権資産の減価償却方法	定額法（残存価額はゼロ） ただし，普通借地権の設定に関する権利金等については，新リース会計基準の適用前において償却していなかったため，当該権利金等については，減価償却を行わない（指針27項ただし書き）。

（会計処理）

① リース負債の当初測定

$$= \frac{1,000}{(1+0.05)} + \frac{1,000}{(1+0.05)^2} + \frac{1,000}{(1+0.05)^3} = 2,723千円$$

上記における利息相当額277千円（＝3,000千円－2,723千円）については，借手のリース期間にわたり，利息法により配分される（基準36項）。

② 使用権資産の当初測定

＝リース負債の当初測定額2,723千円＋借地権の設定に関する権利金等1,500千円（指針27項）＝4,223千円

Ｔ１期首（リース開始日）

（単位：千円）

（借）使用権資産	4,223	（貸）リース負債	2,723
		現金預金	1,500

第6章　借手の会計処理　　171

T1期末（リース料支払日，決算日）

(単位：千円)

(借)	リ ー ス 負 債（※2）	864	(貸)	現 金 預 金	1,000
	支 払 利 息（※1）	136			
	減 価 償 却 費（※3）	908		減価償却累計額	908

(※1)　支払利息136千円＝リース負債期首残高2,723千円×5％
(※2)　リース負債864千円＝借手のリース料年額1,000千円－支払利息（※1）136千円
(※3)　減価償却費908千円＝（使用権資産取得原価4,223千円－借地権の設定に係る権利金等1,500千円）÷耐用年数3年

以後の会計処理は省略する。

③　旧借地権または普通借地権の設定に係る権利金等に関する残存価額

　旧借地権または普通借地権の設定に係る権利金等について，原則的な取扱いである減価償却を行う場合において，借手のリース期間の終了時に残存価額があると認められるときには借手のリース期間の終了時における残存価額を見積った上で残存価額を控除した金額により減価償却を行うことが考えられる。

　一方で，次の理由により，借地権の設定に係る権利金等の残存価額を設定することは困難な場合も想定されると考えられる。

(1)　借地権の設定対価は貸手から基本的に返還されない中で，かつ，次の借手との間で相対取引により譲渡対価が決まると考えられる。
(2)　借地権の取引慣行の成熟の程度によっては売却価額の見積りを行うことが難しい場合があると考えられる。

　また，仮に残存価額を設定する場合，当該残存価額を毎期見直すことになると考えられるが，予想される売却価額の見積りを毎期行うことには相応のコストを要するものと考えられる。

　これらの状況により，借地権の承継が行われる可能性を見込むことや借手のリース期間の終了時に予想される売却価額を見積ることができない場合には，残存価額をゼロとすることも考えられる（指針BC54項）。

3 使用権資産の減損

新リース会計基準に基づき貸借対照表に計上される使用権資産については，企業会計審議会「固定資産の減損に係る会計基準」（以下「減損会計基準」という）が適用される（企業会計基準第35号「『固定資産の減損に係る会計基準』の一部改正」BC 4 項）。

そのため，他の固定資産と同様に，使用権資産をグルーピングの上で，資産グループごとに，減損の兆候の把握，減損損失を認識するかどうかの判定，減損損失の測定を実施し，減損の検討を行う（企業会計基準適用指針第 6 号「固定資産の減損に係る会計基準の適用指針」（以下「減損適用指針」という）61項）。

(1) 使用権資産を含む資産グループの将来キャッシュ・アウトフロー

減損適用指針では，以下のような特定の状況に関する取扱いは定められているが，通常の使用権資産への減損会計の適用に関する具体的な取扱いは定められていない（減損適用指針144- 3 項）。

---

(1) 利子込み法を採用している場合の取扱い（後述(2)参照）
(2) 改正前リース会計基準適用初年度開始前である所有権移転外ファイナンス・リース取引の取扱いにより通常の賃貸借取引に係る方法に準じた会計処理を行っている場合の取扱い（後述(3)参照）

そのため，使用権資産を含む資産グループの将来キャッシュ・フローの見積りにおいて，支払リース料が含まれるか否かについては，基準上，明記されていない。

この点，減損適用指針では，資産または資産グループの継続的使用と使用後の処分によって生ずると見込まれる将来キャッシュ・インフローから，継続的使用と使用後の処分のために生ずると見込まれる将来キャッシュ・アウトフローを控除して見積ることとされ（減損適用指針38項），また，将来キャッシュ・フローの見積りには，利息の支払額を含めないこととされている（減損適用指針41項）。

新リース会計基準では，すべてのリースを借手に対する金融の提供と捉えて，

第6章　借手の会計処理　173

リース負債を計上するとともに，リース負債に係る金利費用を認識することとされており（基準BC39項），支払リース料はリース負債に係る金利費用とリース負債の返済として会計処理されることから，減損会計における将来キャッシュ・アウトフローには将来の支払リース料は含まれないと考えられる。

設例6-16 使用権資産の減損

（前提条件）
- A社は，自社所有の土地および建物に什器備品をリースした上でX店舗を運営している。当該什器備品のリースについては，使用権資産およびリース負債を計上している。
- X店舗に関する固定資産とその帳簿価額は以下のとおりである。

（単位：千円）

	帳簿価額
土地	400
建物	600
使用権資産（什器備品）	200
合計	1,200

- A社は当該X店舗を1つの資産グループと判断しており，当期において減損の兆候がみられたため，減損損失の認識の判定および測定を行う。
- 当該資産グループに関する将来キャッシュ・フロー（支払リース料を含まない）は1,000千円，回収可能価額は900千円とする。なお，正味売却価額は便宜上考慮しない。

（減損損失の認識の判定および測定）
- 減損損失の認識：資産グループの帳簿価額1,200千円＞割引前将来キャッシュ・フロー1,000千円であり，減損損失を認識する。
- 減損損失の測定：資産グループの帳簿価額1,200千円－回収可能価額900千円＝減損損失300千円となり，当該減損損失300千円を帳簿価額に基づいて配分する。

これらをまとめると以下のとおりとなる。

（単位：千円）

	土地	建物	使用権資産	合計
帳簿価額	400	600	200	1,200
割引前将来キャッシュ・フロー				1,000
減損損失の認識				する
回収可能価額				900
減損損失	△100	△150	△50	△300
減損処理後帳簿価額	300	450	150	900

(2) 利子込み法を採用している場合の使用権資産の減損

使用権資産総額に重要性が乏しいと認められる場合，借手のリース料から利息相当額の合理的な見積額を控除しない方法（利子込み法）を採用することができる（指針40項(1)，前述第6節①(2)参照）。

当該利子込み法を採用している場合，減損損失の認識の判定および減損損失の測定においては，その時点における利息相当額の合理的な見積額を使用権資産から控除して行うことができる。

当該取扱いにより，使用権資産に関する減損損失を計上する上で使用権資産から利息相当額の合理的な見積額を控除する場合，同額をリース負債から控除する。当該リース負債から控除された利息相当額については，原則として，残りの借手のリース期間にわたり利息法により配分するが，定額法により配分することができる（減損適用指針59-2項）。

設例6-17／利子込み法を採用している場合の使用権資産の減損

（前提条件）
● A社は，自社所有の土地および建物に什器備品をリースした上でX店舗を運営している。当該什器備品のリースについては，使用権資産およびリース負債を計上しているが，利子込み法を採用している。
● X店舗に関する固定資産とその帳簿価額は以下のとおりである。

第6章　借手の会計処理　　175

（単位：千円）

	帳簿価額
土地	400
建物	600
使用権資産（什器備品）※	220
合計	1,220

※残りの借手のリース期間は2年間で，毎期110千円の借手のリース料を支払う。これをもとにした利息相当額の合理的な見積額は20千円とする。

● A社は当該X店舗を1つの資産グループと判断しており，当期において減損の兆候がみられたため，減損損失の認識の判定および測定を行う。

● 当該資産グループに関する将来キャッシュ・フロー（支払リース料を含まない）は1,000千円，回収可能価額は900千円とする。なお，正味売却価額は便宜上考慮しない。

（減損損失の認識の判定および測定）

以下では減損適用指針59-2項を適用し，利息相当額の合理的な見積額を使用権資産から控除した場合の減損損失の認識の判定および測定を示している。

● 資産グループの帳簿価額：合計1,220千円－利息相当額の合理的な見積額20千円＝1,200千円

● 減損損失の認識：資産グループの帳簿価額1,200千円＞割引前将来キャッシュ・フロー 1,000千円であり，減損損失を認識する。

● 減損損失の測定：資産グループの帳簿価額1,200千円－回収可能価額900千円＝減損損失300千円となり，当該減損損失300千円を帳簿価額に基づいて配分する。

これらをまとめると以下のとおりとなる。

（単位：千円）

	土地	建物	使用権資産	合計
帳簿価額	400	600	220	1,220
利息相当額の合理的な見積額			20	20
控除後の帳簿価額	400	600	200	1,200
割引前将来キャッシュ・フロー				1,000
減損損失の認識				する
回収可能価額				900
減損損失	△100	△150	△50	△300
減損処理後帳簿価額	300	450	150	900

（使用権資産に関する減損損失の計上とその後の会計処理）
① 減損損失の計上

（単位：千円）

（借）減 損 損 失	50	（貸）減損損失累計額	50

② 利息相当額の合理的な見積額の控除

（単位：千円）

（借）リ ー ス 負 債	20	（貸）使 用 権 資 産	20

③ 減損損失計上後の減価償却と利息の計上

（単位：千円）

（借）リ ー ス 負 債（※２）	100	（貸）現 金 預 金	110
支 払 利 息（※１）	10		
減 価 償 却 費（※３）	75	減価償却累計額	75

（※１） 支払利息10千円＝利息相当額の合理的な見積額20千円÷残りの借手のリース期間2年（減損適用指針59-2項により定額法により配分した場合）

（※２） リース負債100千円＝借手のリース料年額110千円－支払利息（※１）10千円

（※３） 減価償却費75千円＝減損損失計上後の使用権資産の帳簿価額150千円÷残りの借手のリース期間2年

(3) 改正前リース会計基準の適用初年度開始前である所有権移転外ファイナンス・リース取引について通常の賃貸借取引に係る方法に準じた会計処理を行っている場合

　改正前リース会計基準の適用初年度開始前である所有権移転外ファイナンス・リース取引について，当該改正前のリース適用指針の定めにより，引き続き通常の賃貸借取引に係る方法に準じた会計処理を行っている場合，新リース会計基準においても，当該会計処理を継続することができる（指針114項，第11章第2節参照）。

　当該取扱いにより通常の賃貸借取引に係る方法に準じた会計処理を行っている場合，当該リースに係る使用権資産は，貸借対照表に計上されていないが，減損の検討にあたっては，当該リースに係る未経過リース料の現在価値を，使用権資産の帳簿価額とみなして，減損会計基準を適用する。

　その結果，使用権資産に配分された減損損失は，重要性がある場合には負債の部において「使用権資産減損勘定」等適切な科目をもって計上する。当該負債はリース契約の残存期間にわたり定額法によって取り崩され，当該取崩額は，各事業年度の支払リース料と相殺する（減損適用指針60項）。

　この場合の将来キャッシュ・アウトフローの見積りにおいては，将来の支払リース料は含まれない（減損適用指針61項なお書き）。

(4) 短期リースまたは少額リースに関する簡便的な取扱いを適用している場合

　短期リースまたは少額リースについては，リース負債と使用権資産を認識せず，借手のリース料を借手のリース期間にわたって原則として定額法により費用処理することができる（指針20項，22項，前述第5節参照）

　当該簡便的な取扱いを採用しているリースに係る使用権資産は減損会計の対象とはしない。これは，新リース会計基準の適用初年度開始後のリースか否かを問わない（減損適用指針62-2項）。

　上記の減損会計の対象とならないリースを含む資産グループの将来キャッシュ・フローの見積りにおいては，当該リースに係る将来の支払リース料を含める（減損適用指針61項なお書き）。

4 使用権資産総額に重要性が乏しいと認められなくなった場合の会計処理

　使用権資産総額に重要性が乏しいと認められる場合，利子込み法または利子定額法のいずれかの方法が認められる（前述第6節1(2)参照）。しかし，当該方法を適用した後に借手が有するリースが増加した場合等には，使用権資産総額に重要性が乏しいと認められなくなることがある。

　このような場合，例外的な取扱いである利子込み法または利子定額法から，原則的な取扱いである利息法に変更する必要があるが，当該変更について，適用指針の設例17では，以下の2つの方法が示されている。

(1)　すべてのリースを利息法で処理する方法
(2)　新たなリースのみを利息法で処理する方法

設例6-18	使用権資産総額に重要性が乏しいと認められなくなった場合の会計処理

（前提条件）
● 借手はT1期首に以下の条件のリース契約を締結した。

借手の決算日	各T期末
借手のリース期間	T1期首をリース開始日とする3年
借手のリース料	年額：1,000千円（毎年T期末払い3回）
現在価値の算定に用いる割引率	借手の追加借入利子率：年5％
使用権資産の減価償却方法	定額法（残存価額はゼロ）

● T1期においては，使用権資産総額に重要性が乏しいと認められる場合の取扱いである指針40項(2)を適用し，利息相当額の総額を借手のリース期間中の各期に配分する方法として，利子定額法（利息相当額の総額を借手のリース期間中の各期にわたり定額で配分する方法）を採用した。
● T2期において，新たなリース契約を締結した。この新たなリースを開始した結果，未経過リース料の期末残高が当該期末残高，有形固定資産および無形固定資産の期末残高の合計額に占める割合が10％以上となったため，T2期より利息法を採用することとした。

　以降では，T2期に締結した新たなリースの会計処理は省略し，T1年に締結した既存のリースについて示している。

第6章　借手の会計処理　　179

（会計処理）
リース負債の当初測定

$$=\frac{1,000}{(1+0.05)}+\frac{1,000}{(1+0.05)^2}+\frac{1,000}{(1+0.05)^3}=2,723千円$$

　上記における利息相当額277千円（＝3,000千円－2,723千円）については，利子定額法を採用していることから，借手のリース期間にわたり，毎年定額で配分される（指針40項(2)）。

T1期首（リース開始日）

（単位：千円）

（借）使 用 権 資 産	2,723	（貸）リ ー ス 負 債	2,723

T1期末（リース料支払日，決算日）

（単位：千円）

（借）リ ー ス 負 債(※2)	908	（貸）現 金 預 金	1,000
支 払 利 息(※1)	92		
減 価 償 却 費(※3)	908	減価償却累計額	908

（※1）　支払利息92千円＝（リース料総額3,000千円－リース負債2,723千円）÷3年
（※2）　リース負債908千円＝借手のリース料年額1,000千円－支払利息（※1）92千円
（※3）　減価償却費908千円＝使用権資産取得原価2,723千円÷耐用年数3年

（使用権資産総額に重要性が乏しいと認められなくなった場合の会計処理）
1．すべてのリースを利息法で処理する方法
　T1年に締結した既存のリースについて，過年度の支払利息を利息法で計算した場合と過年度に利子定額法で計上した支払利息との差額を計上する。

T2期首（使用権資産総額に重要性が乏しいと認められなくなった時）

（単位：千円）

（借）支 払 利 息(※)	44	（貸）リ ー ス 負 債	44

（※）　44千円＝過年度の支払利息を利息法で計算した場合136千円（＝リース負債T1期首残高2,723千円×5％）－過年度に利子定額法で計上した支払利息92千円

T 2 期末（リース料支払日，決算日）

（単位：千円）

（借）リ ー ス 負 債（※ 2 ）	907	（貸）現 金 預 金	1,000
支 払 利 息（※ 1 ）	93		
減 価 償 却 費	908	減価償却累計額	908

（※ 1 ） 支払利息93千円＝（リース負債前期末残高1,815千円＋リース負債の修正額44千円）× 5 ％

（※ 2 ） リース負債907千円＝借手のリース料年額1,000千円－支払利息（※ 1 ） 93千円

T 3 期末（リース料支払日，リース終了時，決算日）

（単位：千円）

（借）リ ー ス 負 債（※ 2 ）	952	（貸）現 金 預 金	1,000
支 払 利 息（※ 1 ）	48		
減 価 償 却 費	908	減価償却累計額	908
減価償却累計額	2,723	使 用 権 資 産	2,723

（※ 1 ） 支払利息48千円＝リース負債前期末残高952千円× 5 ％

（※ 2 ） リース負債952千円＝借手のリース料年額1,000千円－支払利息（※ 1 ） 48千円

２．新たなリースのみを利息法で処理する方法

T 1 年に締結した既存のリースについては，利息相当額を借手のリース期間中の各期にわたり利子定額法で配分する。

T 2 期首（使用権資産総額に重要性が乏しいと認められなくなった時）

（単位：千円）

仕訳なし

T 2 期末（リース料支払日，決算日）

（単位：千円）

（借）リ ー ス 負 債	908	（貸）現 金 預 金	1,000
支 払 利 息	92		
減 価 償 却 費	908	減価償却累計額	98

第6章　借手の会計処理　181

T3期末（リース料支払日，リース終了時，決算日）

（単位：千円）

（借）リ ー ス 負 債	908	（貸）現 金 預 金	1,000
支 払 利 息	92		
減 価 償 却 費	908	減価償却累計額	908
減価償却累計額	2,723	使 用 権 資 産	2,723

5 リース負債の測定に含まれていないリース料の会計処理

　変動リース料のうち，売上に連動する変動リース料等については，リース負債の計上額に含められない（前述第3節⑥参照）。

　このようなリース負債の計上額に含められなかった借手の変動リース料については，借手のリース期間にわたり，その発生時に損益に計上される（指針51項）。

設例6-19　売上に連動する変動リース料の会計処理

（前提条件）
- 借手（各T期末が決算日）は，T1期首に，小売店舗のためのスペースについて貸手との間で不動産賃借契約を締結した。
- リース料は，各年度中における小売店舗の売上高の2％として算定される。
- T1期末に，T1期中の小売店舗の売上高は20,000千円と判明した。

（会計処理）
T1期首（リース開始日）
　売上に連動する変動リース料は，リース負債の測定に含まれる借手のリース料に該当しないため，リース負債は計上されない。

T1期末（変動リース料の発生日）
　T1期末において，借手の変動リース料として400千円（売上高20,000千円×2％）が発生したため，損益に計上される。

（単位：千円）

（借）支 払 リ ー ス 料	400	（貸）未 払 費 用	400

182

6 外貨建てのリース負債の会計処理

　リース負債は，借手の貸手に対する支払義務であることから貨幣項目に該当すると考えられ，貨幣項目に対して貨幣・非貨幣法が適用される（企業会計審議会「外貨建取引等会計処理基準の改訂に関する意見書」二　1　換算基準）（コメント対応表88）。したがって，外貨建てのリース負債は，決算時の為替相場により換算される。

設例 6 -20　外貨建てリースの会計処理		
（前提条件）		
借手の決算日	各 T 期末	
借手のリース期間	T 1 期首をリース開始日とする 3 年	
借手のリース料	年額：$10,000（毎年 T 期末払い 3 回）	
現在価値の算定に用いる割引率	借手の追加借入利子率：年 5 ％	
使用権資産の減価償却方法	定額法（残存価額はゼロ）	
各期の為替レート	T 1 期首（リース開始日）：100円/$ T 1 期末：110円/$ T 2 期末：120円/$ T 3 期末：130円/$	

（会計処理）
リース負債の当初測定

$$= \frac{\$10,000}{(1+0.05)} + \frac{\$10,000}{(1+0.05)^2} + \frac{\$10,000}{(1+0.05)^3} = \$27,232$$

　上記における利息相当額$2,768（＝$30,000－$27,232）については，借手のリース期間にわたり，利息法により配分される（基準36項）。

T 1 期首（リース開始日）

（単位：千円）

（借）使 用 権 資 産	2,723	（貸）リ ー ス 負 債（※）	2,723

（※）　2,723千円＝リース負債$27,232×100円/$

第6章　借手の会計処理　　183

T 1 期末（リース料支払日，決算日）

（単位：千円）

（借）	リ ー ス 負 債（※2）	864	（貸）	現 金 預 金	1,100
	支 払 利 息（※1）	150			
	為 替 差 損（※3）	86			
	減 価 償 却 費（※4）	908		減価償却累計額	908
	為 替 差 損（※5）	186		リ ー ス 負 債	186

（※1）　支払利息150千円＝支払利息$1,362（リース負債期首残高$27,232× 5 ％）×110円/$

（※2）　リース負債864千円＝リース負債$8,638（借手のリース料年額$10,000－支払利息（※1）$1,362）×100円/$

（※3）　為替差損86千円＝支払額1,100千円－支払利息（※1）150千円－リース負債元本分（※2）864千円

（※4）　減価償却費908千円＝使用権資産取得原価2,723千円÷耐用年数 3 年

（※5）　為替差損186千円＝期末リース負債残高2,045千円（$18,594（期首残高$27,232－元本返済額（※2）$8,638）×110円/$）－（期首残高2,723千円－元本返済額（※2）864千円）

T 2 期末（リース料支払日，決算日）

（単位：千円）

（借）	リ ー ス 負 債（※2）	997	（貸）	現 金 預 金	1,200
	支 払 利 息（※1）	112			
	為 替 差 損（※3）	91			
	減 価 償 却 費	908		減価償却累計額	908
	為 替 差 損（※4）	95		リ ー ス 負 債	95

（※1）　支払利息112千円＝支払利息$930（リース負債前期末残高$18,594× 5 ％）×120円/$

（※2）　リース負債997千円＝リース負債$9,070（借手のリース料年額$10,000－支払利息（※1）$930）×110円/$

（※3）　為替差損91千円＝支払額1,200千円－支払利息（※1）112千円－リース負債元本分（※2）997千円

（※4）　為替差損95千円＝期末リース負債残高1,143千円（$9,524（期首残高$18,594－元本返済額（※2）$9,070）×120円/$）－（期首残高2,045千円－元本返済額（※2）997千円）

T 3 期末（リース料支払日，リース終了時，決算日）

（単位：千円）

（借）	リース負債（※2）	1,143	（貸）	現 金 預 金	1,300
	支 払 利 息（※1）	62			
	為 替 差 損（※3）	95			
	減 価 償 却 費	908		減価償却累計額	908
	減価償却累計額	2,723		使 用 権 資 産	2,723

（※1） 支払利息62千円＝支払利息$476（リース負債前期末残高$9,524×5％）×130円/$

（※2） リース負債1,143千円＝リース負債$9,524（借手のリース料年額$10,000－支払利息（※1）$476）×120円/$

（※3） 為替差損95千円＝支払額1,300千円－支払利息（※1）62千円－リース負債元本分（※2）1,143千円

第8節　リース負債の計上額の見直し（リースの契約条件の変更を伴う場合）

リース負債の計上額は，借手のリース期間中において一定の事象が生じた場合に，見直される。

(a) リースの契約条件の変更が生じた場合（基準39項，指針44項，45項）（本節）
(b) リースの契約条件の変更を伴わない借手のリース料の変更が生じた場合（基準40項，指針46項～49項）（後述第9節参照）

改正前リース会計基準は，このような場合の取扱いについて定めがなかった。新リース会計基準は，これらの取扱いを明確化するため，IFRS第16号における定めを一部簡素化の上で取り入れている。

1 リースの契約条件の変更

「リースの契約条件の変更」とは，リースの当初の契約条件の一部ではなかったリースの範囲もしくはリースの対価の変更（例えば，1つ以上の原資産を追加もしくは解約することによる原資産を使用する権利の追加もしくは解約，または，契約期間の延長もしくは短縮）をいう（基準24項）。

第 6 章　借手の会計処理　　185

図表 6 - 8 - 1　　リースの契約条件の変更の分類

契約条件の変更の内容		具体例
リースの範囲の拡大	原資産を使用する権利の追加	5 台の車両をリースする契約に対して， 2 台の車両のリースを追加する変更を行った場合 （変更後は 7 台の車両をリースする契約）
	契約期間の延長	残りのリース期間が 2 年となった契約（延長オプションは含まれていない）に対して， 5 年の契約延長を行った場合 （変更後は残りのリース期間が 7 年の契約）
リースの範囲の縮小	原資産を使用する権利の一部解約	2,000㎡の区画をリースする契約に対して，そのうち500㎡の区画を解約する変更を行った場合 （変更後は1,500㎡の区画をリースする契約）
	契約期間の短縮	残りのリース期間が 5 年となった契約（延長オプションは含まれていない）に対して， 2 年の契約短縮を行った場合 （変更後は残りのリース期間が 3 年の契約）
リース料のみの変更		1 台当たり固定リース料を年額80万円から100万円に増額する変更を行った場合

2　契約条件の変更が生じた場合の取扱い

　契約条件の変更が生じた場合，**図表 6 - 8 - 2** のように会計処理を行う（基準39項，指針44項，45項）。

図表6-8-2　リースの契約条件の変更の会計処理の全体像

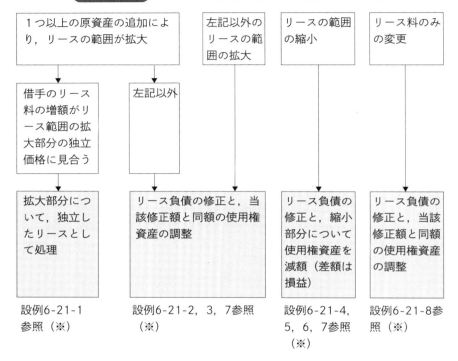

（※）　後述⑤「リースの契約条件の変更に関する設例」における番号を示している。

③　別個の独立したリースが生じたか否かの判定

　リースの契約条件の変更が生じた場合，その条件変更が別個の独立したリースを生じさせるかを判定する。

　リースの契約条件の変更が次のいずれの要件も満たす場合，借手は，当該リースの契約条件の変更を独立したリースとして取り扱う（指針44項）。

> ● 要件1：1つ以上の原資産を追加することにより，原資産を使用する権利が追加され，リースの範囲が拡大されること
> ● 要件2：借手のリース料が，範囲が拡大した部分に対する独立価格に特定の契約の状況に基づく適切な調整を加えた金額分だけ増額されること

　これに該当する場合としては，オフィスビルの1フロアを賃借している企業

が，さらに1フロアを追加して賃借するように契約を変更し，かつ，その変更に伴う賃借料の増額が追加の1フロア分の市場賃料相当であるケース等が想定される。

(1) 別個の独立したリースが生じた場合

上記の判定に基づき別個の独立したリースが生じた場合，次のように取り扱う（指針44項）。

条件変更前から存在していたリース	リース負債と使用権資産について従来の会計処理を継続する。
条件変更により生じた別個の独立したリース	別個の独立したリースの開始日に， ● リース負債について，そのリースの契約条件に基づき計上する。 ● 使用権資産について，リース負債にリース開始日までに支払ったリース料，付随費用および資産除去債務に対応する除去費用を加算し，リース・インセンティブを控除した額により計上する。

(2) 別個の独立したリースが生じていない場合

契約条件の変更後のリースについて，リースの契約条件の変更の発効日に，リース負債と使用権資産について**図表6-8-3**の処理を行う（指針45項）。

図表6-8-3 別個の独立したリースが生じていない場合の契約条件の変更の会計処理

使用権資産	リース負債
（リースの範囲が縮小される場合（※）） ● リースの一部または全部の解約を反映するように使用権資産の帳簿価額を減額する。 これによる使用権資産の減額と右記のリース負債の修正額の差額について損益に計上する。	変更後の条件を反映した借手のリース期間を決定し，これによる借手のリース料の現在価値まで修正する。
（上記以外の場合） ● 右記のリース負債の修正額に相当する金額を使用権資産に加減する。 なお，リース負債の調整減額について控除すべき使用権資産の残高がない場合には，損益に計上することになると考えられる（コメント対応表151）。	

（※）　例えば，原資産である不動産の面積が縮小された場合や契約期間が短縮された場合が該当すると考えられる。

4 契約条件の変更によるリース負債の見直しにおいて用いられる割引率

　新リース会計基準においては，IFRS会計基準と異なり，リースの契約条件の変更によるリース負債の見直し時において用いるべき割引率について定めていない（指針BC76項）。

> （参考）IFRS会計基準における取扱い
> 　IFRS第16号においては，リースの契約条件の変更によるリース負債の見直し時において用いるべき割引率（改定前の割引率または改定後の割引率）について，その状況ごとに定めを置いている（「後述第12節②」「IFRS第16号の定めのうち新リース会計基準に取り入れられていないもの」を参照）。

第6章　借手の会計処理　189

5　リースの契約条件の変更に関する設例

設例 6 -21 ／ リースの契約条件の変更

（共通する前提条件：当初の契約条件）

借手の決算日	各 T 期末
原資産	事務所スペース：200㎡
借手のリース期間	T 1 期首をリース開始日とする 5 年
借手のリース料	年額：1,000千円（毎年 T 期末払い 5 回）
現在価値の算定に用いる割引率	借手の追加借入利子率：年 5 ％
使用権資産の減価償却方法	定額法（残存価額はゼロ）

（T 2 期末までの会計処理）

　5 年間の借手のリースとして会計処理する。

　各期の帳簿価額は以下のとおり。

（単位：千円）

	使用権資産	リース負債
T 1 期首（リース開始日）	4,329	4,329
T 1 期末	3,464	3,546
T 2 期末	2,598	2,723

（T 2 期末の条件変更）

　T 2 期末において，以下の契約条件の変更が行われた場合の設例を以降で示している。

リースの範囲の拡大	設例 6 -21- 1	原資産の追加：借手のリース料の増額がリース範囲の拡大部分の独立価格に見合う場合（独立したリースとして会計処理する場合）
	設例 6 -21- 2	原資産の追加：借手のリース料の増額がリース範囲の拡大部分の独立価格に見合わない場合
	設例 6 -21- 3	契約期間の延長
リースの範囲の縮小	設例 6 -21- 4	原資産の一部解約

	設例 6 -21- 5	原資産の一部解約と借手のリース料の増額
	設例 6 -21- 6	契約期間の短縮
リースの範囲の拡大と縮小	設例 6 -21- 7	原資産の追加と契約期間の短縮
リース料のみの変更	設例 6 -21- 8	借手のリース料の減額

設例 6 -21- 1 / 原資産の追加：借手のリース料の増額がリース範囲の拡大部分の独立価格に見合う場合（独立したリースとして会計処理する場合）

（条件変更の内容）

原資産	事務所スペースを200㎡から300㎡に増床した。
借手のリース期間	変更なし（T 5 期末まで）。
借手のリース料	年額1,000千円から1,500千円に増額した。
現在価値の算定に用いる割引率	条件変更の発効日の借手の追加借入利子率は年 6 ％

（別個の独立したリースが生じたか否かの判定）

　T 2 期末で行われたリースの契約条件の変更は，次の(1)および(2)のいずれも満たすため，独立した別個のリースが生じたものと判定した。
(1)　リースの範囲の拡大：100㎡のスペースを追加することにより，原資産を使用する権利が追加され，リースの範囲が拡大される。
(2)　リース料の増額：借手のリース料が，範囲が拡大した部分に対する独立価格に特定の契約の状況に基づく適切な調整を加えた金額分だけ増額される。

（会計処理）

　独立したリースのリース開始日（T 3 期首）に，追加の100㎡の事務所スペースのリースに係る使用権資産およびリース負債を計上する。

独立したリースのリース負債の当初測定

$$= \frac{500※}{(1 + 0.06)} + \frac{500※}{(1 + 0.06)^2} + \frac{500※}{(1 + 0.06)^3} = 1,337千円$$

※リース料の増加分（変更後1,500千円－当初1,000千円）

　上記における利息相当額163千円（＝1,500千円－1,337千円）については，借手の

リース期間にわたり、利息法により配分される（基準36項）。
変更前の200㎡の事務所スペースのリースの会計処理について修正を行わない。

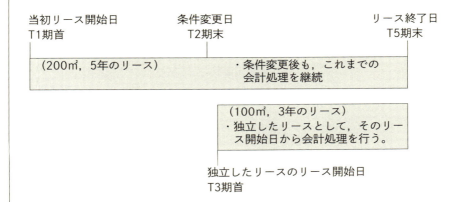

T3期首（独立したリースのリース開始日）

(単位：千円)

| (借) 使 用 権 資 産 | 1,337 | (貸) リ ー ス 負 債 | 1,337 |

T3期末（リース料支払日，決算日）
当初のリース分

(単位：千円)

(借) リ ー ス 負 債（※2）	864	(貸) 現 金 預 金	1,000
支 払 利 息（※1）	136		
減 価 償 却 費（※3）	866	減価償却累計額	866

（※1） 支払利息136千円＝リース負債前期末残高2,723千円×5％
（※2） リース負債864千円＝借手のリース料年額1,000千円－支払利息（※1）136千円
（※3） 減価償却費866千円＝使用権資産取得原価4,329千円÷耐用年数5年

独立したリース分

(単位：千円)

(借) リ ー ス 負 債（※2）	420	(貸) 現 金 預 金	500
支 払 利 息（※1）	80		
減 価 償 却 費（※3）	446	減価償却累計額	446

（※1） 支払利息80千円＝リース負債期首残高1,337千円×6％

（※2）　リース負債420千円＝借手のリース料年額500千円－支払利息（※1）80千円

（※3）　減価償却費446千円＝使用権資産取得原価1,337千円÷耐用年数3年

| 設例6-21-2 | 原資産の追加：借手のリース料の増額がリース範囲の拡大部分の独立価格に見合わない場合 |

（条件変更の内容）

原資産	事務所スペースを200㎡から300㎡に増床した。
借手のリース期間	変更なし（T5期末まで）
借手のリース料	年額1,000千円から1,200千円に増額した。
現在価値の算定に用いる割引率	条件変更の発効日の借手の追加借入利子率は年6％（当初は年5％） なお，本設例では，変更後の割引率を使用してリース負債を測定する。

（別個の独立したリースが生じたか否かの判定）

　T2期末で行われたリースの契約条件の変更は，次の(1)および(2)のうち，(2)を満たさないため，独立した別個のリースは生じていないものと判定した。

(1)　リースの範囲の拡大：100㎡のスペースを追加することにより，原資産を使用する権利が追加され，リースの範囲が拡大される。

(2)　リース料の増額：借手のリース料が，範囲が拡大した部分に対する独立価格に特定の契約の状況に基づく適切な調整を加えた金額分だけ増額しているものではない。

（会計処理）

　リースの契約条件の変更の発効日に，変更後の条件を反映してリース負債を修正し，当該リース負債の修正額に相当する金額を使用権資産に加減する（指針45項(1)および(2)②）。

変更後のリース負債の測定

$$=\frac{1,200}{(1+0.06)}+\frac{1,200}{(1+0.06)^2}+\frac{1,200}{(1+0.06)^3}=3,208千円$$

T2期末（リースの契約条件の変更の発効日）

（単位：千円）

（借）使用権資産	484	（貸）リース負債（※）	484

第6章　借手の会計処理　193

　（※）　484千円＝変更後のリース負債3,208千円－変更前のリース負債の帳簿価額2,723千円

T3期末（リース料支払日，決算日）

（単位：千円）

（借）リ　ー　ス　負　債（※2）	1,008	（貸）現　金　預　金	1,200
支　払　利　息（※1）	192		
減　価　償　却　費（※3）	1,027	減価償却累計額	1,027

　（※1）　支払利息192千円＝リース負債前期末残高3,208千円×6％
　（※2）　リース負債1,008千円＝借手のリース料年額1,200千円－支払利息（※1）192千円
　（※3）　減価償却費1,027千円＝（変更前の使用権資産の帳簿価額2,598千円＋条件変更の発効日に計上した使用権資産484千円）÷残存耐用年数3年

設例6-21-3／契約期間の延長

（条件変更の内容）

原資産	変更なし（事務所スペース：200㎡）
借手のリース期間	終了時点をT5期末からT7年に変更（変更時点から残り3年間であったものを5年間に変更）
借手のリース料	変更なし（年額1,000千円）
現在価値の算定に用いる割引率	条件変更の発効日の借手の追加借入利子率は年6％（当初は年5％） なお，本設例では，変更後の割引率を使用してリース負債を測定する。

（会計処理）

　リースの契約条件の変更の発効日に，変更後の条件を反映してリース負債を修正し，当該リース負債の修正額に相当する金額を使用権資産に加減する（指針45項(1)および(2)②）。

変更後のリース負債の測定

$$=\frac{1,000}{(1+0.06)}+\frac{1,000}{(1+0.06)^2}+\frac{1,000}{(1+0.06)^3}+\frac{1,000}{(1+0.06)^4}+\frac{1,000}{(1+0.06)^5}=4,212千円$$

T 2 期末（リースの契約条件の変更の発効日）

（単位：千円）

| （借）使 用 権 資 産 | 1,489 | （貸）リ ー ス 負 債（※） | 1,489 |

（※）　1,489千円＝変更後のリース負債4,212千円－変更前のリース負債の帳簿価額2,723
　　　千円

T 3 期末（リース料支払日，決算日）

（単位：千円）

（借）リ ー ス 負 債（※2）	747	（貸）現 金 預 金	1,000
支 払 利 息（※1）	253		
減 価 償 却 費（※3）	817	減 価 償 却 累 計 額	817

（※1）　支払利息253千円＝リース負債前期末残高4,212千円× 6 ％
（※2）　リース負債747千円＝借手のリース料年額1,000千円－支払利息（※1）253千円
（※3）　減価償却費817千円＝（変更前の使用権資産の帳簿価額2,598千円＋条件変更の
　　　発効日に計上した使用権資産1,489千円）÷残存耐用年数 5 年

設例 6 -21- 4 ／ 原資産の一部解約

（条件変更の内容）

原資産	事務所スペースを200㎡から100㎡に減床した。
借手のリース期間	変更なし（T 5 期末まで）
借手のリース料	年額1,000千円から500千円に減額した。
現在価値の算定に用いる割引率	条件変更の発効日の借手の追加借入利子率は年 6 ％（当初は 5 ％） なお，本設例では，リース範囲の縮小については当初の割引率を使用し，その後，変更後の割引率を使用してリース負債の修正を行う。

（会計処理）

　条件変更によって，事務所スペースが200㎡から100㎡に減少しており，リースの
範囲が縮小している。したがって，契約条件の変更の発効日に次のように会計処理
を行う。

● リース負債：変更後の借手のリース料の現在価値まで修正する（指針42項(1)）。
● 使用権資産：リースの一部の解約を反映するように使用権資産の帳簿価額を減額
　する。また，リース負債の修正額との差額は，損益に計上する（指針45項(2)①）。

第6章 借手の会計処理 195

リースの範囲の縮小により減額する使用権資産とリース負債の修正額

	変更前の帳簿価額	リースの範囲の縮小割合	修正額
使用権資産	2,598千円	50％＝100㎡÷200㎡	1,299千円
リース負債	2,723千円		（※）1,362千円

（※） リースの範囲の縮小により減額するリース負債の修正額

① 当初の割引率によるリース負債の測定

$$=\frac{500}{(1+0.05)}+\frac{500}{(1+0.05)^2}+\frac{500}{(1+0.05)^3}=1,362千円$$

② リース負債の修正額

＝変更前のリース負債の帳簿価額2,723千円－当初の割引率によるリース負債
1,362千円＝1,362千円

変更後の割引率によるリース負債の測定

$$=\frac{500}{(1+0.06)}+\frac{500}{(1+0.06)^2}+\frac{500}{(1+0.06)^3}=1,337千円$$

T2期末（リースの契約条件の変更の発効日）

（単位：千円）

（借）リ ー ス 負 債	1,362	（貸）使 用 権 資 産	1,299
		損　　　益（※1）	63
リ ー ス 負 債（※2）	25	使 用 権 資 産	25

（※1） 63千円＝リース負債の修正額1,362千円－使用権資産の修正額1,299千円
（※2） 25千円＝（変更前のリース負債の帳簿価額2,723千円－リース負債の修正額1,362
　　　　千円）－変更後の割引率によるリース負債1,337千円

T3期末（リース料支払日，決算日）

（単位：千円）

（借）リ ー ス 負 債（※2）	420	（貸）現 金 預 金	500
支 払 利 息（※1）	80		
減 価 償 却 費（※3）	425	減価償却累計額	425

（※1） 支払利息80千円＝リース負債前期末残高1,337千円×6％
（※2） リース負債420千円＝借手のリース料年額500千円－支払利息（※1）80千円
（※3） 減価償却費425千円＝（変更前の使用権資産の帳簿価額2,598千円－使用権資産

の修正額1,299千円－条件変更の発効日に減額した使用権資産25千円）÷残存耐用
年数3年

設例6-21-5 ／ 原資産の一部解約と借手のリース料の増額

（条件変更の内容）

原資産	事務所スペースを200㎡から100㎡に減床した。
借手のリース期間	変更なし（T5期末まで）
借手のリース料	年額1,000千円から600千円に減額した。
現在価値の算定に用いる割引率	条件変更の発効日の借手の追加借入利子率は年6％（当初は5％） なお，本設例では，リースの範囲の縮小については，当初の割引率を使用し，リース料の単価の増加については，変更後の割引率を使用して，リース負債を測定する。

（会計処理）

　条件変更によって，事務所スペースが200㎡から100㎡に減少しており，リースの範囲が縮小している。また，リース料の単価が増額（5千円/㎡→6千円/㎡）している。そのため，リース範囲の縮小と，リース料の単価の増額それぞれについて，別個に会計処理を行う（指針45項）。

（リースの範囲の縮小）

　契約条件の変更の発効日に次のように会計処理を行う。
- リース負債：変更後の借手のリース料の現在価値まで修正する（指針45項(1)）。
- 使用権資産：リースの一部の解約を反映するように使用権資産の帳簿価額を減額する。また，リース負債の修正額との差額は，損益に計上する（指針45項(2)①）。

リースの範囲の縮小により減額する使用権資産とリース負債の修正額

	変更前の帳簿価額	リースの範囲の縮小割合	修正額
使用権資産	2,598千円	50％＝100㎡÷200㎡	1,299千円
リース負債	2,723千円		（※）1,362千円

（※）リースの範囲の縮小により減額するリース負債の修正額

第6章　借手の会計処理　　197

① 当初の割引率によるリース負債の測定

$$=\frac{500}{(1+0.05)}+\frac{500}{(1+0.05)^2}+\frac{500}{(1+0.05)^3}=1,362千円$$

② リース負債の修正額

　＝変更前のリース負債の帳簿価額2,723千円－変更前の割引率によるリース負債
　　1,362千円＝1,362千円

T2期末（リースの契約条件の変更の発効日）

（単位：千円）

（借）リ ー ス 負 債	1,362	（貸）使 用 権 資 産	1,299
		損　　　　　益（※）	63

（※）　63千円＝リース負債の修正額1,362千円－使用権資産の修正額1,299千円

（リース料の単価の増加）

　変更後の条件を反映してリース負債を修正し，当該リース負債の修正額に相当する金額を使用権資産に加減する（指針45項(1)および(2)②）。

変更後のリース負債の測定

$$=\frac{600}{(1+0.06)}+\frac{600}{(1+0.06)^2}+\frac{600}{(1+0.06)^3}=1,604千円$$

T2期末（リースの契約条件の変更の発効日）

（単位：千円）

（借）使 用 権 資 産	242	（貸）リ ー ス 負 債（※）	242

（※）　242千円＝変更後のリース負債1,604千円－（変更前のリース負債の帳簿価額2,723
　　千円－リースの範囲の縮小によるリース負債の修正額1,362千円）

T3期末（リース料支払日，決算日）

（単位：千円）

（借）リ ー ス 負 債（※2）	504	（貸）現 金 預 金	600
支 払 利 息（※1）	96		
減 価 償 却 費（※3）	514	減価償却累計額	514

（※１）　支払利息96千円＝リース負債前期末残高1,604千円× 6 ％

（※２）　リース負債504千円＝借手のリース料年額600千円－支払利息（※１）96千円

（※３）　減価償却費514千円＝（変更前の使用権資産の帳簿価額2,598千円－リースの範
　　　囲の縮小による使用権資産の修正額1,299千円＋リース料の単価の増加により計上

した使用権資産242千円）÷残存耐用年数 3 年

設例 6 -21- 6 ／ 契約期間の短縮

（条件変更の内容）

原資産	変更なし（事務所スペース：200㎡）
借手のリース期間	終了時点を T 5 期末から T 4 期末に変更（変更時点から残り 3 年間であったものを 2 年間に変更）
借手のリース料	変更なし（年額：1,000千円）
現在価値の算定に用いる割引率	条件変更の発効日の借手の追加借入利子率は年 6 ％（当初は年 5 ％） なお，本設例では，リース範囲の縮小については当初の割引率を使用し，その後，変更後の割引率を使用してリース負債の修正を行う。

（会計処理）

　条件変更によって，借手のリース期間が変更時点からの期間で 3 年から 2 年に短縮しており，リースの範囲が縮小している。したがって，契約条件の変更の発効日に次のように会計処理を行う。

- リース負債：変更後の借手のリース料の現在価値まで修正する（指針45項(1)）。
- 使用権資産：リースの一部の解約を反映するように使用権資産の帳簿価額を減額する。また，リース負債の修正額との差額は，損益に計上する（指針45項(2)①）。

リースの範囲の縮小により減額する使用権資産とリース負債の修正額

	変更前の帳簿価額	リースの範囲の縮小割合	修正額
使用権資産	2,598千円	33.3％ = 1 年 ÷ 3 年	866千円
リース負債	2,723千円		（※）864千円

（※）リースの範囲の縮小により減額するリース負債の修正額

① 当初の割引率によるリース負債の測定

$$= \frac{1,000}{(1 + 0.05)} + \frac{1,000}{(1 + 0.05)^2} = 1,859千円$$

第6章　借手の会計処理　199

② リース負債の修正額
　＝変更前のリース負債の帳簿価額2,723千円－当初の割引率によるリース負債
　　1,859千円＝864千円

変更後の割引率によるリース負債の測定

$$= \frac{1,000}{(1+0.06)} + \frac{1,000}{(1+0.06)^2} = 1,833千円$$

T2期末（リースの契約条件の変更の発効日）

（単位：千円）

（借）リ ー ス 負 債	864	（貸）使 用 権 資 産	866
損 　 　 益（※1）	2		
リ ー ス 負 債（※2）	26	使 用 権 資 産	26

（※1）　2千円＝使用権資産の修正額866千円－リース負債の修正額864千円
（※2）　26千円＝（変更前のリース負債の帳簿価額2,723千円－リース負債の修正額864
　　　千円）－変更後の割引率によるリース負債1,833千円

T3期末（リース料支払日，決算日）

（単位：千円）

（借）リ ー ス 負 債（※2）	890	（貸）現 金 預 金	1,000
支 払 利 息（※1）	110		
減 価 償 却 費（※3）	853	減価償却累計額	853

（※1）　支払利息110千円＝リース負債前期末残高1,833千円×6％
（※2）　リース負債890千円＝借手のリース料年額1,000千円－支払利息（※1）110千円
（※3）　減価償却費853千円＝（変更前の使用権資産の帳簿価額2,598千円－使用権資産
　　　の修正額866千円－条件変更の発効日に減額した使用権資産26千円）÷残存耐用年
　　　数2年

設例6-21-7 ／ 原資産の追加と契約期間の短縮（リースの範囲の拡大と縮小の両方が生じる場合）

（条件変更の内容）

原資産	事務所スペースを200㎡から300㎡に増床した。
借手のリース期間	終了時点をT5期末からT4期末に変更した（変更時点から残り3年間であったものを2年間に変更）
借手のリース料	年額1,000千円から1,200千円に増額した。

| 現在価値の算定に用いる割引率 | 条件変更の発効日の借手の追加借入利子率は年6％（当初は年5％）
なお，本設例では，リースの範囲の縮小については，当初の割引率を使用し，その後，変更後の割引率を使用してリース負債の修正を行う。また，リース範囲の拡大については，変更後の割引率を使用してリース負債を測定する。|

（会計処理）

条件変更によって，借手のリース期間が変更時点からの期間で3年から2年に短縮しており，リースの範囲が縮小している。また，事務所スペースが200㎡から300㎡に増加しており，リースの範囲が拡大している。そのため，リース範囲の縮小と，リースの範囲の拡大それぞれについて，個別に会計処理を行う（指針45項）。

リースの範囲の拡大と縮小のイメージ

（リースの範囲の縮小）

契約条件の変更の発効日に次のように会計処理を行う。
- リース負債：変更後の借手のリース料の現在価値まで修正する（指針45項(1)）。
- 使用権資産：リースの一部の解約を反映するように使用権資産の帳簿価額を減額する。また，リース負債の修正額との差額は，損益に計上する（指針45項(2)①）。

リースの範囲の縮小により減額する使用権資産とリース負債の修正額

	変更前の帳簿価額	リースの範囲の縮小割合	修正額
使用権資産	2,598千円	33.3％＝1年÷3年	866千円
リース負債	2,723千円		（※）864千円

第6章　借手の会計処理　201

（※）　リースの範囲の縮小により減額するリース負債の修正額

①　当初の割引率によるリース負債の測定

$$=\frac{1,000}{(1+0.05)}+\frac{1,000}{(1+0.05)^2}=1,859千円$$

②　リース負債の修正額
　　＝変更前のリース負債の帳簿価額2,723千円－当初の割引率によるリース負債
　　　1,859千円＝864千円

変更後の割引率によるリース負債の測定

$$=\frac{1,000}{(1+0.06)}+\frac{1,000}{(1+0.06)^2}=1,833千円$$

T2期末（リースの契約条件の変更の発効日）

（単位：千円）

（借）リース負債	864	（貸）使用権資産	866
損　益（※1）	2		
リース負債（※2）	26	使用権資産	26

（※1）　2千円＝使用権資産の修正額866千円－リース負債の修正額864千円
（※2）　26千円＝（変更前のリース負債の帳簿価額2,723千円－リース負債の修正額864
　　　　千円）－変更後の割引率によるリース負債1,833千円

（リースの範囲の拡大）
別個の独立したリースが生じたか否かの判定
　T2期末で行われたリースの契約条件の変更は，次の(1)および(2)のうち，(2)を満
たさないため，独立した別個のリースは生じていないものと判定した。
(1)　リースの範囲の拡大：100㎡のスペースを追加することにより，原資産を使用
　　する権利が追加され，リースの範囲が拡大される。
(2)　リース料の増額：借手のリース料が，範囲が拡大した部分に対する独立価格に
　　特定の契約の状況に基づく適切な調整を加えた金額分だけ増額しているものでは
　　ない。
　そのため，リースの契約条件の変更の発効日に，変更後の条件を反映してリース
負債を修正し，当該リース負債の修正額に相当する金額を使用権資産に加減する
（指針45項(1)および(2)②）。

変更後のリース負債の測定

$$= \frac{1,200}{(1+0.06)} + \frac{1,200}{(1+0.06)^2} = 2,200千円$$

T2期末（リースの契約条件の変更の発効日）

（単位：千円）

（借）使 用 権 資 産	367	（貸）リ ー ス 負 債（※）	367

（※）　367千円＝変更後のリース負債2,200千円－リースの範囲の縮小による修正後のリース負債1,833千円

T3期末（リース料支払日，決算日）

（単位：千円）

（借）リ ー ス 負 債（※2）	1,068	（貸）現 金 預 金	1,200
支 払 利 息（※1）	132		
減 価 償 却 費（※3）	1,036	減 価 償 却 累 計 額	1,036

（※1）　支払利息132千円＝リース負債前期末残高2,200千円×6％

（※2）　リース負債1,068千円＝借手のリース料年額1,200千円－支払利息（※1）132千円

（※3）　減価償却費1,036千円＝（変更前の使用権資産の帳簿価額2,598千円－リースの範囲の縮小による使用権資産の修正額（866千円＋26千円）＋リースの範囲の拡大による使用権資産の修正額367千円）÷残存耐用年数2年

設例6-21-8／借手のリース料の減額

（条件変更の内容）

原資産	変更なし（事務所スペース：200㎡）
借手のリース期間	変更なし（T5期末まで）
借手のリース料	年額1,000千円から800千円に減額した。
現在価値の算定に用いる割引率	条件変更の発効日の借手の追加借入利子率は年6％（当初は5％） なお，本設例では，変更後の割引率を使用してリース負債を測定する。

（会計処理）

　リースの契約条件の変更の発効日に，変更後の条件を反映してリース負債を修正し，当該リース負債の修正額に相当する金額を使用権資産に加減する（指針45項(1)

および(2)②)。

変更後のリース負債の測定

$$=\frac{800}{(1+0.06)}+\frac{800}{(1+0.06)^2}+\frac{800}{(1+0.06)^3}=2,138千円$$

T2期末（リースの契約条件の変更の発効日）

（単位：千円）

| （借）リース負債（※） | 585 | （貸）使用権資産 | 585 |

（※）585千円＝変更前のリース負債の帳簿価額2,723千円－変更後のリース負債2,138千円

T3期末（リース料支払日，決算日）

（単位：千円）

（借）リース負債（※2）	672	（貸）現金預金	800
支払利息（※1）	128		
減価償却費（※3）	671	減価償却累計額	671

（※1）支払利息128千円＝リース負債前期末残高2,138千円×6％
（※2）リース負債672千円＝借手のリース料年額800千円－支払利息（※1）128千円
（※3）減価償却費671千円＝（変更前の使用権資産の帳簿価額2,598千円－使用権資産の修正額585千円）÷残存耐用年数3年

6 短期リースについて借手のリース期間に変更が生じた場合の会計処理

　借手は，短期リースについて簡便的な取扱い（指針20項，前述第5節1参照）を行う場合，リース開始日において関連する使用権資産およびリース負債を計上しない。

　このような短期リースに対して，リースの契約条件の変更の結果として借手のリース期間に変更が生じた場合，変更前の借手のリース期間の終了時点から変更後の借手のリース期間の終了時点までが12か月以内である場合には，次のいずれかの方法を選択することができる（指針50項）。なお，この取扱いは，リースの契約条件の変更を伴わずに借手のリース期間に変更が生じた場合の取扱いと同様である（後述第9節5参照）。

(1) 変更後のリースについて短期リースとして取り扱う方法
(2) 変更後のリースのうち，借手のリース期間の変更時点から変更後の借手の
　　リース期間の終了時点までが12か月以内である場合のみ，短期リースとして取
　　り扱う方法

　借手は，この取扱いについて，対応する原資産を自ら所有していたと仮定し
た場合に貸借対照表において表示するであろう科目ごと，または性質および企
業の営業における用途が類似する原資産のグループごとに適用することができ
る。

　上記の(2)の方法は，IFRS第16号の取扱いが取り入れられたものである。

　IFRS第16号においては，短期リースのリース期間の変更を新たなリースと
みなすため，借手のリース期間の変更時点から変更後の借手のリース期間の終
了時点までが12か月以内である場合のみ，新たなリースを短期リースとして取
り扱うことになると考えられる。

　一方で，(1)の方法は，ASC 842の取扱いが取り入れられたものである。

　米国会計基準においては，変更後の借手の残存リース期間が，変更前の借手
のリース期間の終了時点から12か月を超える場合，当該リースはもはや短期
リースの定義を満たさなくなる（ASC 842-20-25-3）とされている。

第6章　借手の会計処理　205

設例6-22 短期リースについて借手のリース期間に変更が生じた場合の取扱い

（前提条件）

借手は以下の変更前のリースについて，短期リースとして指針20項における簡便的な取扱いを選択した。

変更前のリースの条件
● リース開始日：T1年4月1日
● 借手のリース期間の終了時点：T2年3月31日

T1年12月31日に，借手は，借手のリース期間を12か月間延長する変更を行うことについて，貸手と合意した（リースの契約条件の変更）。

変更後のリースの条件
● 借手のリース期間の終了時点：T3年3月31日

（検討）

本変更は，変更前の借手のリース期間の終了時点（T2年3月31日）から変更後の借手のリース期間の終了時点（T3年3月31日）までは12か月以内であるため，指針50項が適用される場合に該当する。また，本項の(1)と(2)のいずれの方法を借手が選択するかに応じて，次頁のように取り扱われる。

指針50項(1)の方法を選択した場合	指針50項(2)の方法を選択した場合
変更後のリースについて短期リースとして取り扱う。	借手のリース期間の変更時点（T1年12月31日）から変更後の借手のリース期間の終了時点（T3年3月31日）までは15か月である。 したがって，変更後のリースについて短期リースとして取り扱わず，変更時点より残りの借手のリース料に基づき使用権資産およびリース負債を計上する。

（変更前）
リース開始日
T1年4月1日

リース終了日
T2年3月31日

12か月
変更前の借手のリース期間は12か月以内であり，短期リースに該当する（指針4項(2)）。

（変更後）

12か月

リース終了日
T3年3月31日

変更前の借手のリース期間の終了時点から変更後の借手のリース期間の終了時点までが12か月以内であり，指針50項柱書きの要件を満たし，指針50項(1)を採用する場合，短期リースに該当する。

変更時点
T1年12月31日

15か月
指針50項(2)を採用する場合，借手のリース期間の変更時点から，変更後の借手のリース期間の終了時点までが15か月であり，12か月を超えるため，短期リースとして取り扱わない。

第6章　借手の会計処理　207

第9節　リース負債の計上額の見直し（リースの契約条件の変更を伴わない場合）

　契約条件の変更を伴わずに借手のリース料等に変更がある状況としては，次のものが考えられる（指針46項，47項）。

(1)　延長オプションまたは解約オプションに関連して借手のリース期間の変更があった場合（後述1参照）
(2)　購入オプションの行使についての判定に変更があった場合（後述2参照）
(3)　残価保証に基づいて支払われると見込まれる金額に変更があった場合
(4)　指数またはレートに応じて決まる借手の変動リース料に変動があった場合（後述3参照）

　借手は，上記のような変更が生じた場合，当該変更が生じた日に使用権資産とリース負債について次のように処理する（指針46項）。

図表6-9-1　リース負債の計上額の見直しの会計処理

使用権資産	リース負債
右記のリース負債の修正額に相当する金額を使用権資産に加減する。 ただし，使用権資産の帳簿価額をゼロまで減額してもなお，リース負債の修正の減額がある場合には，残額を損益に計上する。	当該変更の内容を反映した借手のリース料の現在価値へとリース負債の計上額を修正する。

1　借手のリース期間の変更

　リース開始日に決定された借手のリース期間は，その後，次の場合に変更され，リース負債の計上額の見直しが行われる。

- 延長オプション等の行使の判断について，次の両方を満たす重要な事象または重要な状況が生じた場合（基準41項）
  (1) 借手の統制下にあること
  (2) 延長オプションを行使することまたは解約オプションを行使しないことが合理的に確実であるかどうかの借手の決定に影響を与えること
- 借手の解約不能期間に変更が生じた場合（基準42項）

（図表6-9-2） 借手のリース期間の変更を行うかどうかの検討プロセス

延長オプション等の行使の判断に関する重要な事象または重要な状況の発生

↓

要件1：借手の統制下にあること

要件2：延長オプションを行使することまたは解約オプションを行使しないことが合理的に確実であるかどうかの借手の決定に影響を与えること

↓

いずれも満たす場合，借手のリース期間を変更の上，変更後の借手のリース料に基づきリース負債の計上額を見直す。

(1) 重要な事象または重要な状況

重要な事象または重要な状況は，例えば次のようなものをいう（基準BC51項）。

(1) リース開始日に予想されていなかった大幅な賃借設備の改良で，延長オプション，解約オプションまたは購入オプションが行使可能となる時点で借手が重大な経済的利益を有すると見込まれるもの
(2) リース開始日に予想されていなかった原資産の大幅な改変
(3) 過去に決定した借手のリース期間の終了後の期間に係る原資産のサブリースの契約締結
(4) 延長オプションを行使することまたは解約オプションを行使しないことに直接的に関連する借手の事業上の決定（例えば，原資産と組み合わせて使用する資産のリースの延長の決定，原資産の代替となる資産の処分の決定，使用権資産を利用している事業単位の処分の決定）

第6章　借手の会計処理　209

　上記の事象または状況の中には，契約内容の変更とは直接関係のない原資産を使用する状況の変化といった場合も含まれる。したがって，特にリースを含む契約を多数有する借手においては，借手のリース期間の変更に影響を及ぼす事象や状況を，契約期間全体を通じて網羅的に把握する仕組みを構築することが必要になると考えられる。

(2)　借手の統制下にある事象または状況

　借手のリース期間が変更される場合は，借手の統制下にある事象または状況が発生した場合に限定されている。したがって，例えばリース期間中の市場賃料の上昇により延長オプション期間の契約賃料が借手にとって相対的に有利になった場合のように，借手の統制外である外部環境の変化が生じたことは，借手のリース期間を変更する契機にはならないと考えられる。

図表6-9-3　借手の統制下にある事象または状況とそうでないものの例

借手の統制下にある事象または状況	借手の統制下にない事象または状況
● 借手は，ある事業の拡張や縮小の決定により，当該事業で使用されている原資産について今後の使用方針を変更した。 ● 借手は，リース開始日後に当初は予想していなかった大幅な賃借設備の改良を行った。	● 不動産リースにおいて，リース開始日後に対象不動産の周辺の市場賃料が上昇したことにより，延長オプションの対象期間に関するリース料が借手にとって相対的に有利なものとなった。

設例6-23／**延長オプションの行使可能性の見直し**

（前提条件）

借手の決算日	各T期末
借手のリース期間	解約不能期間：T1期首をリース開始日とする3年 延長オプション：リース開始日においては行使することが合理的に確実ではないと判断している。

借手のリース料	年額：1,000千円（毎年Ｔ期末払い３回，延長オプションが行使された場合も同額）
現在価値の算定に用いる割引率	借手の追加借入利子率：年５％（Ｔ２期末における利子率は６％。なお，本設例では，Ｔ２期末におけるリース負債の計上額の見直しにおいては，当該時点の割引率を使用する）
使用権資産の減価償却方法	定額法（残存価値はゼロ）
Ｔ２期末におけるリース負債の計上額の見直し	延長オプションの行使可能性について，基準41項(1)および(2)のいずれも満たす重要な事象または重要な状況が生じたため，借手のリース期間を見直し，借手のリース期間をＴ５期末まで（Ｔ１期首から５年，見直し時のＴ２期末から３年）に変更した。

（借手のリース期間）

　リース開始日においては，延長オプションを行使することが合理的に確実ではないと判断していることから，借手のリース期間は，延長オプションの対象期間を加えない解約不能期間（３年）と決定した（基準31項）。

　そのため，Ｔ２期末までは３年間の借手のリースとして会計処理する。

　Ｔ２期末時点の帳簿価額は以下のとおり。

- 使用権資産：908千円
- リース負債：952千円

（借手のリース期間の見直し）

　延長オプションの行使可能性について，基準41項(1)および(2)のいずれも満たす重要な事象または重要な状況が生じたことから，延長オプションを行使することが合理的に確実であるかどうかを見直し，借手のリース期間をＴ５期末まで（Ｔ１期首から５年，見直し時のＴ２期末から３年）に変更し，リース負債の計上額の見直しを行う（基準41項）。

（会計処理）

　当該事象が生じた日において，借手はリース負債について当該事象の内容を反映した借手のリース料の現在価値まで修正し，当該リース負債の修正額に相当する金額を使用権資産に加減する（指針46項）。

第6章　借手の会計処理　211

借手のリース期間の見直し時におけるリース負債の測定

$$= \frac{1,000}{(1+0.06)} + \frac{1,000}{(1+0.06)^2} + \frac{1,000}{(1+0.06)^3} = 2,673千円$$

T2期末（借手のリース期間の見直し）

（単位：千円）

（借）使 用 権 資 産	1,721	（貸）リ ー ス 負 債（※）	1,721

（※）　1,721千円＝見直し後のリース負債2,673千円－見直し前のリース負債の帳簿価額952千円

T3期末（リース料支払日，決算日）

（単位：千円）

（借）リ ー ス 負 債（※2）	840	（貸）現 金 預 金	1,000
支 払 利 息（※1）	160		
減 価 償 却 費（※3）	876	減価償却累計額	876

（※1）　支払利息160千円＝リース負債前期末残高2,673千円×6％

（※2）　リース負債840千円＝借手のリース料年額1,000千円－支払利息（※1）160千円

（※3）　減価償却費876千円＝（見直し前の使用権資産の帳簿価額908千円＋見直しによる追加計上1,721千円）÷残存耐用年数3年

(3)　解約不能期間の変更

　リースの契約条件の変更が生じていない場合で，延長オプションの行使等により借手の解約不能期間に変更が生じる場合がある。この結果，借手のリース期間を変更するときは，借手は，リース負債の計上額の見直しを行う（基準42項）。

(4)　再リース期間の取扱い

　再リース期間は，通常の延長オプションと同様に，借手により再リースすることが合理的に確実である場合には，借手のリース期間に含められる（基準31項，前述第2節4参照）。

　当該再リース期間について，リース期間中に借手のリース期間に変更があった場合の取扱いも原則として同様である（基準40項(1)）。

　ただし，リース開始日に再リース期間を借手のリース期間に含めない場合，

または直近のリースの契約条件の変更の発効日に再リース期間を借手のリース期間に含めない場合，再リースを当初のリースとは独立したリースとして会計処理を行うことができる（指針52項）。

以上の取扱いをまとめると，**図表6-9-4**のとおりである。このうち，下線部分については，改正前リース会計基準の取扱いが踏襲されている。

図表6-9-4 再リース期間の取扱い

リース開始日		リース期間中に，借手のリース期間に変更があった場合
借手が再リースすることが合理的に確実である場合，再リース期間を借手のリース期間に含める（基準31項）。	→	リース負債と使用権資産の計上額を見直す（基準40項～42項，指針46項）。
上記以外の場合，再リース期間を借手のリース期間に含めない（基準31項）。	→	原則として，上記と同様に取り扱う。ただし，再リースを当初のリースとは独立したリースとして会計処理することができる（指針52項）。

設例6-24 再リース期間の取扱い

（前提条件）

借手の決算日	各T期末
解約不能期間	T1期首をリース開始日とする3年
再リース期間	解約不能期間経過後において，年額100千円で1年間の再リースを行うことができる。当該再リースは延長オプションに該当する。
借手のリース期間	再リース期間に関する延長オプションを行使することが合理的に確実ではないと判断して，借手のリース期間は，再リース期間（1年）を含まない解約不能期間（3年）と決定した。

（会計処理）

T3期までの会計処理は，3年間の借手のリースとして会計処理する。

第6章　借手の会計処理　　213

(再リースの行使による解約不能期間の変更)

　T 3 期末において，再リースを行うことを決定し，解約不能期間がT 4 期末まで延長されたため，借手のリース期間を変更する必要がある（基準42項）が，リース開始日に再リース期間を借手のリース期間に含めていないため，再リースを当初のリースとは独立したリースとして会計処理することとした（指針52項）。

(独立したリースとしての会計処理)

　再リース期間は 1 年間であり，短期リースの定義を満たすと判断した（指針 4 項(2)）。短期リースに関する簡便的な取扱いを適用し，使用権資産およびリース負債を計上せず，借手のリース料を借手のリース期間にわたって定額法による費用として計上することとした（指針20項）。

T 4 期末（再リース料の支払日，リース終了時，決算日）

(単位：千円)

(借) 支 払 リ ー ス 料	100	(貸) 現 　 金 　 預 　 金	100

(注) T 4 期中の 1 年間で期間配分することとなる。

2　購入オプションの行使についての判定の変更

　購入オプションの行使について，合理的に確実であるかどうかの判定を変更してリース負債の計上額の見直しを行う場合とは，延長オプション等の行使についての判定を見直す場合と同様に，基準41項(1)および(2)における重要な事象および重要な状況が生じたときが該当する（指針BC78項，前述1参照）。

設例 6 -25 ／ 購入オプションの行使についての判定の変更

(前提条件)

借手の決算日	各 T 期末
借手のリース期間	T 1 期首をリース開始日とする 3 年
借手のリース料	年額：1,000千円（毎年 T 期末払い 3 回）
購入オプション	●購入オプションの行使価額：2,000千円 ●購入オプションの行使時期：リース終了時点（T 3 期末）

	● リース開始日においては，購入オプションを行使することが合理的に確実ではないと見込んでいる。
現在価値の算定に用いる割引率	借手の追加借入利子率：年 5 ％（T 2 期末における利子率は 6 ％。なお，本設例では，T 2 期末におけるリース負債の計上額の見直しにおいては，当該時点の割引率を使用する）
使用権資産の減価償却方法	定額法（残存価額はゼロ）
T 2 期末におけるリース負債の計上額の見直し	購入オプションの行使可能性について，基準41項(1)および(2)のいずれも満たす重要な事象または重要な状況が生じたため，購入オプションの行使可能性の見直しを行い，行使することが合理的に確実であると判断した。 これにより，借手による購入オプションの行使が合理的に確実であるリースに該当することとなったため，原資産を自ら所有していたと仮定した場合に適用する減価償却方法と同一の方法により，減価償却費を算定する（基準37項，指針43項(2)） ● 原資産を自ら所有していたと仮定した場合に適用する減価償却方法：定額法 ● 原資産の耐用年数： 5 年（T 2 期末から 3 年） ● 残存価額の合理的な見積額：500千円

（会計処理）

　T 2 期末までは， 3 年間の借手のリースとして会計処理する。

　T 2 期末時点の帳簿価額は以下のとおり。

● 使用権資産：908千円
● リース負債：952千円

（購入オプションの行使可能性の見直し）

　購入オプションの行使可能性について，基準41項(1)および(2)のいずれも満たす重要な事象または重要な状況が生じたことから，購入オプションを行使することが合理的に確実であるかどうかを見直し，行使することが合理的に確実であると判断した（指針BC78項）。

第6章　借手の会計処理　215

　これにより，借手のリース料に変更が生じることから（指針47項(1)），当該事象が生じた日において，借手はリース負債について当該事象の内容を反映した借手のリース料の現在価値まで修正し，当該リース負債の修正額に相当する金額を使用権資産に加減する（指針46項）。

借手のリース料の見直しにおけるリース負債の測定

$$= \frac{1,000 + 2,000（※）}{（1 + 0.06）} = 2,830千円$$

（※）　行使することが合理的に確実である購入オプションの行使価額を借手のリース料に含めて，リース負債を測定する（基準35項(4)）。

T2期末（借手のリース料の見直し）

（単位：千円）

| （借）使用権資産 | 1,878 | （貸）リース負債（※） | 1,878 |

（※）　1,878千円＝見直し後のリース負債2,830円－見直し前のリース負債の帳簿価額952千円

T3期末（リース料/購入オプション料支払日，リース終了時，決算日）

（単位：千円）

（借）リース負債（※2）	830	（貸）現金預金	1,000
支払利息（※1）	170		
減価償却費（※3）	762	減価償却累計額	762
有形固定資産（※4）	4,601	使用権資産	4,601
リース負債	2,000	現金預金	2,000

（※1）　支払利息170千円＝リース負債前期末残高2,830千円×6％
（※2）　リース負債830千円＝借手のリース料年額1,000千円－支払利息（※1）170千円
（※3）　減価償却費762千円＝（見直し前の使用権資産の帳簿価額908千円＋見直しによる追加計上1,878千円－残存価額500千円）÷残存耐用年数3年
（※4）　本設例では，一例として，所有権移転時に計上する有形固定資産について，使用権資産の取得原価および減価償却累計額を引き継ぐことを想定している。

以降は有形固定資産として会計処理される。

3　指数またはレートに応じて決まる借手の変動リース料の変更

　指数またはレートに応じて決まる借手の変動リース料は，リース開始日において，次のように算定される（前述第3節②参照）。

- 原則的な取扱い：リース開始日現在の指数またはレートに基づいて算定する（指針25項）。
- 例外的な取扱い：対象の指数またはレートの将来の変動を合理的な根拠をもって見積ることができる場合，その見積られた指数またはレートに基づき借手のリース料およびリース負債を算定することを選択できる。この選択は，リースごとにリース開始日に行う（指針26項）。

次に，借手のリース期間中においては，リース開始日に上記のいずれの取扱いを採用したかに応じて，次のように取り扱われる。

原則的な取扱いの場合	指数またはレートの変動により今後支払うリース料に変動が生じたときに，借手の残存リース期間にわたり変動後の指数またはレートに基づいてリース料およびリース負債を修正し，リース負債の修正額に相当する金額を使用権資産に加減する（指針48項）。
例外的な取扱いの場合	決算日ごとに参照する指数またはレートの将来の変動を見積り，当該見積られた指数またはレートに基づきリース料およびリース負債を修正し，リース負債の修正額に相当する金額を使用権資産に加減する（指針49項）。

設例6-26 指数またはレートに応じて決まる借手の変動リース料：原則的な取扱い

（前提条件）

借手の決算日	各T期末
借手のリース期間	T1期首をリース開始日とする3年
借手のリース料	- リース料は，毎年T期末に支払われる。 - T1期のリース料は1,000千円である。 - T2期以降のリース料は，前期の1年間における消費者物価指数（CPI）の変動率を反映して算定される。
現在価値測定に用いる割引率	借手の追加借入利子率：年5％（なお，本設例ではT2期末におけるリース負債の計上額の見直しにおいては，当初の割引率を使用する）
使用権資産の減価償却方法	定額法（残存価額はゼロ）

（リース開始日における指数またはレートに応じて決まる借手の変動リース料の算

第6章　借手の会計処理　217

定）

　借手は，指数またはレートに応じて決まる借手の変動リース料について，リース開始日現在の指数またはレートに基づいて算定する（指針25項）。

　リース開始日現在の指数またはレートに基づいて決定されたＴ１期のリース料は1,000千円であり，当該リース料1,000千円が借手のリース期間（Ｔ２期以降）にわたって生じるものとして，リース負債を測定する。

借手のリース料の算定

（単位：千円）

Ｔ１期	Ｔ２期	Ｔ３期
1,000	1,000	1,000

リース負債の当初測定

$$= \frac{1,000}{(1+0.05)} + \frac{1,000}{(1+0.05)^2} + \frac{1,000}{(1+0.05)^3} = 2,723千円$$

　上記における利息相当額277千円（＝3,000千円－2,723千円）については，借手のリース期間にわたり，利息法により配分される（基準36項）。

Ｔ１期首（リース開始日）

（単位：千円）

（借）使用権資産	2,723	（貸）リース負債	2,723

Ｔ１期末（リース料支払日，決算日）

（単位：千円）

（借）リース負債（※2）	864	（貸）現金預金	1,000
支払利息（※1）	136		
減価償却費（※3）	908	減価償却累計額	908

（※1）　支払利息136千円＝リース負債期首残高2,723千円×５％
（※2）　リース負債864千円＝借手のリース料年額1,000千円－支払利息（※1）136千円
（※3）　減価償却費908千円＝使用権資産取得原価2,723千円÷耐用年数３年

（指数またはレートの変動による指数またはレートに応じて決まる借手の変動リース料の見直し）

　Ｔ１期末において，Ｔ１期の１年間におけるCPIの変動率は＋10％であったことが

判明し，Ｔ２期の借手のリース料は1,100千円（＝1,000千円×（１＋10％））となった。

　指数またはレートの変動により今後支払うリース料に変動が生じたため，当該リース料1,100千円が借手のリース期間（Ｔ２期以降）にわたって生じるものとして，リース負債を修正し，リース負債の修正額に相当する金額を使用権資産に加減する（指針48項）。

借手のリース料の算定

（単位：千円）

Ｔ２期	Ｔ３期
1,100	1,100

見直し時におけるリース負債の測定

$$=\frac{1,100}{（１＋0.05）}+\frac{1,100}{（１＋0.05）^2}=2,045千円$$

Ｔ１期末（借手のリース料の見直し）

（単位：千円）

（借）使 用 権 資 産	186	（貸）リ ー ス 負 債（※）	186

（※）　186千円＝見直し後のリース負債2,045千円－見直し前のリース負債の帳簿価額1,859千円

Ｔ２期末（リース料支払日，決算日）

（単位：千円）

（借）リ ー ス 負 債（※２）	998	（貸）現 金 預 金	1,100
支 払 利 息（※１）	102		
減 価 償 却 費（※３）	1,001	減価償却累計額	1,001

（※１）　支払利息102千円＝リース負債前期末残高2,045千円×５％
（※２）　リース負債998千円＝借手のリース料年額1,100千円－支払利息（※１）102千円
（※３）　減価償却費1,001千円＝（見直し前の使用権資産の帳簿価額1,815千円＋見直しによる追加計上186千円）÷残存耐用年数２年

設例6-27　指数またはレートに応じて決まる借手の変動リース料：例外的な取扱い

（前提条件）

借手の決算日	各Ｔ期末

第 6 章　借手の会計処理　219

借手のリース期間	T 1 期首をリース開始日とする 3 年
借手のリース料	●リース料は，毎年 T 期末に支払われる。 ●T 1 期のリース料は1,000千円である。 ●T 2 期以降のリース料は，市場における賃料等の変動を反映するように協議をもって毎期見直される。
現在価値測定に用いる割引率	借手の追加借入利子率：年 5 ％（なお，本設例では，T 1 期末におけるリース負債の計上額の見直しにおいては，当初の割引率を使用する）
使用権資産の減価償却方法	定額法（残存価額はゼロ）

（リース開始日における指数またはレートに応じて決まる借手の変動リース料の算定）

　借手は，対象の指数またはレートの将来の変動を合理的な根拠をもって見積ることができると判断し，見積られた指数またはレートに基づき借手のリース料およびリース負債を算定することを選択する（指針26項）。

　借手は，リース開始日において，指数またはレートに応じて決まる借手の変動リース料を以下のように見積った。

リース開始日における借手の変動リース料の見積額

（単位：千円）

T 1 期	T 2 期	T 3 期
1,000	900	800

リース負債の当初測定

$$= \frac{1,000}{(1+0.05)} + \frac{900}{(1+0.05)^2} + \frac{800}{(1+0.05)^3} = 2,460 千円$$

　上記における利息相当額240千円（＝2,700千円－2,460千円）については，借手のリース期間にわたり，利息法により配分される（基準36項）。

T 1 期首（リース開始日）

（単位：千円）

（借）使 用 権 資 産	2,460	（貸）リ ー ス 負 債	2,460

T1期末（リース料支払日，決算日）

（単位：千円）

（借）リ ー ス 負 債（※2）	877	（貸）現 金 預 金	1,000
支 払 利 息（※1）	123		
減 価 償 却 費（※3）	820	減価償却累計額	820

（※1） 支払利息123千円＝リース負債期首残高2,460千円×5％
（※2） リース負債877千円＝借手のリース料年額1,000千円－支払利息（※1）123千円
（※3） 減価償却費820千円＝使用権資産取得原価2,460千円÷耐用年数3年

（決算日における指数またはレートに応じて決まる借手の変動リース料の見直し）

　例外的な取扱いを採用する場合，決算日ごとに参照する指数またはレートの将来の変動を見積り，当該見積られた指数またはレートに基づきリース料を修正することが求められる。

　T1期末において，市場における賃料等の変動を反映するように協議によって見直され，T2期の借手のリース料は850千円となった。また，T3期における借手のリース料は750千円と見積られた。

　当該見積りに基づいて借手のリース料およびリース負債を修正し，リース負債の修正額に相当する金額を使用権資産に加減する（指針49項）。

借手の変動リース料の見積額

（単位：千円）

T2期	T3期
850	750

見直し時におけるリース負債の測定

$$=\frac{850}{（1＋0.05）}+\frac{750}{（1＋0.05）^2}=1,490千円$$

T1期末（借手のリース料の見直し）

（単位：千円）

| （借）リ ー ス 負 債（※） | 93 | （貸）使 用 権 資 産 | 93 |

（※）　－93千円＝見直し後のリース負債1,490千円－見直し前のリース負債の帳簿価額1,583千円

第6章　借手の会計処理　221

T 2 期末（リース料支払日，決算日）

(単位：千円)

(借)	リ　ー　ス　負　債(※2)	776	(貸)	現　金　預　金		850
	支　払　利　息(※1)	74				
	減　価　償　却　費(※3)	773		減価償却累計額		773

- (※1)　支払利息74千円＝リース負債前期末残高1,490千円×5％
- (※2)　リース負債776千円＝借手のリース料年額850千円－支払利息（※1）74千円
- (※3)　減価償却費773千円＝（見直し前の使用権資産の帳簿価額1,640千円－見直しによる取崩額93千円）÷残存耐用年数2年

4　リース負債の見直しにおいて用いられる割引率

　新リース会計基準においては，IFRS会計基準と異なり，リースの契約条件の変更を伴わないリース負債の見直し時において用いるべき割引率について定めていない（指針BC79項）。

> (参考) IFRS会計基準における取扱い
> 　IFRS第16号においては，リースの契約条件の変更を伴わないリース負債の見直し時において用いるべき割引率（改定前の割引率または改定後の割引率）について，その状況ごとに定めを置いている（後述第12節2「IFRS第16号の定めのうち新リース会計基準に取り入れられていないもの」を参照）。

5　短期リースについて借手のリース期間に変更が生じた場合の会計処理

　借手は，短期リースについて簡便的な取扱い（指針20項，前述第5節1参照）を行う場合，リース開始日において関連する使用権資産およびリース負債を計上しない。

　このような短期リースに対して，リースの契約条件の変更が生じていない場合で，借手のリース期間に変更が生じたとき，変更前の借手のリース期間の終了時点から変更後の借手のリース期間の終了時点までが12か月以内である場合には，次のいずれかの方法を選択することができる（指針50項）。なお，この取扱いは，リースの契約条件の変更の結果として借手のリース期間に変更が生

じた場合の取扱いと同様である（前述第 8 節 6 参照）。

(1) 変更後のリースについて短期リースとして取り扱う方法
(2) 変更後のリースのうち，借手のリース期間の変更時点から変更後の借手の
　　リース期間の終了時点までが12か月以内である場合のみ，短期リースとして取
　　り扱う方法

　借手は，この扱いについて，対応する原資産を自ら所有していたと仮定した
場合に貸借対照表において表示するであろう科目ごとまたは性質および企業の
営業における用途が類似する原資産のグループごとに適用することができる。

第10節　企業結合により取得した借手のリース

1　取得の会計処理における借手のリースの取扱い

(1)　取得原価の配分に関する原則的な取扱い

　取得とされた企業結合における取得原価は，被取得企業から受け入れた資産
および引き受けた負債のうち企業結合日において識別可能なもの（識別可能資
産および負債）に対して，その企業結合日における時価を基礎として配分する
（企業会計基準適用指針第10号「企業結合会計および事業分離等会計基準に関
する適用指針」（以下「結合分離適用指針」という）51項）。

　被取得企業が借手のリースを行っている場合には，当該リースに係る使用権
資産とリース負債は識別可能資産および負債に該当し，原則として，企業結合
日の時価を基礎として配分される（結合分離適用指針371- 2 項）。

(2)　取得原価の配分に関する例外的な取扱い

　被取得企業における借手のリースに対する取得原価の配分について，使用権
資産およびリース負債を次のように算定することができる（結合分離適用指針
61- 2 項）。

第6章　借手の会計処理　223

図表6-10-1　取得原価の配分に関する例外的な取扱い

使用権資産	リース負債
右記のリース負債に次の金額を加減した金額を基礎として算定する。 (1)　リースの条件が市場の条件と比較して有利または不利になる場合における市場と異なる条件の影響額 (2)　借地権の設定に係る権利金等が識別されている場合における当該権利金等の時価	当該リースが企業結合日現在で新規のリースであったかのように残りの借手のリース料の現在価値を基礎として算定することができる。

設例6-28／取得の会計処理における取得原価の配分に関する例外的な取扱い

(前提条件)
● A社とB社は，T2期首にA社を存続会社，B社を消滅会社として吸収合併した。
● 当該企業結合は，取得に該当し，取得企業はA社と判定された。
● B社は，以下の条件のリースを借手として行っている。

借手のリース期間	T1期首をリース開始日とする3年
借手のリース料	年額：1,000千円（毎年T期末払い3回）
現在価値の算定に用いる割引率	借手の追加借入利子率：年5％
使用権資産の減価償却方法	定額法（残存価額はゼロ）

● 上記のリースについて，B社は企業結合日前日（T1期末）における貸借対照表において以下を計上している。
　　使用権資産：1,815千円
　　リース負債：1,859千円
● A社は，当該取得の会計処理における取得原価の配分において，結合分離適用指針61-2項における算定（例外的な取扱い）を行う。
● 企業結合日における借手の追加借入利子率は年6％である。

(取得原価の配分におけるリース負債の算定)
　A社は，B社の借手のリースに対する取得原価の配分において，当該リースが企業結合日現在で新規のリースであったかのように残りの借手のリース料の現在価値を基礎として算定することとしており（結合分離適用指針61-2項），次のようにリース負債を算定する。

残りの借手のリース料

(単位：千円)

T 2 期	T 3 期
1,000	1,000

企業結合日におけるリース負債の測定

$$= \frac{1,000}{(1+0.06)} + \frac{1,000}{(1+0.06)^2} = 1,833千円$$

(取得原価の配分における使用権資産の算定)

　本設例では，使用権資産の算定上，リース負債の金額に加減すべき項目（結合分離適用指針61-2項）はないと仮定して，リース負債の算定額1,833千円と同額で使用権資産を算定する。

(3)　少額リースおよび短期リースに関する例外的な取扱い

　被取得企業における借手のリースが，少額リース（前述第5節②参照）に該当する場合，取得原価を配分しないことができる。

　また，被取得企業における借手のリースが，企業結合日において残りの借手のリース期間が12か月以内である場合，取得原価を配分しないことができる。この場合，企業結合日後に計上した費用について，損益計算書において区分して表示していないときは，指針100項(1)の短期リースに係る費用の発生額（第10章第4節②(2)参照）に含めて注記する（結合分離適用指針61-3項）。

　当該取扱いは，新リース会計基準における適用指針が定める短期リース（前述第5節①参照）ではなく，企業結合日において残りの借手のリース期間が12か月以内であるかどうかにより判定することになる（結合分離適用指針371-5項）。

② 共通支配下の取引の会計処理における借手のリースの取扱い

　共通支配下の取引により企業集団内を移転する資産および負債は，原則として，移転直前に付されていた適正な帳簿価額により計上する（企業会計基準第21号「企業結合に関する会計基準」41項）。

第6章　借手の会計処理　225

　したがって，共通支配下の取引により企業集団内を移転する使用権資産と
リース負債についても，移転直前に付されていた適正な帳簿価額により計上す
ることになる。

第11節　借手において会計処理の選択が認められる項目

　以下は，新リース会計基準において，借手において会計処理の選択が認めら
れる項目である。

図表 6 -11- 1　借手において会計処理の選択が認められる項目

対象となる事項	会計処理の内容	新リース会計基準における該当箇所および参照箇所
会計方針の選択について個別に注記を要求している項目（指針97項）		
契約全体についてリースを構成する部分として会計処理する選択	リースを構成する部分と関連するリースを構成しない部分とを合わせてリースを構成する部分として会計処理を行うことを選択すること。	基準29項 第 5 章第 3 節②参照 指針97項(1)
指数またはレートに応じて決まる変動リース料に関する例外的な取扱い	合理的な根拠をもって指数またはレートの将来の変動を見積ることができる場合，リース料が参照する当該指数またはレートの将来の変動を見積り，当該見積られた指数またはレートに基づきリース料およびリース負債を算定することを，リースごとにリース開始日に選択すること。 当該処理を選択したリースに係るリース負債が含まれる科目および金額について，注記を行う（区分表示している場合を除く）。	指針26項 本章第 3 節②および第 9 節③参照 指針97項(2)および99項(2)
借地権の設定に係る権利金等に関する会	旧借地権の設定に係る権利金等または普通借地権の設定に係る権利金等につ	指針27項および127項〜129項

対象となる事項	会計処理の内容	新リース会計基準における該当箇所および参照箇所
計処理の選択	いて，減価償却を行わないものとして取り扱うこと。 当該処理を選択したリースに係る減価償却を行っていない使用権資産が含まれる科目および金額について，注記を行う（区分表示している場合を除く）。	本章第 7 節②(3)参照 指針97項(3)および99項(3)
会計方針の選択について個別の注記を要求していない項目（注）		
短期リースに関する簡便的な取扱い	短期リースについて，使用権資産およびリース負債を計上せず，借手のリース料を借手のリース期間にわたって原則として定額法により費用として計上すること。	指針20項および21項 本章第 5 節①参照
少額のリースに関する簡便的な取扱い①	重要性が乏しい減価償却資産について購入時に費用処理する方法が採用されている場合，借手のリース料が当該基準額以下のリースについて，使用権資産およびリース負債を計上せず，借手のリース料を借手のリース期間にわたって原則として定額法により費用として計上すること。	指針22項(1) 本章第 5 節②参照
少額のリースに関する簡便的な取扱い②	企業が選択した以下のいずれかについて，使用権資産およびリース負債を計上せず，借手のリース料を借手のリース期間にわたって原則として定額法により費用として計上すること。 ① 企業の事業内容に照らして重要性の乏しいリースで，リース契約 1 件当たりの借手のリース料が300万円以下のリース ② 原資産の価値が新品時におよそ 5 千米ドル以下のリース	指針22項(2) 本章第 5 節②(2)参照
リース負債の算定に	使用権資産総額に重要性が乏しいと認	指針40項

第 6 章　借手の会計処理　227

対象となる事項	会計処理の内容	新リース会計基準における該当箇所および参照箇所
おける利子込み法または利子定額法の採用	められる場合に，使用権資産およびリース負債を計上する上で，「借手のリース料から利息相当額の合理的な見積額を控除しない方法」，または，「利息相当額の定額法による配分」を採用すること。	本章第 6 節 ①(2)参照
使用権資産総額に重要性が乏しいと認められる場合（連結財務諸表での判定）	連結財務諸表においては，使用権資産総額に重要性が乏しいと認められるかの判定を，連結財務諸表の数値を基礎として見直すこと。	指針42項 本章第 6 節 ①(2)参照
将来返還される敷金	将来返還される敷金について，敷金以外の差入保証金に準じて会計処理を行うこと。	指針33項 本章第 6 節 ②(6)参照
敷金を差し入れている場合の資産除去債務の処理	資産除去債務の負債計上およびこれに対応する除去費用の資産計上に代えて，敷金の回収が最終的に見込めないと認められる金額を合理的に見積り，そのうち当期の負担に属する金額を費用に計上する方法によること。	指針35項 本章第 6 節 ②(6)①参照
使用権資産の償却方法	所有権移転型でないリースに係る使用権資産の償却方法は，定額法等の減価償却方法の中から企業の実態に応じたものを選択すること。	基準38項 本章第 7 節 ②参照
借手のリース期間に含まれない再リースの処理	リース開始日および直近のリースの契約条件の変更の発効日において再リース期間を借手のリース期間に含めないことを決定した場合，再リースを当初のリースとは独立したリースとして会計処理を行うこと。	指針52項 本章第 9 節 ①(4)参照
短期リースの借手のリース期間の変更	短期リースについて簡便的な取扱いを行っている場合で，借手のリース期間の変更が生じ，変更前の借手のリース	指針50項 本章第 8 節 ⑥および第 9 節 ⑤参照

対象となる事項	会計処理の内容	新リース会計基準における該当箇所および参照箇所
	期間の終了時点から変更後の借手のリース期間の終了時点までが12か月以内であるときは，次のいずれかの方法を選択すること。 (1) 変更後のリースについて短期リースとして取り扱う方法 (2) 変更後のリースのうち，借手のリース期間の変更時点から変更後の借手のリース期間の終了時点までが12か月以内である場合のみ，短期リースとして取り扱う方法	

（注） 会計方針の選択について個別の注記を要求していない項目については，基準55項(1)借手の注記①の「会計方針に関する情報」として，指針97項において注記が要求されていない項目である。当該項目を注記するか否かは，次のように判断することになると考えられる。

- 重要な会計方針に関する注記：企業会計基準第24号「会計方針の開示，会計上の変更及び誤謬の訂正に関する会計基準」（以下「遡及適用等会計基準」という） 4－2項の開示目的に照らした重要性に基づいて判断する。

- リースに関する注記：基準54項の開示目的に照らした重要性に基づいて判断する。

第12節 IFRS会計基準との比較

1 借手の会計処理の基本的な考え方

新リース会計基準では，借手の会計処理に関する定めについて，使用権資産およびリース負債の計上ならびに費用配分の方法について，IFRS第16号の定めと整合的なものとしている（基準BC13項(1)，BC39項）。

第6章　借手の会計処理　　229

図表6-12-1　基本的な会計処理に関するIFRS会計基準との比較

	日本基準	IFRS会計基準
使用権資産および リース負債の 計上	リース開始日に，使用権資産と リース負債を計上する。 （基準33項）	リース開始日に，使用権資産お よびリース負債を認識する。 （IFRS16.22）
費用配分の方法	すべてのリースについて，使用 権資産に係る減価償却費および リース負債に係る利息相当額を 計上する単一の会計処理モデル による。（基準BC39項）	すべてのリースについて，使用 権資産に係る減価償却費および リース負債に係る利息相当額を 計上する単一の会計処理モデル による。

　なお，米国会計基準は，使用権資産およびリース負債の計上は上記と同様で あるが，費用配分の方法については，次のとおりオペレーティング・リースと ファイナンス・リースに区分する「2区分の会計処理モデル」を採用している （基準BC39項）。

図表6-12-2　米国会計基準における2区分の会計処理モデル

オペレーティング・リース	ファイナンス・リース
通常，均等な単一のリース費用を認識 する。	使用権資産に係る減価償却費および リース負債に係る利息相当額を計上す る。

　一方で，日本基準における借手の会計処理の取扱いは，IFRS会計基準と比 較して次のような特徴を有する（基準BC13項）。

(1)　借手の会計処理に関してIFRS第16号と整合性を図る程度については，IFRS第 16号のすべての定めを取り入れるのではなく，主要な定めの内容のみを取り入 れている（後述2参照）。
(2)　実務に配慮した方策として，国際的な比較可能性を大きく損なわせない範囲 で代替的な取扱いを定める，または，経過的な措置を定める（後述3参照）。

2 IFRS第16号の定めのうち新リース会計基準に取り入れられていないもの

IFRS第16号における借手の会計処理に関する定めのうち，新リース会計基準に取り入れられていない主なものは次のとおりである。これらの定めの詳細については，IFRS第16号の本文を参照されたい。

図表 6 -12- 3 IFRS第16号における定めのうち，新リース会計基準に取り入れられていない主なもの

借手のリース期間
（契約における強制力がある期間の決定） 借手のリース期間の決定とリースの解約不能期間の長さの評価においては，契約の定義を適用して，契約に強制力がある期間を決定する必要がある。借手と貸手のそれぞれがリースを他方の承諾なしに僅少でしかないペナルティで解約する権利を有している場合には，リースにはもはや強制力がない（B34）。
（複数の契約上の要素が組み合わされている場合の取扱い） リースを延長または解約するオプションが1つまたは複数の他の契約上の要素（例えば，残価保証）と組み合わされて，当該オプションの行使の有無に関係なく，借手が貸手にほぼ同じ最低限または固定キャッシュ・リターンを保証する結果となる場合がある。このような場合，借手がリースを延長するオプションを行使することまたはリースを解約するオプションを行使しないことが合理的に確実であると仮定しなければならない（B38）。

使用権資産の事後測定
（原価モデル以外の測定モデル） IFRS第16号においては，有形固定資産等について定められている特有の会計処理に対応して，次のとおり原価モデル以外の測定モデルが要求または許容されている。 1．IAS第40号「投資不動産」（以下「IAS第40号」という）の公正価値モデル 　　借手がIAS第40号の公正価値モデルを投資不動産に適用する場合，投資不動産の定義を満たす使用権資産については公正価値モデルを適用する必要がある（34）。 2．IAS第16号「有形固定資産」（以下「IAS第16号」という）の再評価モデル 　　使用権資産が，借手がIAS第16号の再評価モデルを適用する有形固定資産のク

第6章　借手の会計処理　　231

テスに関するものである場合，再評価モデルを当該クラスの有形固定資産に関連する使用権資産のすべてに適用することを選択できる（35）。

リース負債の事後測定

（契約条件の変更を伴わないリース負債の見直し時に用いられる割引率）
リース負債の見直しの契機となった事象に応じて，改訂後のリース料を割り引くときに用いられる割引率は次のとおりである（40-43）。

リース負債の見直しの契機となった事象	用いられる割引率
● 借手のリース期間の変化があった場合 ● 購入オプションの行使についての判定に変化があった場合	改訂後の割引率（※）
● 残価保証に基づいて支払われると見込まれる金額に変動があった場合 ● 指数またはレートの変動による将来のリース料の変動があった場合	改訂前に用いられていた割引率

（※）　改訂後の割引率は，残りの借手のリース期間についてのリースの計算利子率（当該利子率が容易に算定できる場合）または見直し日現在の借手の追加借入利子率（リースの計算利子率が容易に算定できない場合）として決定される。

（契約条件の変更を伴うリース負債の見直し時に用いられる割引率）
契約条件の変更のうち独立したリースとして会計処理されないものについては，改訂後のリース料を改訂後の割引率で割り引くことによって，リース負債を再測定する（45(c)）。
改訂後の割引率の決定方法は，契約条件の変更を伴わないリース負債の見直し時に用いられる割引率の場合と同様である。

COVID-19関係の条件変更

（COVID-19の結果生じた賃料減免の取扱い）
実務上の便法として，借手は，一定の要件を満たすCOVID-19の結果として生じる賃料減免に対して，リースの条件変更であるかどうかの評価を行わないことを選択できる。この選択を行う借手は，その賃料減免から生じるリース料の変更を，当該変更がリースの条件変更ではないとした場合にIFRS第16号を適用して当該変更を会計処理するのと同じ方法で会計処理する（46A，46B）。

会計処理におけるポートフォリオ適用

（ポートフォリオ単位で会計処理を行う実務上の便法）
会計処理における実務上の便法として，借手はIFRS第16号を特性の類似したリー

スのポートフォリオに適用することができる。この取扱いは，そのように適用することが財務諸表に与える影響がIFRS第16号を当該ポートフォリオの中の個々のリースに適用した場合と重要性がある相違がないと企業が合理的に見込んでいる場合に認められる。ポートフォリオに適用して会計処理する場合には，ポートフォリオの規模および構成を反映した見積りおよび仮定を使用する（B1）。

(注)　本表において文末に示されている（　）内の数字は，IFRS第16号の項番号である。また，説明上，本表において用いられている用語は，新リース会計基準に合わせている。

③　日本基準において認められている代替的取扱い

また，借手における代替的な取扱いのうち，主なものは次のとおりである。

図表6-12-4　借手における代替的な取扱い

代替的な取扱い	説明
短期リースの認識免除を適用する単位	次のいずれかの単位が選択できる。 (1)　対応する原資産を自ら所有していたと仮定した場合に貸借対照表において表示するであろう科目ごと (2)　性質および企業の営業における用途が類似する原資産のグループごと (指針20項，本章第5節①参照)
少額資産のリース	次のいずれかが選択できる。 ①　企業の事業内容に照らして重要性の乏しいリースで，リース契約1件当たりの金額に重要性が乏しいもの ②　新品時の原資産の価値が少額であるもの (指針22項，本章第5節②(2)参照)
簡便的な使用権資産およびリース負債の測定	使用権資産総額に重要性が乏しいと認められる場合の簡便的な取扱い（利子込み法，利子定額法） (指針40項，本章第6節①(2)参照)
指数またはレートに応じて決まる借手の変動リース料	将来の変動を合理的な根拠をもって見積ることができる場合の例外的な取扱い (指針26項，本章第3節②および第9節③参照)

借地権の設定に係る権利金等に関する減価償却の例外的な取扱い	旧借地権または普通借地権の設定に係る権利金等について，一定の場合に減価償却を行わないものとして取り扱うことができる例外的な取扱い （指針27項ただし書き，本章第7節②(3)参照）
再リース期間の変更	リース開始日および直近のリースの契約条件の変更の発効日において再リース期間を借手のリース期間に含めないことを決定した場合，再リースを当初のリースとは独立したリースとして会計処理を行うことができる例外的な取扱い （指針52項，本章第9節①(4)参照）
短期リースの借手のリース期間の変更	短期リースについて簡便的な取扱いを行っている場合で，借手のリース期間の変更が生じ，変更前の借手のリース期間の終了時点から変更後の借手のリース期間の終了時点までが12か月以内であるときは，次のいずれかの方法を選択することができる。 (1) 変更後のリースについて短期リースとして取り扱う方法 (2) 変更後のリースのうち，借手のリース期間の変更時点から変更後の借手のリース期間の終了時点までが12か月以内である場合のみ，短期リースとして取り扱う方法 （指針50項，本章第8節⑥および第9節⑤参照）

第 **7** 章

貸手の会計処理

第1節 全体像

　貸手は，リースをファイナンス・リースとオペレーティング・リースに分類し，ファイナンス・リースをさらに，所有権移転外ファイナンス・リースと所有権移転ファイナンス・リースに分類した上で，それぞれ会計処理を行う。この会計処理には次のステップが含まれる。

---

① 契約に含まれるリースを構成する部分とリースを構成しない部分の区分（第5章参照）
② リースの分類
③ リースの分類に応じた会計処理
④ 表示および注記事項（第10章参照）

　以上のステップごとに，関連する検討事項をまとめると**図表7-1-1**のとおりである。

図表7-1-1 貸手の会計処理の主な内容

①リースと非リースの区分	②リースの分類	③会計処理	④表示・注記事項
● 契約の対価のリースを構成する部分とリースを構成しない部分への配分 ● 借手に財またはサービスを移転しない活動およびコスト等の取扱い ● 契約の対価を配分しない実務上の便法	● ファイナンス・リースとオペレーティング・リースの区分 ● 所有権移転ファイナンス・リースと所有権移転外ファイナンス・リースの区分	● 所有権移転外ファイナンス・リースの会計処理 ● 所有権移転ファイナンス・リースの会計処理 ● オペレーティング・リースの会計処理	● 表示の選択肢 ● 開示目的 ● 注記項目
第5章第4節参照	本章第5節参照	本章第6節～第8節参照	第10章参照

1 主な会計処理

「基準改正における基本的な方針」に記載のとおり（第1章第2節①参照），貸手の会計処理については，次の点を除き改正前リース会計基準の定めを踏襲している。

- 収益認識会計基準と整合性を図る点（後述②(1)参照）
- リースの定義およびリース識別（第4章参照）

貸手の会計処理について主な会計処理は次のとおりである。詳細については，各節を参照されたい。

(1) ファイナンス・リース

貸手は，リース開始日に，通常の売買取引に係る方法に準じた会計処理として，事業の一環で行うリースについて取引実態に応じて次のいずれかにより会計処理を行う。

（リース開始日）

① 製造または販売を事業とする貸手が事業の一環で行うリースの場合

（借）リース投資資産	XXX	（貸）売　上　高	XXX
またはリース債権			XXX
売　上　原　価	XXX	棚　卸　資　産	XXX

貸手のリース料からこれに含まれている利息相当額を控除した金額で売上高を計上し，同額でリース投資資産またはリース債権を計上する。

また，原資産の帳簿価額により売上原価を計上する。

② 製造または販売以外を事業とする貸手が当該事業の一環で行うリースの場合

（借）リース投資資産	XXX	（貸）買　掛　金	XXX
またはリース債権			

原資産の現金購入価額により，リース投資資産またはリース債権を計上する。

（貸手のリース期間中）

（借）現　金　預　金	XXX	（貸）リース投資資産　　　　XXX
		またはリース債権
		受　取　利　息　　　　XXX

　リース投資資産またはリース債権の受取利息は，原則として利息法により認識される。

(2)　オペレーティング・リース
　貸手は，通常の賃貸借取引に係る方法に準じた会計処理として，貸手のリース期間にわたり原則として定額法で計上する。

（リース開始日）

仕訳なし

（貸手のリース期間中）

（借）現　金　預　金	XXX	（貸）受取リース料　　　　XXX

　上記の仕訳では，貸手のリース料が定額で発生する場合を想定している。

2　主な改正点

(1)　収益認識会計基準との整合性を図る改正点

①　ファイナンス・リースの会計処理

　改正前リース会計基準では，貸手のファイナンス・リース取引について，以下の3つの中から取引実態に応じて選択した方法に従って会計処理することとされていた。

第7章 貸手の会計処理 239

| ① リース取引開始日に売上高と売上原価を計上する方法 |
| ② リース料受取時に売上高と売上原価を計上する方法 |
| ③ 売上高を計上せずに利息相当額を各期へ配分する方法 |

　このうち，②の方法については，収益認識会計基準において対価の受取時に
その受取額で収益を計上することが認められなくなったことを契機として，見
直しを行った結果，当該②の方法を廃止している（指針BC117項）。

　新リース会計基準では，事業の一環で行うファイナンス・リースについて，
収益認識会計基準との整合性を考慮して，取引実態に応じて，次のいずれかに
より会計処理を行う（後述第6節①(1)参照）。

| (1) 製造または販売を事業とする貸手が当該事業の一環で行うリース |
| (2) 製造または販売以外を事業とする貸手が当該事業の一環で行うリース |

　改正前リース会計基準における②の方法を採用していた企業が，新リース会
計基準における(1)の方法と(2)の方法を採用した場合の収益および費用への影響
のイメージはそれぞれ図表7-1-2および図表7-1-3のとおりである。

図表7-1-2 改正前リース会計基準における②の方法を採用していた企業が、新リース会計基準における(1)の方法を採用した場合の収益および費用への影響のイメージ

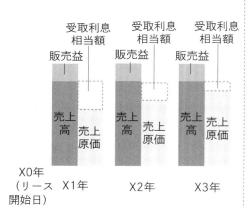

改正前リース会計基準
②の方法（リース料受取時に売上高と売上原価を計上する方法）および販売益の割賦基準

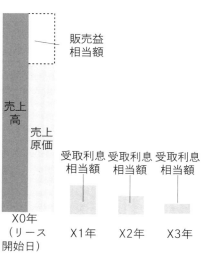

新リース会計基準
(1)の方法（リース開始日に売上高および売上原価を計上し、リース期間において受取利息を計上する方法）

図表7-1-3 改正前リース会計基準における②の方法を採用していた企業が、新リース会計基準における(2)の方法を採用した場合の収益および費用への影響のイメージ

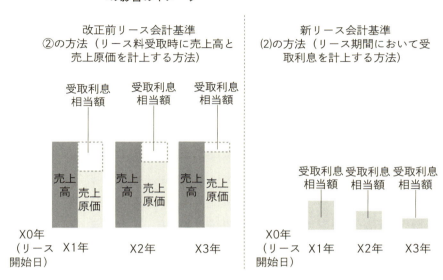

② オペレーティング・リースの会計処理

改正前リース会計基準では、オペレーティング・リース取引は、通常の賃貸借取引に係る方法に準じた会計処理を行うことのみを定めていた。新リース会計基準では、フリーレント（契約開始当初数か月間賃料が無償となる契約条項）やレントホリデー（例えば、数年間賃貸借契約を継続する場合に一定期間賃料が無償となる契約条項）に関する会計処理を明確にして収益認識会計基準との整合性を図るため、貸手は、オペレーティング・リースによる貸手のリース料について、貸手のリース期間にわたり原則として定額法で計上することとしている（後述第8節参照）。

(2) その他の主な改正点

貸手の会計処理に関するその他の主な改正点は**図表7-1-4**のとおりである。

図表 7 - 1 - 4 貸手の会計処理に関するその他の改正点

主な改正点	改正内容
貸手のリース期間	改正前リース会計基準では，リース期間は，借手が再リースを行うことが明らかな場合を除き，解約不能期間とされていた。 新リース会計基準では，上記と，借手のリース期間と同様の方法により決定した期間のいずれかを選択することができる（後述第2節[1]参照）。
貸手のリース料	改正前リース会計基準では，リース料が将来の一定の指標により変動するリース取引など，特殊なリース取引は扱っていなかった。 新リース会計基準では，リースを含む契約についてはその対価が変動するか否かにかかわらず，適用範囲に含めた上で，そのような変動するリース料については貸手のリース料に含めていない（後述第3節[4]参照）。

③ 改正前リース会計基準が踏襲されている主な定め

以下については，改正前リース会計基準の定めが基本的に踏襲されている。

図表 7 - 1 - 5 改正前リース会計基準が踏襲されている主な定め

項目	改正前リース会計基準	新リース会計基準
現在価値の算定に用いる割引率（後述第4節参照）	改正前のリース適用指針17項	指針66項
貸手のリースの分類（後述第5節参照）	改正前のリース会計基準5項，6項，8項	基準43項，44項
ファイナンス・リースに該当するか否かに関する具体的な判定基準（後述第5節[2]参照）	改正前のリース適用指針5項～9項，11項～13項	指針59項～63項
所有権移転ファイナンス・リースに該当するか否かの判定基準（後述第5節[3]参照）	改正前のリース適用指針10項	指針70項

第7章　貸手の会計処理　243

第2節　貸手のリース期間

1　貸手のリース期間の定義

　「貸手のリース期間」とは，貸手が選択した次のいずれかの期間をいう（基準16項）。

> (1)　借手のリース期間と同様の方法により決定した期間
> (2)　借手が原資産を使用する権利を有する解約不能期間（事実上解約不能と認められる期間を含む）に，リースが置かれている状況からみて借手が再リースする意思が明らかな場合の再リース期間（再リースに関する取決めにおける再リースに係るリース期間）を加えた期間

　国際的な会計基準においては，貸手のリース期間について，借手のリース期間と共通の定めとなっている。新リース会計基準では，次の理由から，継続的に適用することを条件として，借手のリース期間（第6章第2節1参照）と同様に決定する(1)の方法と改正前リース会計基準の定めを踏襲した(2)の方法のいずれも認めることとしている（基準BC38項）。

> (a)　新リース会計基準は，主として借手の会計処理について改正を行うものであり，貸手は，借手による延長オプションまたは解約オプションの行使可能性が合理的に確実か否かを評価することが困難であると考えられること
> (b)　借手による延長オプションまたは解約オプションの行使可能性が合理的に確実か否かを評価することができる場合に借手のリース期間と同様に決定することを妨げる特段の理由がなく，また，借手のリース期間と同様に決定する方法を認めることにより，国際的な会計基準との整合性が図られると考えられること

図表7-2-1 貸手のリース期間のイメージ

〈基準16項(1)の方法を選択した場合〉

解約不能期間	延長オプション／解約オプションの対象期間	
	行使すること／行使しないことが合理的に確実である期間	それ以外の期間
貸手のリース期間		

〈基準16項(2)の方法を選択した場合〉

解約不能期間	再リース期間	
	借手が再リースする意思が明らかな期間	それ以外の期間
貸手のリース期間		

2 再リース期間の取扱い

　新リース会計基準において，再リースについての定義はない。結論の背景では，その一般的な特徴として，次の2点が挙げられている（基準BC27項）。

- 再リースに関する条項が当初の契約で明示されていること
- 経済的耐用年数を考慮した解約不能期間経過後において，当初の月額リース料程度の年間リース料により行われる1年間のリースであること

　このように，再リース期間におけるリース料は解約不能期間と比較して12分の1程度に減額されるという性質を有する。したがって，例えば一般的な不動産リースにおける延長オプションが再リースに該当するケースは極めて稀と考えられる。

　再リース期間は，基準16項(2)の方法を選択した場合については，借手が再リースする意思が明らかなときに，貸手のリース期間に含まれる。基準16項(1)の方法を選択した場合については，通常の延長オプションと同様に，借手により再リースすることが合理的に確実である場合に貸手のリース期間に含められ

第7章　貸手の会計処理　　245

る（第6章第2節4参照）。

第3節　貸手のリース料

1　貸手のリース料の定義

　「貸手のリース料」とは，借手が貸手のリース期間中に原資産を使用する権利に関して行う貸手に対する支払であり，リースにおいて合意された使用料（残価保証がある場合は，残価保証額を含む）をいう。貸手のリース料には，契約におけるリースを構成しない部分に配分する対価は含まれない。また，貸手のリース料には，将来の業績等により変動する使用料等は含まれない（基準23項）。

　リースに残価保証が含まれる場合，貸手は，残価保証額を貸手のリース料に含める。なお，貸手においては，借手以外の第三者による残価保証額も貸手のリース料に含める（指針64項）。

図表7-3-1　貸手のリース料に含まれる項目と含まれない項目

貸手のリース料に含まれる項目	貸手のリース料に含まれない項目
(1)　リースにおいて合意された固定額の使用料 (2)　再リース料（再リース期間が貸手のリース期間に含まれる場合，前述第2節2参照） (3)　残価保証額（借手以外の第三者によるものも含む，後述2参照） (4)　割安購入選択権の行使価額（所有権移転ファイナンス・リースの場合，後述第7節参照））	(1)　契約におけるリースを構成しない部分に配分された対価（第5章第4節，後述3参照） (2)　将来の業績等により変動する使用料等（後述4参照）

2 残価保証の取扱い

「残価保証」とは，リース終了時に，原資産の価値が契約上取り決めた保証価額に満たない場合，その不足額について貸手と関連のない者が貸手に対して支払う義務を課せられる条件をいう。貸手と関連のない者には，借手および借手と関連のある当事者ならびに借手以外の第三者が含まれる（基準22項）。

リースに残価保証の取決めがある場合は，残価保証額を貸手のリース料に含める（指針64項）。

したがって，借手以外の第三者との間でリース期間終了時の原資産の処分価値の保証額を取り決める場合（原資産を取り決めた金額で買い取ることを保証する，または貸手による原資産の売却額と取り決めた額との差額を補填することを保証する等）があるが，貸手においては，こうした保証額についても，貸手のリース料に含めることとなる。

設例7−1 残価保証がある場合の会計処理

（前提条件）

貸手の決算日	各T期末
リースの取引実態	製造または販売以外を事業とする貸手が当該事業の一環で行うリース
貸手のリース期間	T1期首をリース開始日とする3年
貸手のリース料	年額：1,000千円（毎年T期末払い3回）
原資産の現金購入価額	2,700千円
借手による残価保証額	200千円
残価保証額以外の見積残存価額	ゼロ
その他の前提条件	本リースは，所有権移転ファイナンス・リースに該当するいずれの要件（指針70項）も満たさない。

（貸手の計算利子率の算定）

貸手のリース料を現在価値に割り引く利率は，貸手のリース料の現在価値と見積残存価額の現在価値の合計額が，当該原資産の現金購入価額と等しくなるような貸

手の計算利子率によること（指針66項）になり次のように算定される。また，貸手のリース料には残価保証額が含まれる（指針64項）。

$$= \frac{1,000}{(1+r)} + \frac{1,000}{(1+r)^2} + \frac{1,000+200}{(1+r)^3} = 2,700千円$$

$$r = 8.71\%$$

（リースの分類）

① 現在価値基準による判定（指針62項(1)）

　貸手の計算利子率である年8.71％を用いて，貸手のリース料3,200千円（貸手のリース料には残価保証額を含む）を割り引いた現在価値2,700千円は，貸手の現金購入価額2,700千円と等しくなる。

現在価値2,700千円÷現金購入価額2,700千円＝100％≧90％

　したがって，このリースはファイナンス・リースに該当する。

② ファイナンス・リースの分類

　前提条件より，このリースは所有権移転ファイナンス・リースには該当しない（指針70項）。

　したがって，①および②により，このリースは所有権移転外ファイナンス・リースに該当する。

（会計処理）

　製造または販売以外を事業とする貸手が当該事業の一環で行うリースであり，貸手は指針71項(2)に従って，次の会計処理を行う。
- リース開始日に，原資産の現金購入価額により，リース投資資産を計上する。
- 各期に受け取る貸手のリース料を利息相当額（※）とリース投資資産の元本回収とに区分し，前者を各期の損益として処理し，後者をリース投資資産の元本回収額として会計処理を行う。

（※）　貸手における利息相当額の総額は，貸手のリース料および見積残存価額（貸手のリース期間終了時に見積られる残存価額で残価保証額以外の額）の合計額から，これに対応する原資産の取得価額を控除することによって算定する（基準47項）。

　利息相当額の総額＝（貸手のリース料3,200千円＋見積残存価額０）－原資産の取得価額2,700千円＝500千円

当該利息相当額については，貸手のリース期間にわたり，原則として，利息法により配分する（指針73項）。

T1期首（リース開始日）

（単位：千円）

（借）リース投資資産（※）	2,700	（貸）買　掛　金	2,700

（※）　原資産の現金購入価額により，リース投資資産を計上する（指針71項(2)①）。

T1期末（リース料受取日，決算日）

（単位：千円）

（借）現　金　預　金	1,000	（貸）リース投資資産（※2）	765
		受　取　利　息（※1）	235

（※1）　受取利息235千円＝リース投資資産期首残高2,700千円×8.71％
（※2）　リース投資資産765千円＝貸手のリース料年額1,000千円－受取利息（※1）235千円

T2期末（リース料受取日，決算日）

（単位：千円）

（借）現　金　預　金	1,000	（貸）リース投資資産（※2）	831
		受　取　利　息（※1）	169

（※1）　受取利息169千円＝リース投資資産前期末残高1,935千円×8.71％
（※2）　リース投資資産831千円＝貸手のリース料年額1,000千円－受取利息（※1）169千円

T3期末（リース料受取日，リース終了時，原資産の受取，決算日）

（単位：千円）

（借）現　金　預　金	1,000	（貸）リース投資資産（※2）	904
		受　取　利　息（※1）	96
貯　蔵　品	200	リース投資資産	200

（※1）　受取利息96千円＝リース投資資産前期末残高1,104千円×8.71％
（※2）　リース投資資産904千円＝貸手のリース料年額1,000千円－受取利息（※1）96千円

第7章　貸手の会計処理　249

（原資産処分額および残価保証受取額の確定時）

（単位：千円）

（借）売　　掛　　金（※1）	50	（貸）貯　　蔵　　品	200
貯蔵品処分損	150		
売　　掛　　金（※2）	150	貯蔵品処分損	150

（※1）　原資産処分先に対する処分額が50千円であったと仮定している。
（※2）　借手による残価保証の履行額として，残価保証額200千円−処分額50千円の差額150千円を計上する。

3　役務提供相当額

　改正前リース会計基準では，通常の保守等の役務提供相当額が含まれる場合で，その金額がリース料に占める割合に重要性が乏しい場合は，これをリース料総額から控除しないことができるとされていた（改正前のリース適用指針54項〜55項および64項〜65項）。

　一方で，新リース会計基準では，貸手のリース料には契約におけるリースを構成しない部分に配分する対価は含まれないことが明記されている。

4　将来の業績等により変動する使用料等

　改正前のリース適用指針90項では，改正前リース会計基準の範囲に関して，「リース料が将来の一定の指標（売上高等）により変動するリース取引など，特殊なリース取引については，本適用指針では取り扱っていない」としている。

　新リース会計基準では，リースを含む契約についてはその対価が変動するか否かにかかわらず，適用範囲に含めた上で，そのような変動するリース料については貸手のリース料に含めていない。当該変動するリース料については，原則として，発生時に収益認識すると考えられる。

　なお，市場における賃料の変動を反映するように当事者間の協議をもって見直されることが契約条件で定められているリース料は，借手においては指数またはレートに応じて決まる借手の変動リース料に含まれる一方（指針24項，第6章第3節2(1)参照），貸手においては，将来の業績等により変動する使用料に含まれず，貸手のリース料に含まれると考えられる（基準BC29項）。

第 4 節	貸手の計算利子率

貸手の会計処理においては，次の場合に割引現在価値の算定が行われる。

- リースの分類における現在価値基準の判定（指針62項(1)，後述第 5 節 ②参照）
- リース投資資産またはリース債権の算定（貸手のリース料の現在価値による算定）（指針71項，72項，78項，後述第 6 節 ① および第 7 節参照）

この場合に用いられる「貸手の計算利子率」は，貸手のリース料の現在価値と貸手のリース期間終了時に見積られる残存価額で残価保証額以外の額（以下「見積残存価額」という）の現在価値の合計額が，当該原資産の現金購入価額または借手に対する現金販売価額と等しくなるような利率として算定される（指針66項）。

貸手の計算利子率については，改正前リース会計基準の定めを踏襲しており，IFRS第16号におけるリースの計算利子率とは主に貸手の当初直接コストを考慮しない点が異なる（指針BC106項）。

第 5 節	貸手のリースの分類

貸手のリースは，ファイナンス・リースとオペレーティング・リースに分類される。ファイナンス・リースは，さらに，所有権移転ファイナンス・リースと所有権移転外ファイナンス・リースに分類される（基準43項，44項）。

図表7-5-1 貸手のリースの分類

1 ファイナンス・リースとオペレーティング・リースの分類

「ファイナンス・リース」とは，次の「解約不能」と「フルペイアウト」のいずれも満たすリースをいう（基準11項，指針59項）。

解約不能	契約に定められた期間（契約期間）の中途において当該契約を解除することができない，またはこれに準ずるもの
フルペイアウト	借手が，原資産からもたらされる経済的利益を実質的に享受することができ，かつ，当該原資産の使用に伴って生じるコストを実質的に負担すること

「オペレーティング・リース」とは，ファイナンス・リース以外のリースをいう（基準14項）。

(1) 解約不能

「解約不能」とは，契約上契約期間中は解約不能であることが明記されているもの，および，法的形式上は解約可能であるとしても，解約に際し，相当の違約金（以下「規定損害金」という）を支払わなければならない等の理由から，事実上解約不能と認められるもの（解約不能のリースに準ずるもの）をいう（基準BC26項）。解約不能のリースに準ずるリースとしては次のものが挙げられる（指針60項）。

(1)	解約時に，未経過の契約期間に係るリース料のおおむね全額を，規定損害金として支払うこととされているリース
(2)	解約時に，未経過の契約期間に係るリース料から，借手の負担に帰属しない未経過の契約期間に係る利息等として，一定の算式により算出した額を差し引いたもののおおむね全額を，規定損害金として支払うこととされているリース

　以上の例示のとおり，契約において解約可能であることが明記されていなければ解約不能として取り扱われるわけではない。事実上解約不能であるかどうかは，契約条項の内容，商慣習等を勘案し契約の実態に応じ判断されることになる（指針BC99項）。

⑵　フルペイアウト

　「原資産からもたらされる経済的利益を実質的に享受する」場合と，「原資産の使用に伴って生じるコストを実質的に負担する」場合とは，それぞれ次の場合をいう（基準BC26項，指針61項）。

「原資産からもたらされる経済的利益を実質的に享受する」場合	当該原資産を自己所有するとするならば得られると期待されるほとんどすべての経済的利益を享受する場合をいう。
「原資産の使用に伴って生じるコストを実質的に負担する」場合	当該原資産の取得価額相当額，維持管理等の費用，陳腐化によるリスク等のほとんどすべてのコストを負担する場合をいう。

② ファイナンス・リースの具体的な判定基準

　リースがファイナンス・リースに該当するかどうかについては，指針59項における「解約不能」と「フルペイアウト」の2つの要件を満たす必要があり，その経済実質に基づいて判断すべきものである。しかし，次の現在価値基準または経済的耐用年数基準のいずれかに該当する場合には，ファイナンス・リースと判定される（指針62項）。

現在価値基準	貸手のリース料の現在価値が，原資産の現金購入価額のおおむね90％以上であること（指針62項(1)）。 ●「貸手のリース料」と現在価値算定に用いられる「貸手の計算利子率」については，前述第３節および第４節を参照 ●製造または販売を事業とする貸手が当該事業の一環として行うリースまたは貸手が事業の一環以外で行うリースにおける「原資産の現金購入価額」については後述(4)を参照
経済的耐用年数基準	貸手のリース期間が，原資産の経済的耐用年数のおおむね75％以上であること（指針62項(2)）。 ●「貸手のリース期間」の決定における再リースに係る取扱いについては，前述第２節②を参照

(1) 現在価値基準と経済的耐用年数基準の関係

　新リース会計基準では，ファイナンス・リースに該当するかの判定における現在価値基準を原則的な基準として位置付ける一方で，判定における簡便法として経済的耐用年数基準を設けている（指針BC104項）。したがって，現在価値基準の判定によりフルペイアウトでないことが明らかなものまで経済的耐用年数基準による判定を行う必要はない。

　原資産の特性，経済的耐用年数の長さ，原資産の中古市場の存在等を勘案すると，現在価値基準における判定結果が90％を大きく下回ることが明らかな場合は，経済的耐用年数基準における判定結果がおおむね75％以上であっても，現在価値基準のみにより判定を行うこととなる（指針62項(2)，63項）。すなわち，この場合，ファイナンス・リースに該当しないと考えられる。

図表７−５−２　現在価値基準と経済的耐用年数基準の関係

原則的な判定基準		簡便法としての判定基準
現在価値基準	>	経済的耐用年数基準

⑵ 現在価値基準および経済的耐用年数基準における「おおむね」の趣旨

　現在価値基準における90％と経済的耐用年数基準の75％という割合は，米国会計基準を参考にしている。しかし，米国においては意図的に90％や75％を若干下回るようにしてファイナンス・リース判定を逃れるような取引が仕組まれるなどの弊害があったため，新リース会計基準では，改正前リース会計基準と同様に，現在価値基準では「おおむね」90％以上，経済的耐用年数基準では「おおむね」75％以上とされている。

　特に，現在価値基準による判定においては，維持管理費用や割引率等，見積りの要素が多く，これらの見積りの程度によりファイナンス・リース判定の結果が異なるような場合には経済的実質に基づいて慎重な判断が必要と考えられる。「おおむね」の程度としては，例えば，現在価値基準については88％，経済的耐用年数については73％といった場合でも実質的にフルペイアウトと考えられる場合には，ファイナンス・リースと判定されるといった数値が例示されている（指針BC104項）。

⑶ 不動産リースの取扱い

　土地，建物等の不動産リースについては，不動産以外のリースと同様に，ファイナンス・リースに該当するかを判定する必要がある（指針68項）。

① 土地部分と建物部分等を分割した上で判定すること

ａ．一括リースの取扱い

　土地と建物等を一括したリースは，原則として，貸手のリース料を合理的な方法で土地に係る部分と建物等に係る部分に分割した上で，それぞれ判定を行う（指針69項）。

ｂ．貸手のリース料を分割する方法

　貸手のリース料を土地に係る部分と建物等に係る部分に合理的に分割する方法としては次の２つが考えられ，このうち最も実態に合った方法を採用する（指針BC109項）。

(1) 賃貸借契約書等で，適切な土地の賃料が明示されている場合には，貸手のリース料から土地の賃料を差し引いた額を，建物等のリース料とする。
(2) 貸手のリース料から土地の合理的な見積賃料を差し引いた額を，建物等のリース料とみなす。合理的な見積賃料には，近隣の水準などを用いることが考えられる。

なお，土地および建物を一括でサブリースする場合に当該土地と建物がそれぞれ独立したリースを構成する部分（第5章第2節②参照）に該当しないときは，中間的な貸手は，リースの分類および会計処理のために，貸手のリース料を土地に係る部分と建物に係る部分とに必ずしも分割することを要しないと考えられる（指針BC109項）。

また，契約の名称は「建物賃貸借契約」となっている場合でも，概念的には契約書に記載されている建物賃料の中には土地部分の賃料も含まれると考えられる。したがって，この場合も同様に，貸手のリース料を土地に係る部分と建物等に係る部分へ分割することが考えられる。

② 土地部分の判定における推定

土地部分については，契約上，所有権の移転条項または割安購入選択権の条項がある場合を除き，オペレーティング・リースに該当するものと推定される（指針68項，70項）。これは，土地の経済的耐用年数は無限であるため，通常，フルペイアウトのリースに該当しないと考えられるからである（指針BC108項）。

図表7－5－3　土地のリースの分類

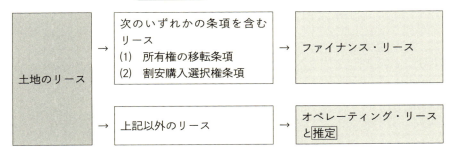

ここで，オペレーティング・リースと「推定」するとしているのは，不動産の取引には多様な形態があり，現在価値基準で90％以上となりフルペイアウトであると判断される場合には，たとえ特定の条項が含まれていなくとも，ファイナンス・リースとなるケースがありうることを想定しているものと考えられる。

(4) 現在価値基準の判定におけるその他の留意事項

現在価値基準の判定においては，次の点にも留意が必要である。

図表 7 - 5 - 4 現在価値基準の判定におけるその他の留意事項

貸手が製造または販売を事業としている場合の判定	製造または販売を主たる事業としている貸手が当該事業の一環で行うリース（後述第 6 節①(1)参照）または貸手が事業の一環以外で行うリース（後述第 6 節①(3)参照）においては，判定における「現金購入価額」として，貸手の製作価額や現金購入価額ではなく，当該原資産の借手に対する現金販売価額を用いる（指針65項）。
連結財務諸表における判定	●必要に応じて，親会社における貸手のリース料および連結子会社における貸手のリース料を合算した金額に基づき判定を行う。 ●重要性が乏しい場合には，親会社および連結子会社の個別財務諸表における結果の修正を要しない（指針67項）。

③ 所有権移転ファイナンス・リースと所有権移転外ファイナンス・リースの分類

(1) 定　義

ファイナンス・リースは，所有権移転ファイナンス・リースと所有権移転外ファイナンス・リースに分類される（基準44項）。

所有権移転ファイナンス・リース	契約上の諸条件に照らして原資産の所有権が借手に移転すると認められるファイナンス・リース（基準12項）

| 所有権移転外ファイナンス・リース | 所有権移転ファイナンス・リース以外のファイナンス・リース（基準13項） |

　原資産の所有権が借手に移転するものとは，以下のいずれかに該当するものをいう（指針70項）。

(1) 所有権移転条項付リース	契約上，契約期間終了後または契約期間の中途で，原資産の所有権が借手に移転することとされているリース
(2) 割安購入選択権付リース	契約上，借手に対して，契約期間終了後または契約期間の中途で，名目的価額またはその行使時点の原資産の価額に比して著しく有利な価額で買い取る権利（割安購入選択権）が与えられており，その行使が確実に予想されるリース
(3) 特別仕様の原資産に関するリース	原資産が，借手の用途等に合わせて特別の仕様により製作または建設されたものであって，当該原資産の返還後，貸手が第三者に再びリースまたは売却することが困難であるため，その使用可能期間を通じて借手によってのみ使用されることが明らかなリース

(2)　借手における「原資産の所有権が借手に移転すると認められるリース」との相違点

　貸手における「原資産の所有権が借手に移転すると認められるリース」の内容は，借手における「原資産の所有権が借手に移転すると認められるリース」（指針43項，第6章の**図表6-7-2**参照）と類似している。しかし，(2)については，次のとおりその内容が異なる点に留意が必要である。

借手（指針43項）	貸手（指針70項）
(2) 契約期間終了後または契約期間の中途で，借手による購入オプションの行使が合理的に確実であるリース	(2) 契約上，借手に対して，契約期間終了後または契約期間の中途で，割安購入選択権が与えられており，その行使が確実に予想されるリース

　購入オプションについて，改正前リース会計基準では，リース契約上，借手に対して割安購入選択権が与えられており，その行使が確実に予想される場合としていた。この点，借手については，割安かどうかのみではなく他の要因も

考慮して購入オプションの行使が合理的に確実な場合とするほうが，借手への所有権移転の可能性を反映して減価償却費の算定が可能となるため，新リース会計基準では購入オプションの行使が合理的に確実である場合に変更している（指針BC71項，第6章第7節②(1)参照）。一方で，貸手については改正前リース会計基準の定めが踏襲されており，借手と貸手の取扱いに差異がある。

設例7-2／リースの分類

（前提条件）

貸手の決算日	各T期末
リースの取引実態	製造または販売以外を事業とする貸手が当該事業の一環で行うリース
貸手のリース期間	T1期首をリース開始日とする5年
貸手のリース料	年額：1,000千円（毎年T期末払い5回）
原資産の現金購入価額	4,500千円
原資産の経済的耐用年数	6年
見積残存価額	500千円
その他の前提条件	本リースは，所有権移転ファイナンス・リースに該当するいずれの要件（指針70項）も満たさない。

（貸手の計算利子率の算定）

　貸手のリース料を現在価値に割り引く利率は，貸手のリース料の現在価値と見積残存価額の現在価値の合計額が，当該原資産の現金購入価額と等しくなるような貸手の計算利子率によること（指針66項）になり次のように算定される。

$$+\frac{1,000}{(1+r)}+\frac{1,000}{(1+r)^2}+\frac{1,000}{(1+r)^3}+\frac{1,000}{(1+r)^4}+\frac{1,000+500}{(1+r)^5}$$
$$=4,500千円$$
$$r=6.7\%$$

（リースの分類）

① 　現在価値基準による判定（指針62項(1)）

　貸手の計算利子率である年6.7％を用いて，貸手のリース料を割り引く。

$$\frac{1,000}{(1+6.7\%)}+\frac{1,000}{(1+6.7\%)^2}+\frac{1,000}{(1+6.7\%)^3}+\frac{1,000}{(1+6.7\%)^4}+\frac{1,000}{(1+6.7\%)^5}$$

＝4,138千円

　現在価値4,138千円÷現金購入価額4,500千円＝92％≧90％

　したがって，このリースはファイナンス・リースに該当する。

② 経済的耐用年数基準による判定（指針62項(2)）
　このリースは，①により，ファイナンス・リースに該当すると判断されたため，経済的耐用年数基準による判定は不要となる。なお，経済的耐用年数基準による判定を必要とする場合の計算結果は次のとおりとなる。

貸手のリース期間5年÷経済的耐用年数6年＝83％＞75％

③ ファイナンス・リースの分類
　前提条件より，このリースは所有権移転ファイナンス・リースには該当しない（指針70項）。
　したがって，①および③により，このリースは所有権移転外ファイナンス・リースに該当する。

第6節 所有権移転外ファイナンス・リースの会計処理

1 基本となる会計処理

(1) 貸手が事業の一環で行うリース

　貸手が事業の一環で行うリースについては，取引実態に応じて2つの方法のいずれかにより会計処理を行う（指針71項，65項）（**図表7-6-1**参照）。

図表 7-6-1 貸手が事業の一環で行う所有権移転外ファイナンス・リースの会計処理

会計処理の方法	仕訳イメージ
(1) 製造または販売を事業とする貸手が当該事業の一環で行うリース ① リース開始日に，貸手のリース料からこれに含まれている利息相当額を控除した金額で売上高を計上し（※），同額でリース投資資産を計上する。また，原資産の帳簿価額により売上原価を計上する。原資産を借手の使用に供するために支払う付随費用がある場合，当該付随費用を売上原価に含める。 　ただし，売上高と売上原価の差額（以下「販売益相当額」という）が貸手のリース料に占める割合に重要性が乏しい場合は，原資産の帳簿価額（付随費用がある場合はこれを含める）をもって売上高および売上原価とし，販売益相当額を利息相当額に含めて処理することができる。	（リース開始日） リース投資資産　／売上高 売上原価　　　　／棚卸資産
② 各期に受け取る貸手のリース料を利息相当額とリース投資資産の元本回収とに区分し，前者を各期の損益として処理し，後者をリース投資資産の元本回収額として会計処理を行う。	（リース料の受取時） 現金預金　／リース投資資産 　　　　　　受取利息
(2) 製造または販売以外を事業とする貸手が当該事業の一環で行うリース ① リース開始日に，原資産の現金購入価額（原資産を借手の使用に供するために支払う付随費用がある場合は，これを含める）により，リース投資資産を計上する。	（リース開始日） リース投資資産　／買掛金
② 各期に受け取る貸手のリース料を利息相当額とリース投資資産の元本回収とに区分し，前者を各期の損益として処理し，後者をリース投資資産の元本回収額として会計処理を行う。	（リース料の受取時） 現金預金／リース投資資産 　　　　　受取利息

（※）　製造または販売を事業とする貸手が当該事業の一環で行うリースについては，現在価値の算定において，借手に対する原資産の現金販売価額を用いる（指針65項，前述第5節②(4)参照）。そのため，この場合に計上される売上高については，原則として，当該現金販売価額となる。

(2) 改正前リース会計基準との比較

改正前リース会計基準では，貸手のファイナンス・リース取引について，以下の3つの中から取引実態に応じて選択した方法に従って会計処理することとされていた。

---

① リース取引開始日に売上高と売上原価を計上する方法
② リース料受取時に売上高と売上原価を計上する方法
③ 売上高を計上せずに利息相当額を各期へ配分する方法

新リース会計基準では，収益認識会計基準との整合性を考慮して事業の一環で行うリースの会計処理が定められているが，上記の改正前リース会計基準における3つの方法との関係は**図表7-6-2**のとおりとなる。

図表7-6-2 改正前リース会計基準と新リース会計基準における貸手のファイナンス・リースの会計処理の関係

改正前リース会計基準	新リース会計基準	説明
① リース取引開始日に売上高と売上原価を計上する方法	(1) 製造または販売を事業とする貸手が当該事業の一環で行うリース	改正前リース会計基準における①の方法を基本的に踏襲している。ただし，改正前リース会計基準においては売上高を利息相当額を含めて（すなわち，リース料総額で）算定し，利息相当額については繰り延べた上でリース投資資産と相殺して表示していたのに対して，新リース会計基準では売上高は利息相当額控除後の金額として算定される点は異なる（指針BC114項）。

② リース料受取時に売上高と売上原価を計上する方法		改正前リース会計基準における②の方法は，従来行われてきた割賦販売の処理を想定していた。新リース会計基準では，収益認識会計基準において対価の受取時にその受取額で収益を計上することが認められなくなったことを契機としてリースに関する収益の計上方法を見直した結果，この方法を廃止している（指針BC117項）。
③ 売上高を計上せずに利息相当額を各期へ配分する方法	(2) 製造または販売以外を事業とする貸手が当該事業の一環で行うリース	新リース会計基準では，金融取引の性質が強い場合を想定して，改正前リース会計基準における方法を基本的に踏襲している（指針BC115項）。

また，改正前リース会計基準においては，製品または商品を販売することを主たる事業としている企業が，同時に貸手として同一製品または商品をリース取引の対象物件としている場合の販売益相当額について，販売基準または割賦基準により処理することとされていたが，新リース会計基準における(1)の方法では，このうち販売基準のみが踏襲されており，割賦基準については踏襲されていない（指針BC114項）。

設例7-3	製造または販売を事業とする貸手が当該事業の一環で行うリースの会計処理

（前提条件）

貸手の決算日	各T期末
リースの取引実態	製造または販売を事業とする貸手が当該事業の一環で行うリース
貸手のリース期間	T1期首をリース開始日とする3年
貸手のリース料	年額：1,000千円（毎年T期末払い3回）
原資産の現金販売価額	2,900千円
原資産の帳簿価額	2,800千円

見積残存価額	200千円
その他の前提条件	本リースは，所有権移転ファイナンス・リースに該当するいずれの要件（指針70項）も満たさない。

（貸手の計算利子率の算定）

　貸手のリース料を現在価値に割り引く利率は，貸手のリース料の現在価値と見積残存価額の現在価値の合計額が，当該原資産の現金販売価額（※）と等しくなるような貸手の計算利子率によること（指針66項）になり次のように算定される。

$$\frac{1,000}{(1+r)}+\frac{1,000}{(1+r)^2}+\frac{1,000+200}{(1+r)^3}=2,900千円$$

$$r=4.93\%$$

（※）　製造または販売を事業とする貸手が当該事業の一環で行うリースであり，現金販売価額を用いる（指針65項）。

（リースの分類）

① 　現在価値基準による判定（指針62項(1)）

　貸手の計算利子率である年4.93％を用いて，貸手のリース料を割り引く。

$$\frac{1,000}{(1+4.93\%)}+\frac{1,000}{(1+4.93\%)^2}+\frac{1,000}{(1+4.93\%)^3}=2,727千円$$

　現在価値2,727千円÷現金販売価額2,900千円＝94％≧90％

　したがって，このリースはファイナンス・リースに該当する。

② 　ファイナンス・リースの分類

　前提条件より，このリースは所有権移転ファイナンス・リースには該当しない（指針70項）。

　したがって，①および②により，このリースは所有権移転外ファイナンス・リースに該当する。

（会計処理）

１．原則的な取扱い

　製造または販売を事業とする貸手が当該事業の一環で行うリースであり，貸手は指針71項(1)に従って，次の会計処理を行う。

● リース開始日に，貸手のリース料からこれに含まれている利息相当額を控除した金額で売上高を計上し，同額でリース投資資産を計上する。

- 原資産の帳簿価額により売上原価を計上する。
- 各期に受け取る貸手のリース料を利息相当額（※）とリース投資資産の元本回収とに区分し，前者を各期の損益として処理し，後者をリース投資資産の元本回収額として会計処理を行う。

（※）　貸手における利息相当額の総額は，貸手のリース料および見積残存価額（貸手のリース期間終了時に見積られる残存価額で残価保証額以外の額）の合計額から，これに対応する現金販売価額を控除することによって算定する（基準47項，指針65項）。

　利息相当額の総額＝（貸手のリース料3,000千円＋見積残存価額200）－現金販売価額2,900千円＝300千円

　当該利息相当額については，貸手のリース期間にわたり，原則として，利息法により配分する（指針73項）。

　なお，当該利息相当額は，貸手のリース料に関する部分と見積残存価額に関する部分が含まれており，それぞれ次のとおりとなる。

（単位：千円）

	総額	現在価値	利息相当額
貸手のリース料	3,000	2,727	273
見積残存価額	200	（※）173	27

（※）　見積残存価額の現在価値

$$\frac{200}{(1+4.93\%)^3}=173千円$$

T1期首（リース開始日）

（単位：千円）

（借）リース投資資産（※2）	2,727	（貸）売　上　高（※1）	2,727
売　上　原　価（※3）	2,800	棚　卸　資　産	2,800
リース投資資産（※2）	173	売　上　原　価（※3）	173

（※1）　貸手のリース料3,000千円からこれに含まれている利息相当額273千円を控除した金額，すなわち，貸手のリース料の現在価値2,727千円で売上高を計上する（指針71項(1)）。

（※2）　リース投資資産は，売上高2,727千円（※1）と見積残存価額の現在価値173千円の合計額2,900千円で計上する。

（※3）　原資産の帳簿価額2,800千円から見積残存価額の現在価値173千円を控除した2,627千円で売上原価を計上する。

第7章 貸手の会計処理　265

T1期末（リース料受取日，決算日）

（単位：千円）

| （借）現　金　預　金 | 1,000 | （貸）リース投資資産（※2） | 857 |
| | | 受　取　利　息（※1） | 143 |

（※1）　受取利息143千円＝リース投資資産期首残高2,900千円×4.93％

（※2）　リース投資資産857千円＝貸手のリース料年額1,000千円－受取利息（※1）143千円

T2期末（リース料受取日，決算日）

（単位：千円）

| （借）現　金　預　金 | 1,000 | （貸）リース投資資産（※2） | 899 |
| | | 受　取　利　息（※1） | 101 |

（※1）　受取利息101千円＝リース投資資産前期末残高2,043千円×4.93％

（※2）　リース投資資産899千円＝貸手のリース料年額1,000千円－受取利息（※1）101千円

T3期末（リース料受取日，リース終了時，決算日）

（単位：千円）

（借）現　金　預　金	1,000	（貸）リース投資資産（※2）	944
		受　取　利　息（※1）	56
貯　蔵　品	200	リース投資資産	200

（※1）　受取利息56千円＝リース投資資産前期末残高1,144千円×4.93％

（※2）　リース投資資産944千円＝貸手のリース料年額1,000千円－受取利息（※1）56千円

2．販売益相当額に重要性がない場合の簡便的な取扱い（※）（指針71項(1)①ただし書き）

（※）　本設例は，あくまで販売益相当額に重要性がないケースの取扱いを例示するものであり，本設例で示された販売益相当額が貸手のリース料に比して重要性が乏しいことを示すものではない。

　販売益相当額を利息相当額に含めて処理するため，各数値はそれぞれ次のように算定される。

①　貸手の計算利子率

$$= \frac{1,000}{(1+r)} + \frac{1,000}{(1+r)^2} + \frac{1,000+200}{(1+r)^3} = 2,800千円$$

r = 6.76 %

② 貸手のリース料の現在価値

$$= \frac{1,000}{(1+6.76\%)} + \frac{1,000}{(1+6.76\%)^2} + \frac{1,000}{(1+6.76\%)^3} = 2,636千円$$

③ 見積残存価額の現在価値

$$= \frac{200}{(1+6.76\%)^3} = 164千円$$

④ 利息相当額の総額

= （貸手のリース料3,000千円 + 見積残存価額200） - 原資産の帳簿価額2,800千円
= 400千円

当該利息相当額については，貸手のリース期間にわたり，原則として，利息法により配分する（指針73項）。

なお，当該利息相当額は，貸手のリース料に関する部分と見積残存価額に関する部分が含まれており，それぞれ次のとおりとなる。

（単位：千円）

	総額	現在価値	利息相当額
貸手のリース料	3,000	2,636	364
見積残存価額	200	164	36

T 1 期首（リース開始日）

（単位：千円）

（借）リース投資資産（※2）	2,636	（貸）売　　上　　高（※1）	2,636
売　上　原　価（※3）	2,800	棚　卸　資　産	2,800
リース投資資産（※2）	164	売　上　原　価（※3）	164

（※1） 貸手のリース料3,000千円からこれに含まれている利息相当額364千円を控除した金額，すなわち，貸手のリース料の現在価値2,636千円で売上高を計上する（指針71項(1)）。

（※2） リース投資資産は，売上高2,636千円（※1）と見積残存価額の現在価値164千円の合計額2,800千円で計上する。

（※3） 原資産の帳簿価額2,800千円から見積残存価額の現在価値164千円を控除した2,636千円で売上原価を計上する。

第7章　貸手の会計処理　267

T1期末（リース料受取日，決算日）

(単位：千円)

| (借) 現 金 預 金 | 1,000 | (貸) リース投資資産(※2) | 811 |
| | | 受 取 利 息(※1) | 189 |

(※1)　受取利息189千円＝リース投資資産期首残高2,800千円×6.76％
(※2)　リース投資資産811千円＝貸手のリース料年額1,000千円－受取利息（※1）189千円

T2期末（リース料受取日，決算日）

(単位：千円)

| (借) 現 金 預 金 | 1,000 | (貸) リース投資資産(※2) | 865 |
| | | 受 取 利 息(※1) | 135 |

(※1)　受取利息135千円＝リース投資資産前期末残高1,989千円×6.76％
(※2)　リース投資資産865千円＝貸手のリース料年額1,000千円－受取利息（※1）135千円

T3期末（リース料受取日，リース終了時，決算日）

(単位：千円)

(借) 現 金 預 金	1,000	(貸) リース投資資産(※2)	924
		受 取 利 息(※1)	76
貯 蔵 品	200	リース投資資産	200

(※1)　受取利息76千円＝リース投資資産前期末残高1,124千円×6.76％
(※2)　リース投資資産924千円＝貸手のリース料年額1,000千円－受取利息（※1）76千円

設例7-4　製造または販売以外を事業とする貸手が当該事業の一環で行うリースの会計処理

（前提条件）

貸手の決算日	各T期末
リースの取引実態	製造または販売以外を事業とする貸手が当該事業の一環で行うリース
貸手のリース期間	T1期首をリース開始日とする3年
貸手のリース料	年額：1,000千円（毎年T期末払い3回）
原資産の現金購入価額	2,700千円

見積残存価額	ゼロ
その他の前提条件	本リースは，所有権移転ファイナンス・リースに該当するいずれの要件（指針70項）も満たさない。

（貸手の計算利子率の算定）

　貸手のリース料を現在価値に割り引く利率は，貸手のリース料の現在価値と見積残存価額の現在価値の合計額が，当該原資産の現金購入価額と等しくなるような貸手の計算利子率によること（指針66項）になり次のように算定される。

$$\frac{1,000}{(1+r)}+\frac{1,000}{(1+r)^2}+\frac{1,000}{(1+r)^3}=2,700千円$$

$r=5.46\%$

（リースの分類）

① 現在価値基準による判定（指針62項(1)）

　原資産の見積残存価額がゼロであるため，貸手のリース料を年5.46％で割り引いた現在価値2,700千円は，貸手の現金購入価額2,700千円と等しくなる。

　現在価値2,700千円÷現金購入価額2,700千円＝100％≧90％

　したがって，このリースはファイナンス・リースに該当する。

② ファイナンス・リースの分類

　前提条件より，このリースは所有権移転ファイナンス・リースには該当しない（指針70項）。

　したがって，①および②により，このリースは所有権移転外ファイナンス・リースに該当する。

（会計処理）

　製造または販売以外を事業とする貸手が当該事業の一環で行うリースであり，貸手は指針71項(2)に従って，次の会計処理を行う。

● リース開始日に，原資産の現金購入価額により，リース投資資産を計上する。

● 各期に受け取る貸手のリース料を利息相当額（※）とリース投資資産の元本回収とに区分し，前者を各期の損益として処理し，後者をリース投資資産の元本回収額として会計処理を行う。

（※） 貸手における利息相当額の総額は，貸手のリース料および見積残存価額（貸手のリース期間終了時に見積られる残存価額で残価保証額以外の額）の合計額から，これに対応する原資産の取得価額を控除することによって算定する（基準47項）。

第7章　貸手の会計処理　269

利息相当額の総額

　＝（貸手のリース料3,000千円＋見積残存価額0）－原資産の取得価額2,700千円

　＝300千円

　当該利息相当額については，貸手のリース期間にわたり，原則として，利息法により配分する（指針73項）。

T1期首（リース開始日）

（単位：千円）

（借）リース投資資産（※）	2,700	（貸）買　　掛　　金	2,700

（※）　原資産の現金購入価額により，リース投資資産を計上する（指針71項(2)①）。

T1期末（リース料受取日，決算日）

（単位：千円）

（借）現　金　預　金	1,000	（貸）リース投資資産（※2）	853
		受　取　利　息（※1）	147

（※1）　受取利息147千円＝リース投資資産前期末残高2,700千円×5.46％

（※2）　リース投資資産853千円＝貸手のリース料年額1,000千円－受取利息（※1）147千円

T2期末（リース料受取日，決算日）

（単位：千円）

（借）現　金　預　金	1,000	（貸）リース投資資産（※2）	899
		受　取　利　息（※1）	101

（※1）　受取利息101千円＝リース投資資産期首残高1,847千円×5.46％

（※2）　リース投資資産899千円＝貸手のリース料年額1,000千円－受取利息（※1）101千円

T3期末（リース料受取日，リース終了時，決算日）

（単位：千円）

（借）現　金　預　金	1,000	（貸）リース投資資産（※2）	948
		受　取　利　息（※1）	52

（※1）　受取利息52千円＝リース投資資産前期末残高948千円×5.46％

（※2）　リース投資資産948千円＝貸手のリース料年額1,000千円－受取利息（※1）52千円

(3) 事業の一環以外で行うリース

改正前リース会計基準においては，貸手が事業の一環以外で行うリースの会計処理は明らかではなかったが，新リース会計基準では，**図表7-6-3**のとおり会計処理が明記されている（指針72項）。

図表7-6-3 貸手が事業の一環以外で行う所有権移転外ファイナンス・リースの会計処理

会計処理の方法	仕訳イメージ
① リース開始日に，貸手のリース料からこれに含まれている利息相当額を控除した金額と原資産の帳簿価額との差額を売買損益として計上し，貸手のリース料からこれに含まれている利息相当額を控除した金額でリース投資資産を計上する。原資産を借手の使用に供するために支払う付随費用がある場合，当該付随費用を売上原価に含める。 　ただし，当該売却損益が貸手のリース料に占める割合に重要性が乏しい場合は，当該売却損益を利息相当額に含めて処理することができる。	（リース開始日） リース投資資産　／原資産 　　　　　　　　　　売買損益
② 各期に受け取る貸手のリース料を利息相当額とリース投資資産の元本回収とに区分し，前者を各期の損益として処理し，後者をリース投資資産の元本回収額として会計処理を行う。	（リース料の受取時） 現金預金　／リース投資資産 　　　　　　　受取利息

設例7-5 事業の一環以外で行うリースの会計処理

（前提条件）

貸手の決算日	各T期末
リースの取引実態	事業の一環以外で行うリース
貸手のリース期間	T1期首をリース開始日とする3年
貸手のリース料	年額：1,000千円（毎年T期末払い3回）
原資産の現金販売価額	2,700千円
原資産の帳簿価額	2,500千円
見積残存価額	ゼロ

第7章　貸手の会計処理　　271

| その他の前提条件 | 本リースは，所有権移転ファイナンス・リースに該当するいずれの要件（指針70項）も満たさない。 |

（貸手の計算利子率の算定）
　貸手のリース料を現在価値に割り引く利率は，貸手のリース料の現在価値と見積残存価額の現在価値の合計額が，当該原資産の現金販売価額（※）と等しくなるような貸手の計算利子率によること（指針66項）になり次のように算定される。

$$\frac{1,000}{(1+r)} + \frac{1,000}{(1+r)^2} + \frac{1,000}{(1+r)^3} = 2,700千円$$

r＝5.46％

（※）　貸手が事業の一環以外で行うリースであり，現金販売価額を用いる（指針65項）。

（リースの分類）
①　現在価値基準による判定（指針62項(1)）
　原資産の見積残存価額がゼロであるため，貸手のリース料を年5.46％で割り引いた現在価値2,700千円は，貸手の現金購入価額2,700千円と等しくなる。

　現在価値2,700千円÷現金購入価額2,700千円＝100％≧90％
　したがって，このリースはファイナンス・リースに該当する。

②　ファイナンス・リースの分類
　前提条件より，このリースは所有権移転ファイナンス・リースには該当しない（指針70項）。

　したがって，①および②により，このリースは所有権移転外ファイナンス・リースに該当する。

（会計処理）
　貸手が事業の一環以外で行うリースであり，貸手は指針72項に従って，次の会計処理を行う。
● リース開始日に，貸手のリース料からこれに含まれている利息相当額を控除した金額と原資産の帳簿価額との差額を売買損益として計上し，貸手のリース料からこれに含まれている利息相当額を控除した金額でリース投資資産を計上する。
● 各期に受け取る貸手のリース料を利息相当額（※）とリース投資資産の元本回収とに区分し，前者を各期の損益として処理し，後者をリース投資資産の元本回収額として会計処理を行う。
（※）　貸手における利息相当額の総額は，貸手のリース料および見積残存価額（貸手のリース期間終了時に見積られる残存価額で残価保証額以外の額）の合計額から，これに対

応する現金販売価額を控除することによって算定する（基準47項，指針65項）。

利息相当額の総額

= （貸手のリース料3,000千円＋見積残存価額０） － 現金販売価額2,700千円

= 300千円

当該利息相当額については，貸手のリース期間にわたり，原則として，利息法により配分する（指針73項）。

T１期首（リース開始日）

(単位：千円)

| (借) リース投資資産(※１) | 2,700 | (貸) 有形固定資産 | 2,500 |
| | | 売却損益(※２) | 200 |

（※１） リース投資資産2,700千円＝貸手のリース料3,000千円－利息相当額300千円

（※２） 売却損益200千円＝貸手のリース料からこれに含まれている利息相当額を控除した金額2,700千円（※１）－原資産の帳簿価額2,500千円

T１期末（リース料受取日，決算日）

(単位：千円)

| (借) 現金預金 | 1,000 | (貸) リース投資資産(※２) | 853 |
| | | 受取利息(※１) | 147 |

（※１） 受取利息147千円＝リース投資資産期首残高2,700千円×5.46％

（※２） リース投資資産853千円＝貸手のリース料年額1,000千円－受取利息（※１）147千円

T２期末（リース料受取日，決算日）

(単位：千円)

| (借) 現金預金 | 1,000 | (貸) リース投資資産(※２) | 899 |
| | | 受取利息(※１) | 101 |

（※１） 受取利息101千円＝リース投資資産前期末残高1,847千円×5.46％

（※２） リース投資資産899千円＝貸手のリース料年額1,000千円－受取利息（※１）101千円

T３期末（リース料受取日，リース終了時，決算日）

(単位：千円)

| (借) 現金預金 | 1,000 | (貸) リース投資資産(※２) | 948 |
| | | 受取利息(※１) | 52 |

（※１） 受取利息52千円＝リース投資資産前期末残高948千円×5.46％

第7章 貸手の会計処理 　273

> （※2）　リース投資資産948千円＝貸手のリース料年額1,000千円－受取利息（※1）52
> 千円

２ 利息相当額の各期への配分

(1) 原則的な取扱い

　貸手における利息相当額の総額は，貸手のリース料と見積残存価額の合計額から，対応する原資産の取得価額を控除することによって算定する。利息相当額の貸手のリース期間にわたる配分方法は，原則として利息法による（基準47項）。この場合に用いる利率は，貸手の計算利子率（前述第4節参照）である（指針73項）。

(2) 例外的な取扱い

　貸手としてのリースに重要性が乏しいと認められる場合，利子定額法によることができる（74項）。

原則的な取扱い	各期のリース投資資産残高に一定の利益率（貸手の計算利子率）を乗じて配分する方法（利息法）
例外的な取扱い（※）	貸手のリース期間中の各期に定額で配分する方法（利子定額法）

（※）　リースを主たる事業としている企業は，例外的な取扱いを適用することはできない。

　「貸手としてのリースに重要性が乏しいと認められる場合」とは，次の算定式が10％未満である場合をいう（指針75項）。

$$\frac{未経過の貸手のリース料＋見積残存価額の合計額の期末残高}{未経過の貸手のリース料＋見積残存価額の合計額の期末残高＋営業債権}$$

　この判定においては，以下の点に留意が必要である。

- 未経過の貸手のリース料および見積残存価額の合計額の期末残高には，利息相当額を利息法により各期に配分しているリースに係る残高は含まれない（指針BC119項(1)）。
- 営業債権に，未経過の貸手のリース料の期末残高が含まれる場合，未経過の貸

手のリース料と営業債権の期末残高の合計額が二重にならないように調整を行う（指針BC119項(2)）。
- 営業債権には，契約資産（収益認識会計基準10項）が含まれる（指針BC119項(3)）。
- 連結財務諸表における判定においては，連結財務諸表の数値を基礎として見直すことができる。見直した結果，個別財務諸表の結果の修正を行う場合，連結修正仕訳で修正を行う（指針75項なお書き）。

設例 7 - 6 / 利子定額法を採用する場合の会計処理

（前提条件）

前述第 6 節①の設例 7 - 4 と同一の以下の前提条件とする。

貸手の決算日	各 T 期末
リースの取引実態	製造または販売以外を事業とする貸手が当該事業の一環で行うリース
貸手のリース期間	T 1 期首をリース開始日とする 3 年
貸手のリース料	年額：1,000千円（毎年 T 期末払い 3 回）
原資産の現金購入価額	2,700千円
見積残存価額	ゼロ
その他の前提条件	本リースは，所有権移転ファイナンス・リースに該当するいずれの要件（指針70項）も満たさない。

ただし，以下の条件を追加する。
- 貸手は，リースを主たる事業としておらず，また，貸手のリースに重要性が乏しいと認められる。

貸手の計算利子率の算定と，リースの分類，利息相当額の総額については，前述第 6 節①の設例 7 - 4 を参照されたい。
- 貸手の計算利子率：5.46 ％
- リースの分類：所有権移転外ファイナンス・リース
- 利息相当額の総額：300千円

（会計処理）

製造または販売以外を事業とする貸手が当該事業の一環で行うリースであり，貸手は指針71項(2)に従って，次の会計処理を行う。
- リース開始日に，原資産の現金購入価額により，リース投資資産を計上する。

第7章　貸手の会計処理　275

● 各期に受け取る貸手のリース料を利息相当額とリース投資資産の元本回収とに区分し，前者を各期の損益として処理し，後者をリース投資資産の元本回収額として会計処理を行う。

　利息相当額の配分に関して，貸手は，リースを主たる事業としておらず，また，貸手のリースに重要性が乏しいと認められることから，利子定額法を採用し，利息相当額の総額を貸手のリース期間中の各期に定額で配分する（指針74項）。

T1期首（リース開始日）

（単位：千円）

（借）リース投資資産（※）	2,700	（貸）買　　掛　　金	2,700

（※）　原資産の現金購入価額により，リース投資資産を計上する（指針71項(2)①）。

T1期末（リース料受取日，決算日）

（単位：千円）

（借）現　金　預　金	1,000	（貸）リース投資資産（※2）	900
		受　取　利　息（※1）	100

（※1）　受取利息100千円＝利息相当額の総額300千円÷貸手のリース期間3年
（※2）　リース投資資産900千円＝貸手のリース料年額1,000千円－受取利息（※1）100
　　　　千円

T2期末（リース料受取日，決算日）

（単位：千円）

（借）現　金　預　金	1,000	（貸）リース投資資産	900
		受　取　利　息	100

T3期末（リース料受取日，リース終了時，決算日）

（単位：千円）

（借）現　金　預　金	1,000	（貸）リース投資資産	900
		受　取　利　息	100

参考：利息法と利子定額法において各期に計上される受取利息

	利息法（※）	利子定額法
T 1 期	147	100
T 2 期	101	100
T 3 期	52	100
合計	300	300

（※） 利息法による各期の受取利息の金額については，前述第 6 節①の設例 7 - 4 を参照されたい。

③ リース期間終了時の処理

貸手のリース期間が終了し，借手から原資産の返却を受けた場合，原資産の見積残存価額でリース投資資産からその後の保有目的に応じて貯蔵品または固定資産等に振り替える。返却された原資産を処分した場合，処分価額と帳簿価額との差額を処分損益に計上する（指針76項）。

図表 7 - 6 - 4 リース期間終了時の処理のイメージ

	仕訳例（貯蔵品に振り替える場合）		
原資産の返却	貯蔵品	／	リース投資資産
原資産の処分	売掛金	／	貯蔵品 貯蔵品処分益（差額）

④ 再リースの会計処理

貸手は，再リース期間を貸手のリース期間に含めない場合，再リース料は発生時に収益に計上する。

この場合，リース投資資産は，貸手のリース期間の終了により固定資産に振り替え，当該固定資産について，再リース開始時点の見積再リース期間にわたり減価償却を行う。この場合の固定資産の取得価額は，リース投資資産から振り替えた金額とする（指針76項）。

第7章　貸手の会計処理　277

図表7-6-5　再リースの処理のイメージ

	仕訳例		
再リースの開始 （貸手のリース期 間の終了）	固定資産	／	リース投資資産
再リース料の発生	現金預金	／	受取リース料
減価償却	減価償却費	／	減価償却累計額

　一方，再リース期間を次のいずれかにより貸手のリース期間に含めている場合，再リース期間においても解約不能期間と同様に，所有権移転外ファイナンス・リース取引の会計処理（前述1および2参照）を行う。

- 貸手のリース期間について基準16項(1)の方法を選択している場合（前述第2節1参照）において，再リースを行うことが合理的に確実であると判断している。
- 貸手のリース期間について基準16項(2)の方法を選択している場合（前述第2節1参照）において，再リースを行う意思が明らかであると判断している。

図表7-6-6　再リースの会計処理

貸手のリース期間における 再リース期間の取扱い	会計処理
再リース期間を貸手のリース期間に含めていない。	再リース料は，その発生時に収益計上される。
再リース期間を貸手のリース期間に含めている。	再リース料は貸手のリース料に含められ，リース投資資産またはリース債権の一部として会計処理される。

5　中途解約の処理

　貸手は，中途解約されたリースについて規定損害金を受け取る場合，当該規定損害金と中途解約時のリース投資資産残高（中途解約時点での見積残存価額控除後）との差額を損益として計上する（指針77項）。

図表7-6-7 中途解約の処理のイメージ

	仕訳例		
規定損害金の受取り	現金預金	／	リース投資資産 解約損益（差額）

第7節 所有権移転ファイナンス・リースの会計処理

　所有権移転ファイナンス・リースについては売買取引に準じた会計処理が行われ，以下の点を除き，所有権移転外ファイナンス・リースと同様の会計処理（前述第6節参照）が行われる（指針78項）。

図表7-7-1 所有権移転外ファイナンス・リースと所有権移転ファイナンス・リースの相違点

	所有権移転外 ファイナンス・リース	所有権移転 ファイナンス・リース
計上される資産	リース投資資産	リース債権
割安購入選択権の取扱い	該当なし	その行使価額を貸手のリース料および受取リース料に含める。
利息相当額の各期への配分方法における例外的な取扱い（利子定額法）	リースを主たる事業としている企業を除き，貸手としてのリースに重要性が乏しいと認められる場合に認められる（指針74項，前述第6節2(2)参照）。	認められない。

1 リース債権とリース投資資産の性質

　所有権移転ファイナンス・リースの場合，貸手は，借手からのリース料と割安購入選択権の行使価額で回収を行う。したがって，所有権移転ファイナン

ス・リースから生じるリース債権は，借手に対する債権の性質を有する。

　一方，所有権移転外ファイナンス・リースの場合，貸手は，借手からのリース料とリース終了後の原資産の売却価額（リース開始日においては見積残存価額）により回収を行う。したがって，所有権移転外ファイナンス・リースから生じるリース投資資産は，将来のリース料を収受する権利と見積残存価額から構成される複合的な資産である（基準BC55項，BC56項）。

　このような両者の性質の差異を踏まえ，所有権移転ファイナンス・リースで生じる資産はリース債権に計上し，所有権移転外ファイナンス・リースで生じる資産はリース投資資産に計上する（基準46項）。

　リース債権は金融商品と考えられ，また，リース投資資産のうち将来のリース料を収受する権利に係る部分については，金融商品的な性格を有すると考えられる。したがって，これらについては，その消滅の認識や貸倒見積高の算定等などにおいて，金融商品会計基準の定めに従う（基準BC57項，金融商品実務指針18項）。また，いずれも金融商品の時価等の開示の対象となる（企業会計基準適用指針第19号「金融商品の時価等の開示に関する適用指針」（以下「金融商品時価開示適用指針」という）４項(1)，第10章第４節③(3)参照）。

図表 7 - 7 - 2　リース債権とリース投資資産の性格

	構成要素	金融商品会計基準における取扱い
所有権移転ファイナンス・リースから生じるリース債権	①　借手からのリース料 ②　割安購入選択権の行使価額	①と②ともに，消滅の認識や貸倒見積高の算定等につき金融商品会計基準に従って処理する。
所有権移転外ファイナンス・リースから生じるリース投資資産	①　借手からのリース料 ②　リース終了後の原資産の売却価額（見積残存価額）	①について，消滅の認識や貸倒見積高の算定等につき金融商品会計基準に従って処理する。

設例7-7	所有権移転ファイナンス・リースの会計処理

（前提条件）

貸手の決算日	各T期末
リースの取引実態	製造または販売以外を事業とする貸手が当該事業の一環で行うリース
貸手のリース期間	T1期首をリース開始日とする3年
貸手のリース料	年額：1,000千円（毎年T期末払い3回）
原資産の現金購入価額	2,700千円
割安購入選択権	借手は，リース期間終了時に200千円で買い取る権利が与えられている。当該買取権は割安購入選択権に該当する。

（貸手の計算利子率の算定）

　貸手のリース料を現在価値に割り引く利率は，貸手のリース料の現在価値と見積残存価額の現在価値の合計額が，当該原資産の現金購入価額と等しくなるような貸手の計算利子率によること（指針66項）になり次のように算定される。また，貸手のリース料には割安購入選択権の行使価額が含まれる（指針78項）。

$$\frac{1,000}{(1+r)}+\frac{1,000}{(1+r)^2}+\frac{1,000+200}{(1+r)^3}=2,700千円$$
$$r=8.71\%$$

（リースの分類）

①　現在価値基準による判定（指針62項(1)）

　貸手の計算利子率である年8.71％を用いて，貸手のリース料3,200千円（貸手のリース料には割安購入選択権の行使価額を含む）を割り引いた現在価値2,700千円は，貸手の現金購入価額2,700千円と等しくなる。

　現在価値2,700千円÷現金購入価額2,700千円＝100％≧90％

　したがって，このリースはファイナンス・リースに該当する。

②　ファイナンス・リースの分類

　割安購入選択権があるため，所有権移転ファイナンス・リースに該当する（指針70項）。

　したがって，①および②により，このリースは所有権移転ファイナンス・リースに該当する。

第7章　貸手の会計処理　　281

（会計処理）
　製造または販売以外を事業とする貸手が当該事業の一環で行うリースであり，貸手は指針71項(2)および指針78項に従って，次の会計処理を行う。
● リース開始日に，原資産の現金購入価額により，リース債権を計上する。
● 各期に受け取る貸手のリース料を利息相当額（※）とリース債権の元本回収とに区分し，前者を各期の損益として処理し，後者をリース債権の元本回収額として会計処理を行う。
（※）　貸手における利息相当額の総額は，貸手のリース料および見積残存価額（貸手のリース期間終了時に見積られる残存価額で残価保証額以外の額）の合計額から，これに対応する原資産の取得価額を控除することによって算定する（基準47項）。

利息相当額の総額
　＝（貸手のリース料3,200千円＋見積残存価額０）－原資産の取得価額2,700千円
　＝500千円
　当該利息相当額については，貸手のリース期間にわたり，原則として，利息法により配分する（指針73項，79項）。

T1期首（リース開始日）
（単位：千円）

（借）リ ー ス 債 権（※）	2,700	（貸）買 　 掛 　 金	2,700

（※）　原資産の現金購入価額により，リース債権を計上する（指針71項(2)①，78項）。

T1期末（リース料受取日，決算日）
（単位：千円）

（借）現 金 預 金	1,000	（貸）リ ー ス 債 権（※2）	765
		受 取 利 息（※1）	235

（※1）　受取利息235千円＝リース債権期首残高2,700千円×8.71％
（※2）　リース債権765千円＝貸手のリース料年額1,000千円－受取利息（※1）235千円

T2期末（リース料受取日，決算日）
（単位：千円）

（借）現 金 預 金	1,000	（貸）リ ー ス 債 権（※2）	831
		受 取 利 息（※1）	169

（※1）　受取利息169千円＝リース債権前期末残高1,935千円×8.71％
（※2）　リース債権831千円＝貸手のリース料年額1,000千円－受取利息（※1）169千円

T 3 期末（リース料受取日，リース終了時，割安購入選択権の行使，決算日）

（単位：千円）

（借）現　金　預　金	1,000	（貸）リ　ー　ス　債　権（※２）	904
		受　　取　　利　　息（※１）	96
現　金　預　金	200	リ　ー　ス　債　権（※３）	200

（※１）　受取利息96千円＝リース債権前期末残高1,104千円×8.71％
（※２）　リース債権904千円＝貸手のリース料年額1,000千円－受取利息（※１）96千円
（※３）　割安購入選択権が行使されたことを前提としている。

第8節　オペレーティング・リースの会計処理

　貸手のオペレーティング・リースについては，通常の賃貸借取引に係る方法に準じた会計処理を行う（基準48項）。貸手は，オペレーティング・リースによる貸手のリース料について，貸手のリース期間にわたり原則として定額法で計上する（指針82項）。

　改正前リース会計基準では，通常の賃貸借取引に係る方法に準じた会計処理を行うとされているのみで，具体的な会計処理は示されていなかった。そのため，フリーレント（契約開始当初数か月間賃料が無償となる契約条項）やレントホリデー（例えば，数年間賃貸借契約を継続する場合に一定期間賃料が無償となる契約条項）等の無償賃貸期間に関する会計処理について，会計処理の実務に多様性があり，企業間の比較可能性が損なわれているとの指摘があった（指針BC121項）。

　新リース会計基準では，収益認識会計基準との整合性を図り，貸手のリース料を貸手のリース期間にわたり原則として定額法で計上することを明確化している。

　したがって，フリーレント条項を含むリースや毎期のリース料が定額でないリースについては，新リース会計基準の適用により貸手の収益認識方法に変更が生じる可能性がある。

第 7 章　貸手の会計処理　283

1　貸手のリース期間について基準16項⑵の方法を選択する場合

　貸手のリース期間について，貸手は次のいずれかの方法を選択して決定する（基準16項，前述第 2 節1参照）。

⑴　借手のリース期間と同様の方法により決定した期間
⑵　借手が原資産を使用する権利を有する解約不能期間（事実上解約不能と認められる期間を含む）に，リースが置かれている状況からみて借手が再リースする意思が明らかな場合の再リース期間（再リースに関する取決めにおける再リースに係るリース期間）を加えた期間

　このうち，⑵の方法を選択する場合において，当該貸手のリース期間に無償賃貸期間が含まれるときは，貸手は，契約期間における使用料の総額（ただし，将来の業績等により変動する使用料を除く）について契約期間にわたり計上する（指針82項）。

　これは，わが国におけるオペレーティング・リースについては解約不能期間が著しく短い契約も見受けられることから，⑵の方法を選択する場合に契約に無償賃貸期間が含まれるときは，当該解約不能期間を基礎としてオペレーティング・リースの収益を計上することは取引実態を正しく反映しない可能性があることを踏まえ，この場合には，貸手のリース期間ではなく，契約期間を基礎として収益を計上することとしたものである（指針BC121項）。

設例 7 - 8　オペレーティング・リースの会計処理

（前提条件）
　貸手（決算期は各 T 期末）は，T 1 期首をリース開始日とする，以下の条件を含む建物のリース契約を締結した。

● 契約期間 5 年であり，解約不能期間は 2 年間，残りの契約期間は借手が解約オプションを有する。
● リース料については，当初 1 年がフリーレント期間であり，残りの契約期間は毎年300千円である。
● 貸手は，借手が行使しないことが合理的に確実であるリースの解約オプションの対象期間は，解約不能期間経過後から 1 年間（リース開始日から 3 年間）であると判断している。

（貸手のリース期間）
　貸手は「貸手のリース期間」について，次のいずれかの方法を選択して決定するが（基準16項），本設例では，それぞれの会計処理を示している。
(1)　借手のリース期間と同様の方法により決定した期間
　　前提条件より，解約不能期間に借手が行使しないことが合理的に確実であるリースの解約オプションの対象期間を加えた期間（基準15項）としての，貸手のリース期間は 3 年間となる。
(2)　借手が原資産を使用する権利を有する解約不能期間（事実上解約不能と認められる期間を含む）に，リースが置かれている状況からみて借手が再リースする意思が明らかな場合の再リース期間を加えた期間
　　前提条件より，解約不能期間は 2 年間であり，再リース期間はなく，貸手のリース期間は 2 年間となる。

（会計処理）
1．貸手のリース期間について基準16項(1)の方法を選択した場合
　貸手は，オペレーティング・リースによる貸手のリース料について，貸手のリース期間にわたり原則として定額法で計上する（指針82項）。
　貸手のリース期間 3 年におけるリース料受取額と，リース収益認識額は次のとおりとなる。

（単位：千円）

	T 1 期	T 2 期	T 3 期
リース料受取額	0	300	300
リース収益認識額	200	200	200

T 1 期末（決算日）

（単位：千円）

（借）未 収 リ ー ス 料	200	（貸）受 取 リ ー ス 料	200

T 2 期末（リース料受取日，決算日）

（単位：千円）

（借）現 金 預 金	300	（貸）受 取 リ ー ス 料	200
		未 収 リ ー ス 料	100

第7章　貸手の会計処理　　285

T3期末（リース料受取日，決算日）

（単位：千円）

| （借）現　金　預　金 | 300 | （貸）受 取 リ ー ス 料 | 200 |
| | | 未 収 リ ー ス 料 | 100 |

2．貸手のリース期間について基準16項(2)の方法を選択した場合

　　貸手が貸手のリース期間について基準16項(2)の方法を選択した場合に当該貸手の
リース期間に無償賃貸期間が含まれるときは，貸手は，契約期間における使用料の
総額（ただし，将来の業績等により変動する使用料を除く）について契約期間にわ
たり計上する（指針82項）。

　　貸手のリース期間は2年間であり，当該期間には無償賃貸期間が含まれるため，
契約期間5年間における使用料の総額1,200千円を契約期間5年間にわたり計上する。

　　契約期間5年間におけるリース料受取額と，リース収益認識額は次のとおりとなる。

（単位：千円）

	T1期	T2期	T3期	T4期	T5期
リース料受取額	0	300	300	300	300
リース収益認識額	240	240	240	240	240

T1期末（決算日）

（単位：千円）

| （借）未 収 リ ー ス 料 | 240 | （貸）受 取 リ ー ス 料 | 240 |

T2期末（リース料受取日，決算日）

（単位：千円）

| （借）現　金　預　金 | 300 | （貸）受 取 リ ー ス 料 | 240 |
| | | 未 収 リ ー ス 料 | 60 |

T3期末（リース料受取日，決算日）

（単位：千円）

| （借）現　金　預　金 | 300 | （貸）受 取 リ ー ス 料 | 240 |
| | | 未 収 リ ー ス 料 | 60 |

　　T4期以降も同様な会計処理を行う。

② 適用初年度より前にフリーレント期間が終了していた場合

新リース会計基準の適用初年度の経過措置として，指針118項ただし書きの方法（第11章第3節参照）を選択する貸手は，改正前リース会計基準においてオペレーティング・リース取引に分類していたリースについて，適用初年度の期首に締結された新たなリースとして，新リース会計基準を適用することができる（指針132項，第11章第3節②(3)参照）。

これにより，貸手は，対象のオペレーティング・リースについて適用初年度の期首時点より前にフリーレント期間が終了しており当該時点以降のリース期間においては定額のリース料が生じる場合，遡及してリース収益の修正を行うことは不要となると考えられる（指針BC171項）。

第9節 建設協力金等の預り預託保証金

建設協力金とは，賃貸用建物等の建設において，入居予定者（借手）から土地の所有者（貸手）へ拠出される建設資金をいう。一般的に，建設協力金は，低利の金利（または無金利）が付され，一定期間据え置き後に賃借期間内の一定期間にわたり分割返済される。

建設協力金等の預り預託保証金については，次のように会計処理される（指針83項～86項）。

図表7-9-1 建設協力金等の預り預託保証金の会計処理

	建設協力金等の預り預託保証金（敷金を除く）	敷金
将来返還されるもの	（当初認識時） ●預り預託保証金を時価で計上する（※）。 ●預り預託保証金の受取額と時価の差額を長期前受家賃として計上する。 （契約期間中） ●預り預託保証金の当初認識時の時価と返済額の差額を契約期間にわたって配分し支払利息として計	債務額で貸借対照表に計上する。

	上する。 ● 長期前受家賃について，契約期間にわたって各期の損益に合理的に配分する。 ただし，返済期日までの期間が短いもの等，その影響額に重要性がない預り預託保証金については，以上の会計処理ではなく，債務に準じて会計処理を行うことができる。	
将来返還されないもの	賃貸予定期間にわたり定額法により収益に計上する。	賃貸予定期間にわたり定額法により収益に計上する。

（※）　当初認識時における時価は，預り預託保証金の返済期日までのキャッシュ・フローを割り引いた現在価値として算定される。

　預り保証金に関する貸手の会計処理については，これまで金融商品実務指針に定められていた。新リース会計基準においては，これらの項目が主にリースの締結により生じる項目であるため，これまでの取扱いを踏襲した上で，その中に定められている（指針BC122項）。

第10節　貸手において会計処理の選択が認められる項目

　以下は，新リース会計基準において，貸手において会計処理の選択が認められる項目である。いずれの項目を選択した場合に個別に注記するかは，次のように判断することになると考えられる。

> ● 重要な会計方針に関する注記：遡及適用等会計基準 4 - 2 項の開示目的に照らした重要性に基づいて判断する。
> ● リースに関する注記：基準54項の開示目的に照らした重要性に基づいて判断する。

図表 7 -10- 1 貸手において会計処理の選択が認められる項目

対象となる事項	会計処理の内容	新リース会計基準における該当箇所および参照箇所
契約対価の配分における維持管理費用相当額の取扱い	リースを構成する部分とリースを構成しない部分への契約対価の配分において，次のいずれかの方法を選択できる。 (1) 財またはサービスを移転しない活動およびコストを対価の一部に含めて配分する (2) 維持管理費用相当額を対価から控除して収益または費用の控除額として処理する	指針13項 第 5 章第 4 節①参照
リースを構成する部分とリースを構成しない部分とを分けずに，両部分を合わせて会計処理を行う実務上の便法	一定の要件を満たす場合，リースを構成する部分とリースを構成しない部分とを分けずに，主たる部分がどちらかに応じて，オペレーティング・リースに係る会計処理を行うか，収益認識会計基準に従って単一の履行義務として会計処理を行うことができる。	指針14項，15項 第 5 章第 4 節②参照
貸手のリース期間	次のいずれかの方法を選択できる。 (1) 借手のリース期間と同様の方法により決定した期間 (2) 借手が原資産を使用する権利を有する解約不能期間（事実上解約不能と認められる期間を含む）に，リースが置かれている状況からみて借手が再リースする意思が明らかな場合の再リース期間（再リースに関する取決めにおける再リースに係るリース期間）を加えた期間	基準16項 本章第 2 節①参照
連結財務諸表におけるリースの分類の判定	連結財務諸表において現在価値基準を判定するときに，重要性が乏しい場合には，親会社および連結子会社の個別財務諸表における結果の修正を要しない。	指針67項 本章第 5 節②(4)参照

対象となる事項	会計処理の内容	新リース会計基準における該当箇所および参照箇所
ファイナンス・リースにおける販売益相当額の取扱い	売上と売上原価の差額としての販売益相当額が貸手のリース料に占める割合に重要性が乏しい場合には，当該販売益相当額を売上高とせず，利息相当額に含めて処理することができる。	指針71項(1) 指針72項 本章第6節①(1)および(3)参照
所有権移転外ファイナンス・リースにおける利息相当額の各期への配分	貸手としてのリースに重要性が乏しいと認められる場合，所有権移転外ファイナンス・リースについて，利息相当額の総額を貸手のリース期間中の各期に定額で配分できる（ただし，リースを主たる事業としている企業は除く）。 また，連結財務諸表においては，上記の重要性の判定を連結財務諸表の数値を基礎として見直すことができる。	指針74項，75項 本章第6節②(2)参照
将来返還される建設協力金等の預り預託保証金（敷金を除く）について，影響額に重要性がない場合	返済期日までの期間が短いもの等，その影響額に重要性がない預り預託保証金については，債務に準じて会計処理を行うことができる。	指針84項 本章第9節参照

第11節　IFRS会計基準との比較

　新リース会計基準では，貸手の会計処理に関する定めについて，収益認識会計基準との整合性を図る点ならびにリースの定義およびリースの識別を除き，基本的に改正前リース会計基準の定めを踏襲している（基準BC53項）。

1　日本基準とIFRS会計基準の間の主な差異

　日本基準とIFRS会計基準では，主に次の点で差異がある。

- IFRS第16号においては，ファイナンス・リースとオペレーティング・リースの分類において，日本基準のような数値基準（75％や90％）は明記されていない。
- IFRS第16号においては，日本基準のようにファイナンス・リースをさらに所有権移転ファイナンス・リースと所有権移転外ファイナンス・リースに分類しない。

図表 7 -11- 1 貸手の会計処理における日本基準とIFRS会計基準との比較

	日本基準	IFRS会計基準
リースの分類	ファイナンス・リースとオペレーティング・リースに分類する。ファイナンス・リースはさらに所有権移転ファイナンス・リースと所有権移転外ファイナンス・リースに分類する。 （基準43項，44項，本章第 5 節参照）	ファイナンス・リースとオペレーティング・リースに分類する。 （IFRS16. 61〜65, B53〜B57）
ファイナンス・リースの定義	次の(1)および(2)のいずれも満たすリースをいう。 (1) 契約期間の中途において当該契約を解除することができないリースまたはこれに準ずるリース (2) 借手が，原資産からもたらされる経済的利益を実質的に享受することができ，かつ，当該原資産の使用に伴って生じるコストを実質的に負担することとなるリース （基準11項，指針59項，本章第 5 節①参照）	原資産の所有に伴うリスクと経済価値のほとんどすべてを移転するリース（IFRS16.付録 A ）
オペレーティング・リースの定義	ファイナンス・リース以外のリース （基準14項，本章第 5 節①参照）	原資産の所有に伴うリスクと経済価値のほとんどすべてを移転するものではないリース（IFRS16.付録 A ）
ファイナンス・リースとオペレーティング・リース	リースがファイナンス・リースに該当するかは，指針59項の 2 つの要件をその経済実質に基づいて判断するが，次の(1)または(2)のいずれかに該	単独でまたは組み合わせによりリースが通常はファイナンス・リースに分類されることとなる状況の例は次のとおり

第7章 貸手の会計処理 291

	日本基準	IFRS会計基準
の分類における判定基準	当する場合には，ファイナンス・リースと判定される。 (1) 現在価値基準 　貸手のリース料の現在価値が，原資産の現金購入価額のおおむね90％以上であること (2) 経済的耐用年数基準 　貸手のリース期間が，原資産の経済的耐用年数のおおむね75％以上であること（ただし，原資産の特性，経済的耐用年数の長さ，原資産の中古市場の存在等を勘案すると，上記(1)の判定結果が90％を大きく下回ることが明らかな場合を除く） （指針62項，本章第5節②参照）	である。 (a) 当該リースにより，リース期間の終了までに借手に原資産の所有権が移転される。 (b) 借手が，オプションが行使可能となる日の公正価値よりも十分に低いと予想される価額で原資産を購入するオプションを有していることにより，当該オプションが行使されることが契約日において合理的に確実である。 (c) 所有権が移転しない場合でもリース期間が原資産の経済的耐用年数の大部分を占める。 (d) 契約日において，リース料の現在価値が，少なくとも原資産の公正価値のほとんどすべてとなっている。 (e) 原資産が特殊な性質のものであり，借手のみが大きな改変なしに使用できる。 (IFRS16.63)
不動産リースの分類	原則として，貸手のリース料を合理的な方法で土地に係る部分と建物等に係る部分に分割した上で，建物等について，現在価値基準の判定を行う。 土地については，指針70項の(1)または(2)のいずれかに該当する場合を除き，オペレーティング・リースに該当するものと推定する。 （指針68項，69項，本章第5節②(3)	リースの分類および会計処理のために必要となる場合には，リース料を，契約日におけるリースの土地要素と建物要素の賃借権の公正価値の比率により土地要素と建物要素に配分する。 土地要素のリースの分類の際に重要な考慮事項の1つは，土地の経済的耐用年数が通常

	日本基準	IFRS会計基準
	参照)	は確定できないことである。 (IFRS16.B55〜B56)
ファイナンス・リースの会計処理	(事業の一環で行うリース) 取引実態に応じて，次のいずれかにより会計処理する。 (1) 製造または販売を事業とする貸手 ●利息相当額控除後の貸手のリース料で売上高とリース投資資産またはリース債権を計上する。 ●原資産の帳簿価額で売上原価を計上する。 (2) 製造または販売以外を事業とする貸手 ●原資産の現金購入価額でリース投資資産またはリース債権を計上する。 (事業の一環以外で行うリース) ●利息相当額控除後の貸手のリース料と原資産の帳簿価額との差額を売却損益として計上する。 ●利息相当額控除後の貸手のリース料でリース投資資産またはリース債権を計上する。 (指針71項，72項，78項，本章第6節①および第7節参照)	(製造業者または販売業者以外の貸手の場合) ●原資産の認識を中止し，リース債権を認識する。 ●両者の差額としての売却損益がある場合，リース開始日に認識される。 (製造業者または販売業者である貸手の場合) ●原資産の認識を中止し，リース債権を認識する。 ●IFRS第15号が適用される売切り販売についての方針に従って販売損益が認識される。 (IFRS16.67,71〜72)
オペレーティング・リースの会計処理	貸手のリース料について，貸手のリース期間にわたり原則として定額法で計上する。 (指針82項，本章第8節参照)	リース料総額をリース期間にわたって，定額法または他の規則的方法により収益認識する。 (IFRS16.81)
リースの契約条件変更が生じた場合の会計処理	会計処理について明記されていない。	(ファイナンス・リースの場合) 条件変更を独立したリースとして会計処理するか判定の上，

	日本基準	IFRS会計基準
		当該判定に応じて会計処理を行う（IFRS16.79〜80）。（オペレーティング・リースの場合）条件変更を当該条件変更の発効日から新たなリースとして会計処理する。（IFRS16.87）
ポートフォリオ単位で会計処理を行う実務上の便法	当該実務上の便法について明記されていない。	会計処理における実務上の便法として，貸手はIFRS第16号を一定の要件を満たすリースのポートフォリオに適用することができる。（IFRS16.B1）

2　日本基準特有の簡便的な取扱い

　日本基準では，次のような項目について，重要性が乏しい場合等に簡便的な取扱いを容認している。

図表7-11-2 貸手の会計処理における特有の重要性が乏しい場合等に認められる取扱い

選択可能な項目	内容
維持管理費用相当額の配分方法	次のいずれかを選択できる。 (1) 財またはサービスを移転しない活動およびコストを対価の一部に含めて配分する方法 (2) 維持管理費用相当額を対価から控除して収益または費用の控除額として処理する方法 （指針13項，第5章第4節1参照）
重要性が乏しいと認められる場合の連結財務諸表における	連結財務諸表において現在価値基準を判定する場合，必要に応じて親会社と子会社のリース料を合算して判定するが，重要性が乏しい場合は個別財務諸表の結果の修正を要しない。

リースの分類の判定	(指針67項，本章第 5 節 ②(4)参照)
重要性が乏しいと認められる場合の販売益相当額の取扱い	販売益相当額が貸手のリース料に占める割合に重要性が乏しい場合，販売益相当額を受取利息相当額に含めて処理できる。(指針71項(1)，72項，本章第 6 節 ①(1)および(3)参照)
重要性が乏しいと認められる場合の利息相当額の各期への配分	貸手としてのリースに重要性が乏しいと認められる場合，所有権移転外ファイナンス・リースについて，利息相当額の総額を貸手のリース期間中の各期に定額で配分できる（ただし，リースを主たる事業としている企業は除く）。連結財務諸表においては，上記の判定を連結財務諸表の数値を基礎として見直すことができる。(指針74項，75項，本章第 6 節 ②(2)参照)

第 **8** 章

サブリース取引

第1節　サブリース取引の概要

1　サブリース取引

　サブリース取引とは，原資産が借手から第三者にさらにリースされ，当初の貸手と借手の間のリースが依然として有効である取引をいう。このうち，当初の貸手と借手との間のリースを「ヘッドリース」，ヘッドリースにおける借手を「中間的な貸手」という（指針4項(12)）。

　サブリース取引は，例えば次のようなケースで利用される。

- 賃借人が店舗として利用するために賃借した不動産物件について，店舗としての利用を休止したことから，残りの賃借期間の一部またはすべてにわたり第三者へ転貸するケース
- 賃借人がオフィスビルやアパートの1棟を賃借した上で，その一部の区画や部屋単位で第三者へ転貸するケース
- 賃借人が機械設備を賃借した上で，オペレーションやメンテナンス等の自らのサービスを付加した上で，当該機械設備を第三者へ転貸するケース

図表8－1－1　サブリース取引の全体像

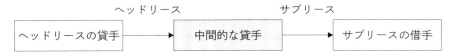

　ヘッドリースの貸手およびサブリースの借手については，それぞれ一般的なリースにおける貸手としての会計処理（第7章参照）および借手としての会計処理（第6章参照）を行う。

　本章では，中間的な貸手の会計処理について取り扱っている。

2　主な改正点

　改正前リース会計基準においては，転リース取引について次の定めがある（改正前のリース適用指針47項）。

第8章　サブリース取引　　297

47. リース物件の所有者から当該物件のリースを受け，さらに同一物件をおおむ
ね同一の条件で第三者にリースする取引（以下「転リース取引」という。）で
あって，借手としてのリース取引および貸手としてのリース取引の双方がファ
イナンス・リース取引に該当する場合，貸借対照表上はリース債権またはリー
ス投資資産とリース債務の双方を計上することとなるが，支払利息，売上高，
売上原価等は計上せずに，貸手として受け取るリース料総額と借手として支払
うリース料総額の差額を手数料収入として各期に配分し，転リース差益等の名
称で損益計算書に計上する。

　新リース会計基準では，主として次のような改正を行っている。

● サブリース取引について，IFRS第16号と整合的に，その定義および中間的な貸
　手の原則的な会計処理を定める（後述第2節参照）。
●「中間的な貸手がヘッドリースに対してリスクを負わない」取引について，サブ
　リース取引の中の一定の要件を満たす取引として位置付けた上で，例外的な会
　計処理を定める（後述第3節参照）。
● 改正前リース会計基準における転リース取引の定めについて，転リース取引を
　サブリース取引の中の一定の要件を満たす取引として位置付けた上で，例外的
　な会計処理として引き継ぐ（後述第4節参照）。

第2節　原則的な会計処理

1　会計処理の概要

　中間的な貸手は，ヘッドリースについては借手としての立場にあるとともに，
サブリースについては貸手の立場にあるため，それぞれについて次のように別
個に会計処理する（指針89項）。

ヘッドリースの借手としての会計処理	リース開始日に使用権資産およびリース負債を認識する。
サブリースの貸手としての会計処理	サブリースをファイナンス・リースかオペレーティング・リースへ分類の上，当該分類に応じて貸手の会計処理を行う。

図表 8-2-1 中間的な貸手における会計処理

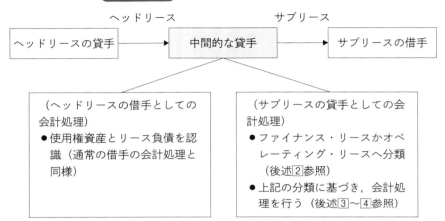

ヘッドリースとサブリースを別個に会計処理する理由は，これらの契約は一般的に別個に交渉されており，中間的な貸手にとってヘッドリースから生じる義務（すなわち，リース負債）は，一般にサブリースの契約条件によって消滅することはないからである（指針BC124項）。

2 サブリースの分類

次の(1)または(2)のいずれかに該当する場合，サブリースは，ファイナンス・リースと判定される（指針91項）。

(1) 現在価値基準	サブリースにおける貸手のリース料の現在価値が，「独立第三者間取引における使用権資産のリース料」のおおむね90％以上であること
(2) 経済的耐用年数基準	サブリースにおける貸手のリース期間が，ヘッドリースにおける残りの借手のリース期間のおおむね75％以上であること（ただし，上記(1)の判定結果が90％を大きく下回ることが明らかな場合を除く）

第 8 章　サブリース取引　　299

図表 8 - 2 - 2　サブリースの分類上の主なポイント

判定において，ヘッドリースから生じる使用権資産を参照すること	ファイナンス・リース判定においては，原資産ではなくヘッドリースから生じる使用権資産を参照する（指針90項）。例えば，サブリースにおける貸手のリース期間がヘッドリースにおける残りの借手のリース期間と一致する場合，(2)の経済的耐用年数基準を満たすため，通常，当該サブリースはファイナンス・リースと判定されると考えられる。
独立第三者間取引における使用権資産のリース料	使用権資産に係るサブリースのリース開始日に現金で全額が支払われるものと仮定した場合のリース料をいう。このとき，当該リース料は，サブリースを実行するために必要な知識を持つ自発的な独立第三者の当事者が行うと想定した場合のリース料とする。また，当該リース料の算定にあたっては，サブリースがヘッドリースのリース期間の残存期間にわたって行われるものと仮定する（指針90項(2)）。
ヘッドリースについて使用権資産およびリース負債を計上していない場合	ヘッドリースについて短期リースまたは少額リースに関する簡便的な取扱いを適用して使用権資産およびリース負債を計上していない場合（第 6 章第 5 節参照），サブリースはオペレーティング・リースに分類される（指針91項）。

3　サブリースがファイナンス・リースに分類される場合の会計処理

　サブリースのリース開始日に，次の会計処理を行う（指針89項(1)）。

① サブリースした使用権資産の消滅を認識する。
② サブリースにおける貸手のリース料の現在価値と使用権資産の見積残存価額の現在価値の合計額でリース投資資産またはリース債権を計上する。
③ リース投資資産またはリース債権の計上および使用権資産の取崩しに伴う損益は，原則として純額で計上する。

300

図表8-2-3 ファイナンス・リースに分類されたサブリースの会計処理における主なポイント

リース投資資産またはリース債権を算定する際に用いられる割引率	次の(1)の金額が(2)の金額と等しくなるような利率を用いる（指針90項）。 (1) サブリースにおける貸手のリース料の現在価値と使用権資産の見積残存価額の現在価値の合計額 (2) 独立第三者間取引における使用権資産のリース料 ただし，当該利率の算出が容易でない場合，ヘッドリースに用いた割引率を用いることができる。
サブリース取引に係る損益の計上方法	サブリース取引に係る損益は，原則として純額で計上する（指針89項(1)③）。 ただし，例えば中間的な貸手が財の販売やサービスの提供を行う中でサブリースを組み合わせて利用するようなときに，財またはサービスに係る収益とサブリースに係る収益を整合的に計上する観点から中間的な貸手はサブリース取引に係る損益を総額で計上するほうが適切であると考えられる場合がある（指針BC127項）。

4 サブリースがオペレーティング・リースに分類される場合の会計処理

サブリースにおける貸手のリース期間中に，サブリースから受け取る貸手のリース料について，オペレーティング・リースの会計処理を行う（指針89項(2)）。

以上の会計処理のイメージは**図表8-2-4**のとおりである。

第8章 サブリース取引　301

図表 8-2-4 中間的な貸手における会計処理のイメージ

サブリースがファイナンス・リースの場合		サブリースがオペレーティング・リースの場合	
1．ヘッドリースの開始時の会計処理		1．ヘッドリースの開始時の会計処理	
使用権資産	リース負債	使用権資産	リース負債
2．サブリースの開始時の会計処理		2．サブリースの開始時の会計処理 仕訳なし	
リース投資資産または リース債権	使用権資産 損失または利益（差額）（※）		
（※）原則として，純額で計上する。			
（サブリースの開始後の貸借対照表のイメージ）		（サブリースの開始後の貸借対照表のイメージ）	
リース投資資産または リース債権	リース負債	使用権資産	リース負債

第3節　例外的な会計処理1

1　中間的な貸手がヘッドリースに対してリスクを負わない場合

　中間的な貸手がヘッドリースに対してリスクを負わない場合とは，**図表 8-3-1**の要件をいずれも満たすサブリース取引をいう（指針92項）。

図表 8-3-1 中間的な貸手がヘッドリースに対してリスクを負わない場合

要件（指針92項）	説明（指針BC129項）
(1) 中間的な貸手は，サブリースの借手からリース料の支払を受けない限り，ヘッドリースの貸手に対してリース料を支払う義務を負わない。	これらの要件により，中間的な貸手がヘッドリースに対して一切のリスクを負わず，貸借対照表においてヘッドリースのリース負債を計上しないことが適切である限定的な取引を特定する。
(2) 中間的な貸手のヘッドリースにおける支払額は，サブリースにおいて受け取る金額にあらかじめ定められた料率を乗じた金額である。	
(3) 中間的な貸手は，次のいずれを決定する権利も有さない。 ① サブリースの契約条件（サブリースにおける借手の決定を含む） ② サブリースの借手が存在しない期間における原資産の使用方法	この要件により，中間的な貸手のヘッドリースに対する権利が限定的であり，貸借対照表において使用権資産を計上しないことが適切である取引を特定する。

(2)の要件は，ヘッドリースの開始日にあらかじめ契約条件が定まっていることを前提としており，また，(1)の要件は通常，あらかじめヘッドリース契約に定められる要件であると考えられる。これらの要件を設けることで，例外的な会計処理が適切である限定的な取引を特定している（指針BC129項）。

そのため，「あらかじめヘッドリースに契約が定められることなく結果的にヘッドリースとサブリースを組み合わせたスキーム全体が3要件を満たすような条件設定」の場合には，上記の指針92項の要件（**図表8-3-1**参照）を満たさないと考えられる（コメント対応表211）。

2 例外的な会計処理

(1) 会計処理の概要

中間的な貸手は，ヘッドリースに対してリスクを負わない場合，次のとおり会計処理することができる（指針92項）。

第8章 サブリース取引　303

図表 8 - 3 - 2　例外的な会計処理 1

貸借対照表における取扱い	損益計算書における取扱い
ヘッドリースにおける使用権資産および リース負債を計上しない。	以下のいずれか遅い時点で，貸手として受け取るリース料と借手として支払うリース料の差額を損益に計上する。 ①　サブリースにおいて受け取るリース料の発生時 ②　サブリースにおいて受け取るリース料の受領時

(2)　損益計算書上，純額処理となること

　上記の例外的な会計処理においては，サブリースに係る損益は純額で計上される。これは，本会計処理が認められる取引の要件（前述①参照）において「中間的な貸手はヘッドリースに対して一切のリスクを負わないこと」が含まれており，収益認識適用指針において「企業が在庫リスクを有していること」が本人の指標とされていること（収益認識適用指針47項(2)）などに鑑みれば，代理人として会計処理を行う場合（純額表示）と同様とすることが適切と考えられたためである（指針BC130項）。

　以上の会計処理のイメージは**図表 8 - 3 - 3**のとおりである。

図表 8 - 3 - 3 ヘッドリースに対してリスクを負わない場合に容認される例外的な会計処理のイメージ

1．ヘッドリースの開始時の会計処理
　　なし（使用権資産およびリース負債は計上されない）。
2．サブリースの開始時の会計処理
　　なし。
3．サブリース期間中の会計処理
　　サブリースの借手からのリース料受取時（※）

| 現金預金 | 未払金（ヘッドリースの貸手へ支払う金額） |
| | 損益（差額） |

ヘッドリースの貸手に対するリース料支払時

| 未払金 | 現金預金 |

（※）　ここでは，当該リース料の受取りは，その発生よりも後に生じると想定している。

3　例外的な会計処理が定められた背景

　わが国の不動産取引の中には，中間的な貸手は，次のような場合にはヘッドリースの貸手に対して賃料を支払う義務を負わないという条項が含まれている場合がある。

- サブリースの契約が締結されていない場合（空室リスク）
- サブリースの借手が賃料を支払わない場合（賃料不払いリスク）

　ASBJにおける審議では，中間的な貸手がこのような取引に対してヘッドリースとサブリースを2つの別個の契約として借手と貸手の両方の会計処理を行うことは，取引の実態を反映しない場合があるとの意見が聞かれた。
　このような意見等を踏まえて，新リース会計基準では，一定の要件を満たすサブリース取引に対して容認される例外的な会計処理（指針92項）が定められている。

設例 8-1　中間的な貸手がヘッドリースに対してリスクを負わない場合

(前提条件)

- 不動産事業者は，不動産オーナーとの間で，対象の商業施設1棟を賃借する契約（マスターリース）を締結する。
- 当該マスターリースに基づき，不動産事業者は複数のテナント（サブリースの借手）へ対象の商業施設内の各区画の転貸（サブリース）を行う。
- 当該マスターリースにおいては，以下の条項が定められている。
  ➢ テナントの選定を含めサブリースの契約条件は，不動産オーナーが最終的に決定する。
  ➢ 不動産事業者は，不動産オーナーに対して，テナントから受領する賃料に一定料率を乗じた額を支払う義務を負う。
  ➢ 不動産事業者は，テナントがサブリース料を支払わない場合，不動産オーナーに対して対象の区画に係るヘッドリース料を支払う義務を負わない。
  ➢ 不動産事業者は，テナントがいない区画については，自ら使用することはできず，また，不動産オーナーに対してヘッドリース料を支払う義務を負わない。

(検討)

以下の各要件を考慮すると，中間的な貸手（不動産事業者）はヘッドリースに対してリスクを負わない（指針92項）と考えられる。
(1) 中間的な貸手は，サブリースの借手からリース料の支払を受けない限り，ヘッドリースの貸手に対してリース料を支払う義務を負わない。
(2) 中間的な貸手のヘッドリースにおける支払額は，サブリースにおいて受け取る金額にあらかじめ定められた料率を乗じた金額である。
(3) 中間的な貸手は，次のいずれを決定する権利も有さない。
  ① サブリースの契約条件（サブリースにおける借手の決定を含む）
  ② サブリースの借手が存在しない期間における原資産の使用方法

第4節 例外的な会計処理2

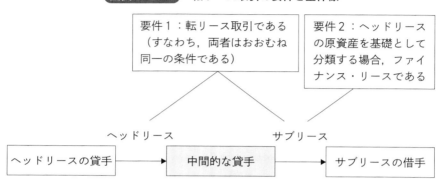

図表8-4-1 転リース取引の要件と全体像

1 転リース取引

　転リース取引とは，サブリース取引のうち，原資産の所有者から当該原資産のリースを受け，さらに同一資産をおおむね同一の条件で第三者にリースする取引をいう（指針93項）。

　転リース取引の内容およびその取扱いについては基本的に改正前リース会計基準を踏襲している（指針BC132項）。

2 例外的な会計処理

　中間的な貸手は，転リース取引のうち，貸手としてのリースがヘッドリースの原資産を基礎として分類する場合にファイナンス・リースに該当するとき，次のとおり会計処理を行うことができる（指針93項）。

第 8 章　サブリース取引　307

図表 8 - 4 - 2　例外的な会計処理 2

貸借対照表における取扱い	損益計算書における取扱い
リース債権またはリース投資資産とリース負債の双方を計上する。	支払利息，売上高，売上原価等は計上せずに，貸手として受け取るリース料と借手として支払うリース料との差額を手数料収入として各期に配分し，転リース差益等の名称で計上する。

　なお，リース債権またはリース投資資産とリース負債は利息相当額控除後の金額で計上することを原則とするが，利息相当額控除前の金額で計上することができる。リース債権またはリース投資資産から利息を控除するにあたって使用する割引率は，リース負債から利息相当額を控除する際の割引率を使用する（指針93項）。

　改正前リース会計基準における転リース取引の取扱いについては，主に機器等のリースについて仲介の役割を果たす中間的な貸手の会計処理として実務に浸透している。そのため，新リース会計基準では，このような転リース取引をサブリース取引の一形態と位置付けた上で，その取扱いを踏襲して認めている（指針BC132項）。

③　2つの例外的な会計処理の関係

　指針92項と指針93項に定める例外的な会計処理について，あるサブリース取引が，中間的な貸手がヘッドリースに対してリスクを負わない場合の取扱いと転リース取引の取扱いの両方の要件に該当することは想定されていない（指針BC126項）。

　それぞれの例外的な会計処理は，一般的に次のような取引において適用されることが想定されている。また，転リース取引に対して容認される例外的な会計処理については，「貸手としてのリースがヘッドリースの原資産を基礎として分類する場合にファイナンス・リースに該当すること」を要件としているため（前述②参照），不動産取引に対して適用可能なケースは少ないと考えられる。

図表8-4-3 例外的な会計処理が想定される取引

	想定される取引
中間的な貸手がヘッドリースに対してリスクを負わないサブリース取引	不動産取引（指針BC128項）
転リース取引	中間的な貸手が主に機器等のリースについて行う仲介取引（指針BC132項）

　また，いずれの例外的な会計処理も，IFRS第16号には定められていない取扱いであるため，その適用は強制ではなく任意とされている（指針BC135項）。

第5節　サブリース取引に関する設例

設例8-2／サブリースがファイナンス・リースの場合の会計処理

（前提条件）

● 企業B（中間の貸手）は，企業A（ヘッドリースの貸手）との間で，T1期首に開始するリース（ヘッドリース）を締結した。当該ヘッドリースについて，借手のリース期間は4年であった。

● 企業Bは，上記のリース（ヘッドリース）について，企業C（サブリースの借手）との間で，T2期首に開始するサブリースを締結した。

● T2期首において，企業Bが有するヘッドリースおよびサブリースの内容は次のとおりである。

ヘッドリース（借手として）	サブリース（貸手として）
関連する勘定の残高 ・使用権資産：3,546千円 ・減価償却累計額：886千円 ・リース負債：2,723千円 残りの借手のリース期間：3年 借手のリース料：年額1,000円，各T期末支払 割引率：5％	貸手のリース期間：3年 貸手のリース料：年額1,020千円，各T期末支払 割引率：指針90項ただし書きにより，ヘッドリースに用いた割引率（5％）を用いる。

● 企業Bの決算日は各T期末である。

● サブリースは，所有権移転外ファイナンス・リースに該当する。

第8章　サブリース取引　　309

●サブリースの終了時における使用権資産の見積残存価額はゼロである。

（企業B（中間的な貸手）における会計処理）
(1)　サブリースの貸手としての会計処理

T2期首（サブリースの開始日）
　使用権資産の消滅を認識するとともに，サブリースにおける貸手のリース料の現在価値と使用権資産の見積残存価額の現在価値の合計額でリース投資資産を計上する。リース投資資産の計上と使用権資産の取崩しに伴う損益は，原則として純額で計上する（指針89項(1)）。

（単位：千円）

（借）リース投資資産（※）	2,778	（貸）使用権資産	3,546
減価償却累計額	886	サブリース利益	118

（※）　貸手のリース料（毎年1,020千円）の割引現在価値として算定

T2期末（貸手のリース料の受取日，決算日）

（単位：千円）

（借）現金預金	1,020	（貸）リース投資資産	881
		受取利息（※）	139

（※）　受取利息139千円＝T2期首のリース投資資産（2,778千円）×5％

以後も同様な会計処理を行う。

(2)　ヘッドリースの借手としての会計処理
T2期末（借手のリース料の支払日，決算日）

（単位：千円）

（借）リース負債	864	（貸）現金預金	1,000
支払利息（※）	136		

（※）　支払利息136千円＝T2期首のリース負債の元本（2,723千円）×5％

以後も同様な会計処理を行う。

設例8-3／サブリースがオペレーティング・リースの場合の会計処理

（前提条件）
　以下を除き，設例8-2の前提条件と同様である。

- 企業Bが企業C（サブリースの借手）との間で締結したサブリースの貸手のリース期間は1年である。
- サブリースは，オペレーティング・リースに該当する。

（企業B（中間的な貸手）における会計処理）
(1)　サブリースの貸手としての会計処理

T2期首（サブリースの開始日）

仕訳なし

T2期末（貸手のリース料の受取日，決算日）
オペレーティング・リースの会計処理を行う（指針89項(2)）。

（単位：千円）

（借）現 金 預 金	1,020	（貸）受 取 リ ー ス 料	1,020

以後も同様な会計処理を行う。

(2)　ヘッドリースの借手としての会計処理
T2期末（借手のリース料の支払日，決算日）

（単位：千円）

（借）リ ー ス 負 債	864	（貸）現 金 預 金	1,000
支 払 利 息（※1）	136		
（借）減 価 償 却 費（※2）	886	減価償却累計額	886

（※1）　支払利息136千円＝T2期首のリース負債の元本（2,723千円）×5％
（※2）　使用権資産の減価償却費は，借手のリース期間を耐用年数とし，残存価額をゼロとして計算する：3,546千円×（1年/4年）＝886千円

設例8-4　転リース取引の会計処理

（前提条件）
- 企業B（中間的な貸手）は，以下の条件で，設備機器について企業A（ヘッドリースの貸手）から賃借（ヘッドリース）した上で，同時に企業C（サブリースの借手）に転貸（サブリース）するサブリース取引を実施した。

第8章　サブリース取引　　311

企業Aからのヘッドリース	企業Cへのサブリース
・リース開始日：T1期首 ・借手のリース期間：3年 ・借手のリース料：年額1,000千円の後払い（支払は各T期末） ・適用される割引率：年5％	・リース開始日：T1期首 ・貸手のリース期間：3年 ・貸手のリース料：年額1,020千円の後払い（支払は各T期末）

● 企業Bの決算日は各T期末である。
● 企業Cへのサブリースは，原資産を基礎として分類する場合に，所有権移転外ファイナンス・リースに分類される（指針93項）。
● 企業Bは，本サブリース取引は転リース取引に該当すると判断し，指針93項に定める会計処理を行う。

（企業B（中間的な貸手）の会計処理）
　リース投資資産の回収スケジュールおよびリース負債の返済スケジュールは，次のとおりである。

(単位：千円)

受払日	前期末元本	受取額	手数料	支払額	元本分	利息分	当期末元本
T1期末	2,723	1,020	20	1,000	864	136	1,859
T2期末	1,859	1,020	20	1,000	907	93	952
T3期末	952	1,020	20	1,000	952	48	―
合計	―	3,060	60	3,000	2,723	277	―

T1期首（リース開始日）

(単位：千円)

（借）リース投資資産（※）	2,723	（貸）リース負債（※）	2,723

（※）ヘッドリースの借手のリース料（年額1,000千円）の割引現在価値として算定

T1期末（第1回受取日かつ支払日，および決算日）
（サブリースの会計処理）

（単位：千円）

（借）現　金　預　金	1,020	（貸）リース投資資産	864
		預　　り　　金（※1）	136
		転リース差益（※2）	20

（※1）　本取引では手数料収入以外の利益は生じないため，利息相当額について預り金として処理している。

（※2）　貸手のリース料3,060千円と借手のリース料3,000千円との差額60千円を手数料収入として，各期に配分（毎年20千円）で配分して計上する（指針93項参照）。

（ヘッドリースの会計処理）

（単位：千円）

| （借）リ　ー　ス　負　債 | 864 | （貸）現　金　預　金 | 1,000 |
| 預　　り　　金 | 136 | | |

以後も同様な会計処理を行う。

第6節　サブリース取引に関する注記事項

　サブリース取引については，次の事項の注記が要求される。ただし，損益計算書または貸借対照表において区分して表示している場合は除く（指針101項(2)）。

① 　使用権資産のサブリースによる収益（指針89項）について，当該収益が含まれる科目および金額

② 　指針92項の定めを適用し中間的な貸手がヘッドリースに対してリスクを負わない場合のサブリース取引について計上した損益について，当該損益が含まれる科目および金額

③ 　指針93項なお書きの定めを適用し転リース取引に係るリース債権またはリース投資資産とリース負債を利息相当額控除前の金額で計上する場合に，当該リース債権またはリース投資資産およびリース負債が含まれる科目ならびに金額

第8章　サブリース取引　313

第7節　IFRS会計基準との比較

　サブリースにおける中間的な貸手の会計処理について，原則的な処理は，日本基準とIFRS会計基準の間で整合的である（指針BC123項）。

　また，日本基準においては，特有の例外的な会計処理が定められている。

図表 8 - 7 - 1　IFRS会計基準との比較

	日本基準	IFRS会計基準
サブリースの原則的な処理	●ファイナンス・リースかオペレーティング・リースかの分類を行う。 ●分類においては，ヘッドリースによる使用権資産を参照する。 ●上記の分類に基づき，それぞれの貸手としての会計処理を行う。 （指針89項等）	●ファイナンス・リースかオペレーティング・リースかの分類を行う。 ●分類においては，ヘッドリースによる使用権資産を参照する。 ●上記の分類に基づき，それぞれの貸手としての会計処理を行う。 （IFRS16.B58等）
ヘッドリースに対してリスクを負わない場合における例外的な会計処理	ヘッドリースに対してリスクを負わない場合に，例外的な会計処理が認められている（指針92項）。	該当なし。
転リース取引に対する例外的な会計処理	転リース取引に対して例外的な会計処理が認められている（指針93項）。	該当なし。

　なお，米国会計基準は，サブリースの分類においてヘッドリースによる使用権資産ではなく原資産を参照する点で，日本基準およびIFRS会計基準と異なる（指針BC123項）。

第 **9** 章

セール・アンド・リースバック
取引

第1節 セール・アンド・リースバック取引の概要

1 セール・アンド・リースバック取引

　セール・アンド・リースバック取引とは，売手である借手が資産を買手である貸手に譲渡し，売手である借手が買手である貸手から当該資産をリース（リースバック）する取引である（指針4項(11)）。

図表9-1-1　セール・アンド・リースバック取引の全体像

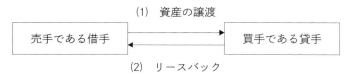

　セール・アンド・リースバック取引における売手である借手は，対象の資産を単純に譲渡する（売り切る）場合と異なり，譲渡後の一定期間（リースバック期間）にわたり譲渡前と同様に当該資産を使用することができる。
　このように，セール・アンド・リースバック取引は，資産の譲渡とリースバックという別個の取引の組み合わせとして構成されるという特性を持つ。新リース会計基準では，この結果として生じる論点を次のように識別の上で，各論点への対応が図られている（指針BC82項，BC83項）。

図表9-1-2　セール・アンド・リースバック取引に関する論点とその対応

論点	新リース会計基準における対応
リースバックにより資産に対する継続的な関与がある中，資産を譲渡した時点で譲渡損益を認識すべきか。	資産の譲渡損益を認識すべき場合の要件を設け，また，認識すべきでない場合の会計処理を明記する（指針55項および56項）。

| | （後述第3節①参照） |
| 資産の譲渡対価とリースバックによる借手のリース料が，それぞれ時価と市場のレートでのリース料よりも高い（低い）金額で取引されることにより，資産の譲渡損益が過大（過小）に計上されないか。 | 資産の譲渡損益を適切に計上するための取扱いを定める（指針57項および58項）。
（後述第3節⑤参照） |

② 主な改正点

　改正前リース会計基準では，リースバックがファイナンス・リース取引と判定された場合，売却処理は認められるものの，資産の譲渡に伴う売却損益については原則として繰延処理される（改正前のリース適用指針49項）。

　新リース会計基準では，主として次のような改正を行っている。

- セール・アンド・リースバック取引に該当しない取引を明確化する（後述第2節参照）。
- 売手である借手において，資産の譲渡が売却に該当するか否かに応じた会計処理を定める（後述第3節①以降参照）。
- 売手である借手において，資産の譲渡対価が明らかに時価ではない場合等の取扱いを定める（後述第3節⑤参照）。

　また，新リース会計基準では，改正前リース会計基準における以下の取扱いは踏襲されていない点に留意されたい（指針BC134項）。

> （改正前のリース適用指針50項後段）
> セール・アンド・リースバック取引によるリース物件を，さらに概ね同一の条件で第三者にリースした場合で，当該転リース取引の貸手としてのリース取引がファイナンス・リース取引に該当し，かつ，その取引の実態から判断して当該物件の売買損益が実現していると判断されるときは，その売買損益は繰延処理せずに損益に計上することができる

第2節 セール・アンド・リースバック取引の範囲

次の取引はセール・アンド・リースバック取引に該当しない。

① 売手である借手による資産の譲渡が次のいずれかである場合(指針53項)
　(1) 収益認識会計基準に従い,一定の期間にわたり充足される履行義務(収益認識会計基準36項)の充足によって行われるとき
　(2) 収益認識適用指針95項を適用し,工事契約における収益を完全に履行義務を充足した時点で認識することを選択するとき
② 売手である借手が原資産を移転する前に原資産に対する支配を獲得しない場合(指針54項)

1 指針53項について

IFRS第16号においては,上記①に該当する取引がセール・アンド・リースバック取引に該当するか否かは明らかではない。この点について,新リース会計基準では,わが国においては建設工事請負契約と一括借上契約が同時に締結される取引などが存在することを踏まえて,実務でばらつきが生じないように当該取引等の取扱いを明確化している(指針BC84項)。

図表9-2-1　建設工事請負契約と一括借上契約が同時に締結される取引

例えば,賃貸住宅のサブリース事業者が地主(オーナー)との間で次の2つの取引を同時に締結するケース等がある。
取引1.建設工事請負契約:地主の土地に,賃貸住宅を建設する契約
取引2.一括借上契約:建設された賃貸住宅を地主から一括してリースする契約

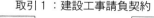

サブリース事業者は,取引2に基づくリース料を地主に支払うことにより,地

主に対して契約期間にわたる実質的な家賃保証を行う。また，通常，サブリース事業者は，取引2によりリースした賃貸住宅を最終入居者へサブリースすることにより，サブリース料を受け取ることとなる。

　上記のような取引における資産の譲渡（建設工事請負契約）が指針53項における(1)と(2)のいずれかである場合，当該取引は，セール・アンド・リースバック取引として取り扱われず，したがって，それぞれの契約は別個に会計処理されると考えられる。

② 指針54項について

　例えば，資産の製造業者，貸手，借手の三者間で事前に交渉の上で，借手が当該資産を製造業者からいったん購入し，貸手に売却した上でリースバックを受ける場合を想定する。この場合，借手は当該購入において，資産に対する法的所有権をいったん獲得したとしても，資産に対する支配は獲得していないと判断される可能性がある。

　このとき，当該取引はセール・アンド・リースバック取引には該当せず，借手と貸手の間のリースとして会計処理される。

図表9-2-2 セール・アンド・リースバック取引に該当するか否かの検討フロー

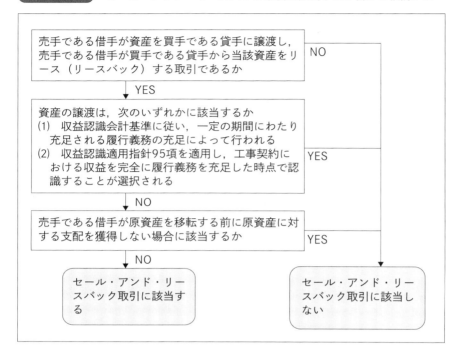

第3節　売手である借手の会計処理

1　会計処理の概要

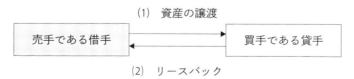

　セール・アンド・リースバック取引に該当する場合，売手である借手は，(1)の資産の譲渡が収益認識会計基準などの他の会計基準等により売却に該当するかどうか，および(2)のリースバックがフルペイアウトに該当するかによって，

第9章　セール・アンド・リースバック取引　　321

資産の消滅の認識と売却損益の認識がされるかを決定する。

　売手である借手は，資産の譲渡が売却に該当するか否かに応じて，次のように会計処理する（指針55項，56項）。

資産の譲渡が売却に該当しない場合	資産の譲渡とリースバックを一体の取引とみて，金融取引として会計処理を行う。すなわち，対象資産の認識を継続した上で，譲渡対価を金融負債として認識する（本章設例9－2参照）。
資産の譲渡が売却に該当する場合	資産の譲渡について収益認識会計基準など他の会計基準等に従って，対象資産の消滅を認識した上で譲渡損益を認識する。また，リースバックについて借手の会計処理（第6章参照）を行う（本章設例9－1参照）。

　新リース会計基準における以上の会計処理モデルは，米国会計基準における定めを参考にしており，IFRS第16号とは異なる定めとなっている。これは，主に次の理由による（指針BC93項）。

(1)　資産の譲渡について収益認識会計基準などの他の会計基準等の定めにより損益を認識すると判断する場合，その譲渡損益は全額計上される。一方，IFRS第16号においては，同様の場合に，譲渡損益の調整を求めており，収益認識会計基準などの他の会計基準等の考え方とは異なる考え方となる（以下の「（参考）IFRS会計基準における取扱い」を参照）。
(2)　IFRS第16号の会計処理モデルは，譲渡損益の調整が必要となる分，米国会計基準の会計処理モデルよりも複雑となる可能性があると考えられる。このような譲渡損益の調整に代えて，セール・アンド・リースバック取引についての開示を要求することが有用な情報の提供につながると考えられる。

（参考）　IFRS会計基準における取扱い
　IFRS第16号においては，セール・アンド・リースバック取引について次のように定めている（IFRS16.99, 100(a)）。
●資産の譲渡が売却に該当するのは，IFRS 第15号における要求事項を満たす場合のみである。
●資産の譲渡が売却に該当する場合，売手である借手は，買手である貸手に移転された権利部分については権利の譲渡に係る利得または損失を譲渡時に認識し，リースバックにより売手である借手が継続して保持する権利部分については権利の譲渡に係る利得または損失を繰り延べる。

(本章設例9-3参照)

2 資産の譲渡が売却に該当するかどうかの判定

次のいずれかを満たす場合、資産の譲渡は売却に該当せず、資産の譲渡とリースバックを一体の取引とみて、金融取引として会計処理を行う(指針55項)。

① 収益認識会計基準などの他の会計基準等に従うと資産の譲渡が損益を認識する売却に該当しない。
② リースバックにより、売手である借手が資産からもたらされる経済的利益のほとんどすべてを享受することができ、かつ、資産の使用に伴って生じるコストのほとんどすべてを負担することとなる(フルペイアウト)。

図表9-3-1　資産の譲渡が売却に該当するか否かの検討フロー

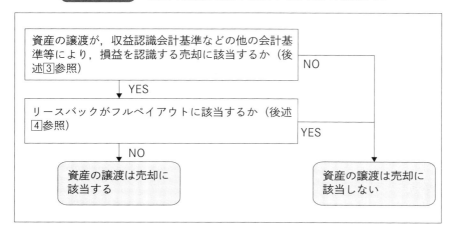

3 資産の譲渡が他の会計基準等により売却に該当するかどうかの判定

資産の譲渡については、その内容に応じて、次のように売却に該当するかの判定が行われる(指針BC90項)。

第9章　セール・アンド・リースバック取引　　323

資産の譲渡が顧客との契約から生じる収益の場合	収益認識会計基準に従う。
上記以外の場合	一般的な実現主義の原則（企業会計原則　第二　損益計算書原則　三　B）が適用されると解される。 また，特定の不動産取引については，以下に従う。 (1)　日本公認会計士協会　監査委員会報告第27号「関係会社間の取引に係る土地・設備等の売却益の計上についての監査上の取扱い」 (2)　日本公認会計士協会　審理室情報No.6「土地の信託に係る監査上の留意点について」 (3)　移管指針第10号「特別目的会社を活用した不動産の流動化に係る譲渡人の会計処理に関する実務指針」（以下「不動産流動化実務指針」という）および移管指針第13号「特別目的会社を活用した不動産の流動化に係る譲渡人の会計処理に関する実務指針についてのQ&A」 (4)　日本公認会計士協会　監査・保証実務委員会実務指針第90号「特別目的会社を利用した取引に関する監査上の留意点についてのQ&A」

(1)　収益認識会計基準による売却に該当するかどうかの判定

　収益認識会計基準においては，一時点で充足される履行義務について，資産に対する支配を顧客に移転した時点で，収益が認識される（収益認識会計基準39項）。

図表9-3-2　支配の移転を検討する際の収益認識会計基準等における定め

項目	主な内容
支配の移転を検討する際に考慮すべき指標（収益認識会計基準40項）	支配の移転を検討する際には，例えば，次の指標を考慮する。 (1)　企業が顧客に提供した資産に関する対価を収受する現在の権利を有していること (2)　顧客が資産に対する法的所有権を有していること (3)　企業が資産の物理的占有を移転したこと (4)　顧客が資産の所有に伴う重大なリスクを負い，経済価値

	を享受していること (5) 顧客が資産を検収したこと
先渡取引またはコール・オプション (収益認識適用指針69項〜71項)	企業が商品または製品を買い戻す義務（先渡取引）あるいは企業が商品または製品を買い戻す権利（コール・オプション）を有している場合には，顧客は当該商品または製品に対する支配を獲得していない。
プット・オプション (収益認識適用指針72項〜74項)	企業が顧客の要求により商品または製品を当初の販売価格より低い金額で買い戻す義務（プット・オプション）を有している場合には，契約における取引開始日に，顧客が当該プット・オプションを行使する重要な経済的インセンティブを有しているかどうかを判定する。顧客が重要な経済的インセンティブを有している場合には，顧客は当該商品または製品に対する支配を獲得していない。 重要な経済的インセンティブを有しているかどうかを判定するにあたっては，買戻価格と買戻日時点での商品または製品の予想される時価との関係やプット・オプションが消滅するまでの期間等を考慮する。

　例えば，売手である借手が譲渡された資産について買い戻す権利（コール・オプション）を有している場合には，買手である貸手は当該資産に対する支配を獲得しておらず（収益認識適用指針69項），したがって，当該資産の譲渡は売却に該当しないと考えられる。

(2)　不動産流動化実務指針による売却に該当するかどうかの判定

　不動産流動化実務指針が適用されるセール・アンド・リースバック取引については，当該実務指針にしたがって会計処理を行う。

　不動産流動化実務指針3項および11項は，不動産のセール・アンド・リースバック取引に関する売却の認識の判断について，次のように定めている。

　3．不動産の売却の認識は，不動産が法的に譲渡されていること及び資金が譲渡人に流入していることを前提に，譲渡不動産のリスクと経済価値のほとんどすべてが他の者に移転した場合に当該譲渡不動産の消滅を認識する方法，すなわち，リスク・経済価値アプローチによって判断することが妥当である。

11．不動産の流動化の後に譲渡人が譲渡不動産についてリースバックを行う場合，

第9章　セール・アンド・リースバック取引　325

次のすべての要件を満たすとき，かつ，その限りにおいて，当該不動産のリスクと経済価値のほとんどすべてが譲渡人（借手）から譲受人である特別目的会社を通じて他の者に移転していると認められる。
(1)　リースバックが，譲渡人（借手）が当該不動産からもたらされる経済的利益のほとんどすべてを享受することができるリースに該当しないこと
(2)　リースバックが，譲渡人（借手）が当該不動産の使用に伴って生じるコストのほとんどすべてを負担することとなるリースに該当しないこと
(3)　譲渡人（借手）が適正な賃借料を支払うこととなっていること

4　リースバックがフルペイアウトに該当するかどうかの判定

　リースバックがフルペイアウトのリースの要件を満たすかどうか（指針55項(2)）の判断について，新リース会計基準は判定の要件を具体的に定めていないが，以下の指針62項の判定基準を用いることは否定していない。

　仮に指針62項の判定基準を用いて判断する場合には，売手である借手が当該基準を満たすかどうかを判断することになるため，以下の下線部分について，それぞれ借手のリース料と借手のリース期間をもとに判定を行うことが考えられる（指針BC94項）。

指針62項：貸手のリースについてファイナンス・リースと判定される具体的な判定基準
(1)　現在価値基準
貸手のリース料の現在価値が，原資産の現金購入価額のおおむね90％以上であること
(2)　経済的耐用年数基準
貸手のリース期間が，原資産の経済的耐用年数のおおむね75％以上であること（ただし，原資産の特性，経済的耐用年数の長さ，原資産の中古市場の存在等を勘案すると，上記(1)の判定結果が90％を大きく下回ることが明らかな場合を除く）

5　資産の譲渡対価が明らかに時価ではない場合等の取扱い

　セール・アンド・リースバック取引においては，資産の譲渡とリースバックが，パッケージとして交渉されることが多く，資産の譲渡対価とリースバックにおける借手のリース料とに相互依存性があると考えられる（指針BC82項(2)）。
　そのような両者の相互依存性を踏まえると，価格以外の条件が同一のセー

ル・アンド・リースバック取引においても，例えば**図表9-3-3**のように多様
な価格付けを行うことが可能であるとの指摘がある（説明上，割引率はゼロで
あると想定している）。

図表9-3-3 セール・アンド・リースバック取引における多様な価格付けの例

	時価に基づく価格付けの場合	時価を上回る価格付けの場合	時価を下回る価格付けの場合
譲渡対価	500	600	400
リースバックによる借手のリース料の合計額	200	300	100

　以上を踏まえ，資産の譲渡が売却に該当する場合（指針56項）に，資産の譲
渡対価が明らかに時価ではないとき，または借手のリース料が明らかに市場の
レートでのリース料ではないときには，次のとおり取り扱う。明らかに時価で
はないまたは明らかに市場のレートではないかどうかの判定は，資産の時価と
市場のレートでのリース料のいずれか容易に算定できる方に基づく（指針57
項）。

図表9-3-4 資産の譲渡対価が明らかに時価ではない場合等の取扱い

〈資産の譲渡対価が明らかに時価ではないとき〉

譲渡対価＜時価のとき	時価を用いて譲渡損益を認識し，両者の差額を使用権資産の取得価額に含める。
譲渡対価＞時価のとき	時価を用いて譲渡損益を認識し，両者の差額を金融取引として会計処理する。

〈借手のリース料が明らかに市場のレートでのリース料ではないとき〉

借手のリース料＜市場のレートでのリース料のとき	両者の差額について譲渡対価を増額した上で譲渡損益を認識し，同額を使用権資産の取得価額に含める。
借手のリース料＞市場のレートでのリース料のとき	両者の差額について譲渡対価を減額した上で譲渡損益を認識し，同額を金融取引として会計処理する。

第9章　セール・アンド・リースバック取引　　327

　以上の取扱いは，セール・アンド・リースバック取引に該当しない指針53項
(1)および(2)の取引（前述第2節参照）にも適用する（指針58項）。

　収益認識会計基準では独立販売価格に基づく取引価格（対価）の配分を定め
ており（収益認識会計基準68項），新リース会計基準においてもリースを構成
する部分とリースを構成しない部分への対価の配分について貸手に対して独立
販売価格に基づく配分を要求している（指針13項，第5章第4節①参照）。こ
れらの取扱いと整合するように，セール・アンド・リースバック取引において，
資産の譲渡対価が明らかに時価ではない場合または借手のリース料が明らかに
市場のレートではない場合，当該資産の時価または市場のレートでのリース料
により譲渡損益を計上する定めを置くこととしている（指針BC96項）。

6　土地と建物を一括したセール・アンド・リースバックの取扱い

　土地と建物を一括したセール・アンド・リースバック取引におけるリース
バックは，土地と建物をそれぞれ独立したリースとせずに，一体のリースとし
て取り扱うと判断される場合がある（指針16項，第5章第2節②参照）。売手
である借手は，そのような場合においても，リースバックがフルペイアウトに
該当するかどうか判断する（指針55項(2)）ときには，借手のリース料を土地に
係る部分と建物に係る部分に配分して，それぞれのリースの分類および会計処
理を行うことになると考えられる。また，売手である借手においては，土地に
係る部分のリースと建物に係る部分のリースの区分について改正前リース会計
基準の定めを踏襲することはしていないため，適切と考えられる合理的な方法
で配分することになると考えられる（コメント対応表174）。

第4節　セール・アンド・リースバック取引に関する設例

設例9-1　資産の譲渡が売却に該当する場合の会計処理

（前提条件）

企業Ａ（売手である借手）は，企業Ｂ（買手である貸手）との間で次の条件によるセール・アンド・リースバック取引を締結した。

- ●Ｔ１期首に，企業Ａが所有する建物（帳簿価額200百万円）を企業Ｂへ600百万円で売却する。
- ●同日から３年間，企業Ａは企業Ｂから当該建物を年間賃料50百万円（毎年後払い）でリースバックする。
- ●本セール・アンド・リースバック取引における資産の譲渡は売却に該当する（指針56項）と判定された。
- ●リースバックによるリース負債の現在価値の算定のために用いる割引率（指針37項）は５％である。
- ●当該建物の時価は600百万円と算定され，これは本取引における譲渡対価と一致している。

（企業Ａにおける会計処理）
リース負債の当初測定額

$$= \frac{50}{(1+0.05)} + \frac{50}{(1+0.05)^2} + \frac{50}{(1+0.05)^3} = 136百万円$$

使用権資産の当初測定額＝136百万円

Ｔ１期首（資産譲渡日・リースバック開始日）

（単位：百万円）

(借) 現　金　預　金	600	(貸) 建　　　　　物	200
使 用 権 資 産	136	譲　　渡　　益	400
		リ ー ス 負 債	136

設例９−２／ 資産の譲渡が売却に該当しない場合の会計処理

（前提条件）
　企業Ａ（売手である借手）は，企業Ｂ（買手である貸手）との間で次の条件によるセール・アンド・リースバック取引を締結した。

- ●Ｔ１期首に，企業Ａが所有する建物（帳簿価額200百万円）を企業Ｂへ600百万円で売却する。
- ●同日から３年間，企業Ａは企業Ｂから当該建物を年間賃料50百万円（毎年後払い）でリースバックする。
- ●本セール・アンド・リースバック取引における資産の譲渡は，取引に定められた他の条件を踏まえ，収益認識会計基準等の他の会計基準に従うと資産の譲渡損益を認識する売却に該当しない（指針55項(1)）と判定された。

第9章　セール・アンド・リースバック取引　　329

● 当該建物の時価は600百万円と算定され，これは本取引における譲渡対価と一致している。

（企業Aにおける会計処理）

　セール・アンド・リースバック取引について資産の譲渡とリースバックを一体の取引とみて，金融取引として会計処理を行う（指針55項）。

T1期首（資産譲渡日・リースバック開始日）

（単位：百万円）

| （借）現 金 預 金 | 600 | （貸）金 融 負 債 | 600 |

設例9-3
（参考）
IFRS第16号における資産の譲渡が売却に該当する場合の会計処理

　以下では，参考として，IFRS第16号における会計処理の例を記載している。

（前提条件）

　企業A（売手である借手）は，企業B（買手である貸手）との間で次の条件によるセール・アンド・リースバック取引を締結した。

● T1期首に，企業Aが所有する建物（帳簿価額200百万円）を企業Bへ600百万円で売却する。

● 同日から3年間，企業Aは企業Bから当該建物を年間賃料50百万円（毎年後払い）でリースバックする。

● 本セール・アンド・リースバック取引における資産の譲渡は売却に該当する（IFRS16.99）と判定された。

● リースバックによるリース負債の現在価値の算定のために用いる割引率（IFRS16.26）は5％である。

● 当該建物の時価は600百万円と算定され，これは本取引における譲渡対価と一致している。

（企業Aにおける会計処理）

リース負債の当初測定額

$$= \frac{50}{(1+0.05)} + \frac{50}{(1+0.05)^2} + \frac{50}{(1+0.05)^3} = 136百万円$$

使用権資産の当初測定額＝建物の帳簿価額×（リースバックによるリース負債÷建物の時価）＝200百万円×（136百万円÷600百万円）＝45百万円

　リースバックから生じた使用権資産は，建物の従前の帳簿価額のうち売手である

借手が保持している使用権に係る比例部分（すなわち，建物の時価に対するリース負債の比率）で測定する。

譲渡益＝（建物の時価－建物の帳簿価額）×（1－（リースバックによるリース負債÷建物の時価）＝（600百万円－200百万円）×（1－（136百万円÷600百万円））＝309百万円

譲渡益は，売り切った場合の譲渡益（400百万円）のうち買手である貸手に移転された権利の部分（すなわち，売手である借手が保持している使用権に係る比例部分を控除した部分）として測定される。

T1期首（資産譲渡日・リースバック開始日）

（単位：百万円）

（借）現　金　預　金	600	（貸）建　　　　　　物	200
使　用　権　資　産	45	譲　　渡　　益	309
		リ　ー　ス　負　債	136

設例9-4／資産の譲渡対価が明らかに時価を下回る場合の会計処理

（前提条件）

以下を除き，設例9-1と同様である。

| T1期首における建物の譲渡対価 | 500百万円 |
| 同日から3年間の年間賃料（毎年後払い） | 13.22百万円 |

● 当該建物の時価は600百万円と算定され，企業Aは本取引における譲渡対価（500百万円）は当該時価を明らかに下回ると判断した。

（企業Aにおける会計処理）

リース負債の当初測定額

$$=\frac{13.22}{(1+0.05)}+\frac{13.22}{(1+0.05)^2}+\frac{13.22}{(1+0.05)^3}=36百万円$$

使用権資産の当初測定額＝36百万円＋100百万円（建物の譲渡対価と時価の差額）
＝136百万円

資産の譲渡対価は明らかに時価を下回ると判断されたため，譲渡益は建物の時価（600百万円）と帳簿価額（200百万円）の差額として算定されるとともに，譲渡対価と時価の差額について使用権資産の取得価額に含める（指針57項(1)）。

第9章　セール・アンド・リースバック取引　331

T1期首（資産譲渡日・リースバック開始日）

（単位：百万円）

（借）現 金 預 金	500	（貸）建 物	200
使 用 権 資 産	136	譲 渡 益	400
		リ ー ス 負 債	36

設例9-5／資産の譲渡対価が明らかに時価を上回る場合の会計処理

（前提条件）

以下を除き，設例9-1と同様である。

T1期首における建物の譲渡対価	700百万円
同日から3年間の年間賃料（毎年後払い）	86.66百万円

● 当該建物の時価は600百万円と算定され，企業Aは本取引における譲渡対価（700百万円）は当該時価を明らかに上回ると判断した。

（企業Aにおける会計処理）

建物について，譲渡対価と時価の差額である100万円は金融取引として会計処理される。

リース負債の当初測定額

$$= \frac{86.66}{(1+0.05)} + \frac{86.66}{(1+0.05)^2} + \frac{86.66}{(1+0.05)^3} - 100万円 = 136百万円$$

リース負債の当初測定額は，リースバックに関する3年間の年間賃料の割引現在価値から，上記の金融取引として会計処理される部分（100万円）を控除した金額として算定される。

使用権資産の当初測定額＝136百万円

資産の譲渡対価は明らかに時価を上回ると判断されたため，譲渡益は建物の時価（600百万円）と帳簿価額（200百万円）の差額として算定されるとともに，譲渡対価と時価の差額（100百万円）については金融取引として会計処理される（指針57項(3)）。

T1期首（資産譲渡日・リースバック開始日）

（単位：百万円）

（借）現　金　預　金	700	（貸）建　　　　　物	200
使 用 権 資 産	136	譲　渡　益	400
		リ ー ス 負 債	136
		金 融 負 債	100

第5節　買手である貸手の会計処理

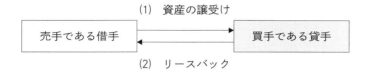

　セール・アンド・リースバック取引は，買手である貸手の立場からは，資産の譲受けとリースバックにより構成される。買手である貸手は，リースバックについて次のとおり貸手の会計処理を行う（指針87項，88項）。

リースバックがファイナンス・リースに該当するかどうかの判定	指針59項〜69項（第7章第5節参照）
リースバックがファイナンス・リースに該当する場合の会計処理	指針70項〜81項（第7章第6節および第7節参照）
リースバックがオペレーティング・リースに該当する場合の会計処理	指針82項（第7章第8節参照）

　リースバックがファイナンス・リースに該当するかどうかの判定上，経済的耐用年数については，リースバック時における原資産の性能，規格，陳腐化の状況等を考慮して見積った経済的使用可能予測期間を用いるとともに，当該原資産の借手の現金購入価額については，借手の実際売却価額を用いる（指針87項）。

　なお，セール・アンド・リースバック取引の資産の譲渡対価が明らかに時価ではない場合において，売手である借手については時価を用いて譲渡損益を認識する等の価格調整に関する定めがあるが（指針57項，前述第3節⑤参照），

第9章　セール・アンド・リースバック取引　　333

買手である貸手についてはそのような定めはない。これは，買手である貸手については，資産の計上価額（およびその後の減価償却費）とリースバックによる受取リース料が同時に変わることから，売手である借手と比較すると，損益の計上に恣意性が介入する余地が乏しいと想定されたためと考えられる。

第6節　セール・アンド・リースバック取引に関する注記事項

　セール・アンド・リースバック取引については，次の事項の注記が要求される（指針101項(1)）。

> ①　関連する売却損益を損益計算書において区分して表示していない場合，当該売却損益が含まれる科目および金額
> ②　一体の取引とみて，金融取引として会計処理を行った取引（指針55項）について，当該会計処理を行った資産がある旨ならびに当該資産の科目および金額
> ③　資産の譲渡について損益を認識し，リースバックについて借手の会計処理を行った取引（指針56項）について，その主要な条件

第7節　IFRS会計基準との比較

　前述第3節①に記載のとおり，セール・アンド・リースバック取引における売手である借手の会計処理について，日本基準の取扱いは，米国会計基準を参考にしている。この結果，日本基準とIFRS会計基準との間には主に次の点で差異がある。

> ●資産の譲渡が売却に該当するか否かの判定
> ●資産の譲渡が売却に該当する場合の会計処理

　また，日本基準では，セール・アンド・リースバック取引に該当しない取引の範囲について，特有の定めがある（指針53項，前述第2節参照）。

図表9-7-1 IFRS会計基準との比較

	日本基準	IFRS会計基準
（売手である借手）		
セール・アンド・リースバック取引に該当しない取引	以下の場合，セール・アンド・リースバック取引に該当しない（指針53項，54項）。 ● 売手である借手が原資産を移転する前に原資産に対する支配を獲得しない場合 ● 資産の譲渡が，収益認識会計基準に従い，一定の期間にわたり充足される履行義務の充足によって行われるとき等	以下の場合，セール・アンド・リースバック取引に該当しない（IFRS16.B47）。 ● 売手である借手が原資産を移転する前に原資産に対する支配を獲得しない場合
資産の譲渡が売却に該当するか否かの判定	資産の譲渡は，以下のいずれかに該当する場合，売却に該当しない（指針55項）。 ● 資産の譲渡が収益認識会計基準等の他の会計基準等に従って売却に該当しない場合 ● リースバックがフルペイアウトである場合	資産の譲渡は，履行義務がいつ充足されるのかの決定に関するIFRS第15号の要求事項を満たさない場合，売却に該当しない（IFRS16.99）。
資産の譲渡が売却に該当する場合の会計処理	● 資産の譲渡について損益が認識される。 ● リースバックについて借手の会計処理が行われる（指針56項）。	● 資産の譲渡について買手である貸手に移転された権利に係る損益の金額のみが認識される。 ● リースバックについての使用権資産は，資産の従前の帳簿価額のうち売手である借手が保持した使用権に係る部分として測定される。（以上，IFRS16.100(a))

第9章 セール・アンド・リースバック取引　335

	日本基準	IFRS会計基準
資産の譲渡が売却に該当しない場合の会計処理	取引全体を金融取引として処理する（指針55項）。	取引全体を金融取引として処理する（IFRS16.103(a)）。
時価（公正価値）と異なる価格での譲渡等の場合の取扱い	●時価＞譲渡価額の場合，差額を使用権資産に含めて会計処理する。 ●時価＜譲渡価額の場合，差額を金融負債として会計処理する。 （以上，指針57項）	●公正価値＞譲渡価額の場合，差額を使用権資産に含めて会計処理する。 ●公正価値＜譲渡価額の場合，差額を融資（借入れ）として会計処理する。 （以上，IFRS16.101）
（買手である貸手）		
時価（公正価値）と異なる価格での譲受けの場合の取扱い	特段の取扱いは明記されていない。	●公正価値＞譲受価額の場合，差額を前受リース料として会計処理する。 ●公正価値＜譲受価額の場合，差額を融資（貸付け）として会計処理する。 （以上，IFRS16.101）

第**10**章

表示および注記事項

第1節 表示および注記事項の全体像

　表示および注記事項については，貸手の表示を除いて，IFRS会計基準との整合性がおおむね図られている。

図表10-1-1　表示の概要

	借手	貸手
表示	会計処理についてIFRS第16号と整合的なものとする中で，表示についてもIFRS第16号と整合的なものとしている（基準BC58項）。	会計処理について，収益認識会計基準との整合性を図る点ならびにリースの定義およびリースの識別を除き，基本的に改正前リース会計基準の定めを踏襲していることに合わせて，表示についても，基本的に改正前リース会計基準の定めを踏襲している（基準BC61項）。

図表10-1-2　注記事項の概要

	借手	貸手
開示目的	注記において，財務諸表本表で提供される情報と合わせて，リースが借手または貸手の財政状態，経営成績およびキャッシュ・フローに与える影響を財務諸表利用者が評価するための基礎を与える情報を開示する（基準54項）。	
注記事項	● 会計処理についてIFRS第16号と整合的なものとする中で，注記事項についても，IFRS第16号と整合的なものとしている。 ● 取り入れなくとも国際的な比較可能性を大きく損なわせない内容については，取り入れない（少額リースの費用に関する注記など）（基準BC67項）。	会計処理について，基本的に改正前リース会計基準の定めを踏襲しているが，国際的に貸手の注記事項が拡充する中で同様に貸手の注記事項を拡充すべきとの意見等を踏まえ，IFRS第16号と整合的なものとしている（基準BC68項）。

第10章　表示および注記事項　339

第2節　借手の表示

1　使用権資産の表示

　使用権資産について，次のいずれかの方法により，貸借対照表において表示する（基準49項）。

---

(1)　対応する原資産を自ら所有していたと仮定した場合に貸借対照表において表示するであろう科目に含める方法
(2)　対応する原資産の表示区分（有形固定資産，無形固定資産，投資その他の資産等）において使用権資産として区分する方法

　例えば不動産業界においては，借地に建物を建てた後に借地権付建物として売却する取引が行われている。この場合，当該借地に係る使用権資産は棚卸資産に該当する可能性がある。このような点を踏まえて，基準49項(2)においては対応する原資産の表示区分として有形固定資産，無形固定資産または投資その他の資産「等」と記載されている（コメント対応表230）。

　また，上記のいずれの表示方法においても，使用権資産の帳簿価額について，対応する原資産を借手自らが所有していたと仮定した場合の表示科目ごとの金額の開示が要求される（指針99項(1)）。

　なお，当該開示を行うにあたっては，表示科目との関係が明らかである限りにおいて，より詳細な区分により開示を行うことを妨げられない。また，土地および建物に係るリースについてそれぞれが独立したリース（指針16項，第5章第2節2参照）ではない場合，当該リースについて土地と建物に区分せずに注記することが考えられる（指針BC142項）。

340

図表10-2-1 使用権資産の表示およびその内訳に関する注記例

(1) 貸借対照表において表示するであろう科目に含める場合	

【貸借対照表】	【注記】
有形固定資産	X. 固定資産等に含まれる使用権資産
建物及び構築物（※）	の残高
機械装置及び運搬具（※）	建物及び構築物　　　　　　xxx
無形固定資産	機械装置及び運搬具　　　　xxx
ソフトウェア（※）	ソフトウェア　　　　　　　xxx
	合　　計　　　　　　　　　xxx
（※）　各項目に関連する使用権資産を	
含めて表示している。	

(2) 対応する原資産の表示区分において使用権資産として表示する場合	

【貸借対照表】	【注記】
有形固定資産	X. 使用権資産の残高の内訳
建物及び構築物	建物及び構築物　　　　　　xxx
機械装置及び運搬具	機械装置及び運搬具　　　　xxx
使用権資産	ソフトウェア　　　　　　　xxx
無形固定資産	合　　計　　　　　　　　　xxx
ソフトウェア	
使用権資産	

2 リース負債および利息費用の表示

(1) 表示方法

　リース負債について，次のいずれかの方法により，貸借対照表において表示する（基準50項）。

第10章 表示および注記事項 341

図表10-2-2 リース負債の表示方法

方法	表示例
(1) 貸借対照表において区分して表示する。	流動負債 　短期借入金 　短期リース負債 固定負債 　長期借入金 　リース負債
(2) 関連する科目に含めた上で，リース負債が含まれる科目および金額を注記する。	流動負債 　短期借入金（※） 固定負債 　長期借入金（※） （※）　リース負債を借入金に含めて表示した上で，その旨と金額を注記する。

　リース負債は，その支払の期限に応じて，次のとおり流動負債または固定負債に表示される（基準50項）。

支払いの期限	表示
貸借対照表日後1年以内に支払の期限が到来する。	流動負債
貸借対照表日後1年を超えて支払の期限が到来する。	固定負債

　リース負債に係る利息費用は，次のいずれかの方法により，損益計算書において表示する（基準51項）。

図表10-2-3 リース負債に係る利息費用の表示方法

方法	表示例
(1) 損益計算書において区分して表示する。	営業外費用 　リース負債に係る利息費用

(2) 関連する科目に含めた上で，リース負債に係る利息費用が含まれる科目および金額を注記する。	営業外費用 　支払利息（※） （※）　リース負債に係る利息費用を支払利息に含めて表示した上で，その旨と金額を注記する

(2) リース負債を他の金融負債と区分して表示または注記すること

リース負債は金融負債であるが（金融商品実務指針18項），次のような点で，他の金融負債とは異なる性質を有する。

- リース負債は，対応する資産（使用権資産）と関連付けられている。
- リース負債の計上額は，一定の延長オプションや指数またはレートに応じて決まる変動リース料を考慮して算定する点で（第6章第2節および第3節参照），他の金融負債とは異なる要素を含んでいる。

このような点を踏まえると，リース負債を他の金融負債と区分して表示または注記することは，財務諸表利用者に有用な情報を提供することになると考えられる。

3 キャッシュ・フローの表示

借手における支払リース料は，その内容に応じて，キャッシュ・フロー計算書における各区分に表示される（移管指針第6号「連結財務諸表等におけるキャッシュ・フロー計算書の作成に関する実務指針」（以下「連結キャッシュ・フロー実務指針」という）34項(1)）。

図表10-2-4　支払リース料のキャッシュ・フロー計算書上の表示区分

支払リース料の内容	表示区分
リース負債の元本返済額部分	財務活動によるキャッシュ・フロー
リース負債の利息相当額部分	企業が採用した支払利息の表示と同様（営業活動または財務活動のいずれかに

第10章　表示および注記事項　343

	よるキャッシュ・フロー)
リース負債の利息相当額部分を区分計算していない場合	財務活動によるキャッシュ・フロー
リース負債に含めていない短期リースに係るリース料，少額リースに係るリース料および変動リース料	営業活動によるキャッシュ・フロー

第3節　貸手の表示

1　リース債権およびリース投資資産の表示

(1)　表示方法

　リース債権およびリース投資資産は，次のいずれかの方法により，貸借対照表において表示する（基準52項）。

図表10-3-1　リース債権およびリース投資資産の表示方法

方法	表示例
(1)　リース債権およびリース投資資産のそれぞれについて，貸借対照表において区分して表示する。	流動資産 　リース債権 　リース投資資産 固定資産 　投資その他の資産 　　リース債権 　　リース投資資産
(2)　関連する科目に含めた上で，リース債権およびリース投資資産のそれぞれが含まれる科目および金額を注記する。	流動資産 　営業貸付金（※） 固定資産 　投資その他の資産

	長期営業貸付金（※）
	（※）　リース債権およびリース投資資産を営業貸付金に含めて表示した上で，その旨とそれぞれの金額を注記する。

　ただし，リース債権の期末残高が，当該期末残高およびリース投資資産の期末残高の合計額に占める割合に重要性が乏しい場合，両者を合算して表示または注記することができる（基準52項）。

　この取扱いは，新リース会計基準において新設された。これは，IFRS第16号ではリース債権およびリース投資資産は区分されていないことを踏まえ，リース債権の期末残高に重要性が乏しい場合には，リース投資資産と合算して開示したとしても財務諸表利用者にとっての情報の有用性に影響を与えない場合があると考えられたためである（基準BC63項）。

　重要性に関する同様の取扱いは，一部の注記事項についても定められている（指針104項および106項，後述第 4 節3(1)および(2)参照）。

(2)　表示区分

　リース債権およびリース投資資産は，その内容に応じて，次のとおり流動資産または固定資産に表示される（基準52項）。

図表10- 3 - 2　リース債権およびリース投資資産の表示区分

リース債権およびリース投資資産の内容		表示区分
企業の主目的たる営業取引により発生したものである場合		流動資産
上記以外の場合	貸借対照表日の翌日から起算して 1 年以内に入金の期限が到来するもの	流動資産
	貸借対照表日の翌日から起算して 1 年を超えて入金の期限が到来するもの	固定資産

第10章 表示および注記事項　345

2　収益の表示

　リースに係る収益に関する次の項目について，損益計算書において区分して表示するまたはそれぞれが含まれる科目および金額を注記する（基準53項）。

ファイナンス・リース	● 販売損益（売上高から売上原価を控除した純額） ● リース債権およびリース投資資産に対する受取利息相当額
オペレーティング・リース	● オペレーティング・リースに係る収益（貸手のリース料に含まれるもののみを含める）

　以上の項目は，収益認識会計基準において収益の分解情報の注記を求めていることと同様に，財務諸表利用者が収益の様々な構成部分に関する情報を理解することを可能にする有用な情報として，表示または注記が求められている（基準BC64項）。

3　キャッシュ・フローの表示

　貸手における受取リース料は，その内容に応じて，キャッシュ・フロー計算書における各区分に表示される（連結キャッシュ・フロー実務指針34項(2)）。

図表10-3-3　受取リース料のキャッシュ・フロー計算書上の表示区分

受取リース料の内容		表示区分
営業損益計算の対象となる場合		営業活動によるキャッシュ・フロー
上記以外の場合	元本返済額部分	投資活動によるキャッシュ・フロー
	利息相当額部分	企業が採用した受取利息の表示と同様（営業活動または投資活動のいずれかによるキャッシュ・フロー）
	利息相当額を区分していないもの	投資活動によるキャッシュ・フロー

346

第4節　注記事項

1　開示目的（借手貸手共通）

　注記における開示目的は，借手または貸手が注記において，財務諸表本表で提供される情報と併せて，リースが借手または貸手の財政状態，経営成績およびキャッシュ・フローに与える影響を財務諸表利用者が評価するための基礎を与える情報を開示することにある（基準54項）。

　このような開示目的を定めることで，リースの開示の全体的な質と情報価値が開示目的を満たすのに十分であるかどうかを評価することを企業に要求することとなり，より有用な情報が財務諸表利用者にもたらされると考えられる（基準BC65項）。

（参考）他の会計基準における開示目的		
わが国においては，収益認識会計基準および企業会計基準第31号「会計上の見積りの開示に関する会計基準」において，同様に開示目的を次のとおり定めている。		
収益認識会計基準	収益認識に関する注記における開示目的は，顧客との契約から生じる収益およびキャッシュ・フローの性質，金額，時期および不確実性を財務諸表利用者が理解できるようにするための十分な情報を企業が開示することである（80-4項）。
企業会計基準第31号「会計上の見積りの開示に関する会計基準」	本会計基準は，当年度の財務諸表に計上した金額が会計上の見積りによるもののうち，翌年度の財務諸表に重要な影響を及ぼすリスク（有利となる場合および不利となる場合の双方が含まれる。以下同じ。）がある項目における会計上の見積りの内容について，財務諸表利用者の理解に資する情報を開示することを目的とする（4項）。

(1)　開示目的と注記の関係

　開示目的を達成するためのリースに関する注記は次のとおりである（基準55項）。

第10章　表示および注記事項　347

借手	貸手
① 会計方針に関する情報 ② リース特有の取引に関する情報 ③ 当期および翌期以降のリースの金額を理解するための情報	① リース特有の取引に関する情報 ② 当期および翌期以降のリースの金額を理解するための情報

注記すべき事項については，次の点に留意が必要である。

- 上記の注記事項のうち，開示目的に照らして重要性に乏しいと認められる注記事項については，記載しないことができる（基準55項ただし書き）。
- 上記の注記事項以外であっても，開示目的を達成するために必要な情報は，リース特有の取引に関する情報（後述②(2)および③(1)参照）として注記する（指針94項）。

図表10-4-1 開示目的に照らして注記する情報の例（指針95項，96項）

借手	貸手
(1) 借手のリース活動の性質 (2) 借手が潜在的に晒されている将来キャッシュ・アウトフローのうちリース負債の測定に反映されていないもの（例えば，借手の変動リース料，延長オプションおよび解約オプション，残価保証，契約しているがまだ開始していないリース） (3) 借手がリースにより課されている制限または特約 (4) 借手がセール・アンド・リースバック取引を行う理由および取引の一般性	(1) 貸手のリース活動の性質 (2) 貸手による原資産に関連したリスクの管理戦略や当該リスクを低減している手段（例えば，買戻契約，残価保証，所定の限度を超える使用に対して変動するリース料）

(2) 重要性に乏しいと認められる注記事項かどうかの判断

改正前リース会計基準においては，一部の注記について重要性が乏しい場合には注記事項の記載を省略することを認めた上で，重要性が乏しいかどうかに

ついて定量的な判断基準を定めていた（下の（参考）を参照）。

　この点について，新リース会計基準ではこのような定量的な判断基準の記載は削除されている。これは，新リース会計基準においては，重要性に乏しいと認められる注記事項かどうかは開示目的に照らして判断する（基準55項ただし書き）とされているからと考えられる。

> （参考）改正前リース会計基準において「重要性が乏しい」と認められる場合（改正前のリース適用指針71項）
> （改正前のリース会計基準19項に定める借手の注記事項について）
> 未経過リース料の期末残高が当該期末残高，有形固定資産および無形固定資産の期末残高の合計額に占める割合が10％未満である場合（改正前のリース適用指針32項）
> （改正前のリース会計基準20項および21項に定める貸手の注記事項について）
> 未経過リース料および見積残存価額の合計額の期末残高が当該期末残高および営業債権の期末残高の合計額に占める割合が10％未満である場合（改正前のリース適用指針60項）

② 借手の注記

(1) 会計方針に関する情報

　借手において次の会計処理の選択をした場合，その旨およびその内容を注記する（指針97項）。

> (1)　リースを構成する部分とリースを構成しない部分とを分けずに，リースを構成する部分と関連するリースを構成しない部分とを合わせてリースを構成する部分として会計処理を行う選択（基準29項，第5章第3節②参照）
> (2)　指数またはレートに応じて決まる借手の変動リース料に関する例外的な取扱いの選択（指針26項，第6章第3節②(2)参照）
> (3)　借地権の設定に係る権利金等に関する会計処理の選択（指針27項および127項～129項，第6章第7節②(3)参照）

　上記以外の項目についても，企業による会計方針の選択が財務諸表利用者にとって有用であると判断される場合には，注記することを妨げられるものではない。借手において会計処理の選択が認められる項目の一覧については，第6

第10章　表示および注記事項　　349

章第11節を参照されたい。

　また，上記の会計方針を重要な会計方針（遡及適用等会計基準4-4項）として注記している場合，リースに関する注記として繰り返す必要はなく，重要な会計方針の注記を参照することができる（指針97項）。どの会計方針を「重要な会計方針」として注記すべきかについては，企業会計原則注解注1-2および遡及適用等会計基準4-2項に照らして企業が判断する。

(2)　リース特有の取引に関する情報

①　注記事項

　リースが借手の財政状態または経営成績に与える影響を理解できるよう，次の項目を注記する（指針95項および，98項〜101項）。

図表10-4-2　リース特有の取引に関する情報

①　貸借対照表に関する情報	使用権資産の帳簿価額について，対応する原資産を自ら所有していたと仮定した場合の表示科目ごとの金額
	指数またはレートに応じて決まる借手の変動リース料に関する例外的な取扱い（指針26項）を選択したリースに係るリース負債が含まれる科目および金額
	借地権について，償却していない権利金等（指針27項ただし書きまたは127項）が含まれる科目および金額
②　損益計算書に関する情報	リース負債と使用権資産を認識しない処理をした短期リース（指針20項）に係る費用の発生額が含まれる科目および当該発生額
	リース負債に含めていない借手の変動リース料（指針51項）に係る費用の発生額が含まれる科目および当該発生額
③　セール・アンド・リースバック取引に関する情報	関連する売却損益を損益計算書において区分して表示していない場合，当該売却損益が含まれる科目および金額
	一体の取引とみて，金融取引として会計処理を行った取引（指針55項）について，当該会計処理を行った資産がある旨ならびに当該資産の科目および金額

	資産の譲渡について損益を認識し，リースバックについて借手の会計処理を行った取引（指針56項）について，その主要な条件
④ サブリース取引に関する情報	関連する収益が含まれる科目および金額
	中間的な貸手がヘッドリースに対してリスクを負わない場合のサブリース取引について計上した損益（指針92項）が含まれる科目および金額
	転リース取引に係るリース債権またはリース投資資産とリース負債を利息相当額控除前の金額で計上する場合（指針93項なお書き）に，これらの金額が含まれる科目および金額

② 短期リースに係る費用の発生額の注記

短期リースに該当するリースには，同時に少額リースにも該当するもの（**図表10-4-3**のA）と，少額リースには該当しないもの（同B）がある。

図表10-4-3 短期リースに関する注記の対象範囲

	短期リース
少額リース	A
少額リース以外	B

短期リースに係る費用の発生額の注記においては，短期リースかつ少額リースに該当するリース（A）を含めないことも認められる（指針100項(1)）。したがって，短期リースに関する費用の発生額として注記の対象となるのは，**図表10-4-3**におけるAとB，またはBのみのいずれかの範囲のリースとなる。

また，いずれの場合においても，借手のリース期間が1か月以下のリースに係る費用を含めないことも認められる（指針100項(1)）。

なお，企業結合日において残りの借手のリース期間が12か月以内であるリースについて取得原価を配分しない場合に，企業結合日後に計上した費用を損益計算書において区分して表示していないときには，当該費用は，短期リースに

第10章　表示および注記事項　351

係る費用の発生額に含めて注記する（指針BC144項，第6章第10節①(3)参照）。

③　セール・アンド・リースバック取引に関する情報

　一体の取引とみて，金融取引として会計処理を行ったセール・アンド・リースバック取引（指針55項）については，当該会計処理を行った資産がある旨ならびに当該資産の科目および金額が注記される（指針101項(1)②）。

　また，新リース会計基準の公表と同時に改正された不動産流動化実務指針では，次のとおり，当該実務指針に従って譲渡人が売却処理を行うことができず，金融取引として会計処理を行った場合には同様の注記を行うこととする改正が行われている（22項）。

改正前	改正後
金融取引として会計処理を行った場合には，担保資産の注記に準じて，その旨ならびに関連する債務を示す科目の名称および金額を記載しなければならない。	金融取引として会計処理を行った場合には，金融取引として会計処理を行った資産がある旨ならびに当該資産の科目および金額を記載しなければならない。

(3)　当期および翌期以降のリースの金額を理解するための情報

　当期および翌期以降のリースの金額を理解できるよう，次の項目を注記する（指針102項）。

- リースに係るキャッシュ・アウトフローの合計額（少額リースに係るものを除く）
- 使用権資産の増加額
- 使用権資産に係る減価償却の金額（対応する原資産を自ら所有していたと仮定した場合の貸借対照表における表示科目ごと）

①　リースに係るキャッシュ・アウトフローの合計額の注記

　リースに係るキャッシュ・アウトフローの合計額の注記は，リース負債からのキャッシュ・アウトフローとリース負債に計上されていないリースに係るキャッシュ・アウトフローの合計額の注記である（指針BC151項）。

リースに係るキャッシュ・アウトフローの合計額の注記は，会計期間中に損益計算書に計上されたリースに係る費用および会計期間中のリース負債の減少額をリースに関するキャッシュ・アウトフローに関連付けて翌期以降のこれらの金額の予測に役立てることを目的としている。したがって，キャッシュ・アウトフローの合計額の注記は，借手のリース料の開示と整合したものとなっている（指針BC152項）。

⑷　他の会計基準等に基づき注記が要求される項目

①　金融商品の時価等の注記

新リース会計基準の公表と同時に，企業会計基準適用指針第19号「金融商品の時価等の開示に関する適用指針」（以下「金融商品時価等適用指針」という）の改正も公表された。

この中では，リース負債について，従来のリース債務と同様に，返済予定額の合計額を一定の期間に区分した金額を注記することが要求される（4項⑸）。一方で，従来は注記が要求されていた「金融商品の時価等に関する事項」および「金融商品の時価のレベルごとの内訳等に関する事項」については，国際的な会計基準との整合性も考慮して，注記は不要となった（4項⑴，5-2項⑵）。

②　賃貸等不動産の時価等の注記

新リース会計基準の公表と同時に，次の会計基準等の改正も公表された。

> ● 企業会計基準第20号「賃貸等不動産の時価等の開示に関する会計基準」（以下「賃貸等不動産時価会計基準」という）
> ● 企業会計基準適用指針第23号「賃貸等不動産の時価等の開示に関する会計基準の適用指針」（以下「賃貸等不動産時価適用指針」という）

この中では，賃貸等不動産の定義の中でリースに係る部分の記述を「使用権資産の形でリースの借手が保有する不動産」に変更している（賃貸等不動産時価会計基準4項）。

また，使用権資産の形でリースの借手が保有する賃貸等不動産については，開示について次のように取り扱われる（賃貸等不動産時価会計基準8項）。

第10章　表示および注記事項　353

- 当期末における時価およびその算定方法の注記の対象外とする。
- 賃貸等不動産の貸借対照表計上額および期中における主な変動の注記は，所有している不動産とは区別して行う。
- 賃貸等不動産の貸借対照表計上額について，貸借対照表における表示科目との関係が明らかではない場合には，その関係について注記する。

図表10-4-4　賃貸等不動産の貸借対照表計上額および時価の注記例

（単位：百万円）

用途	所有資産		使用権資産
	連結貸借対照表計上額	時価	連結貸借対照表計上額
オフィスビル（うち建設予定の土地）	xxx（xxx）	xxx（xxx）	xxx（xxx）
商業施設	xxx	xxx	xxx
住宅	xxx	xxx	xxx
合計	xxx	xxx	xxx

（注2）　連結貸借対照表計上額は，取得原価から減価償却累計額および減損損失累計額を控除した金額であります。連結貸借対照表計上額の合計の主な内訳は，「土地」（XXX百万円），「建物および構築物」（XXX百万円）および「使用権資産」（XXX百万円）であります。

（注3）　当期の主な増加額は次のとおりであります。
　　　　オフィスビル-所有資産であるAビルの取得（XXX百万円），所有資産であるBビルのリニューアル（XXX百万円）および使用権資産であるC土地の取得（XXX百万円）

（※）　本注記例は，賃貸等不動産時価適用指針における開示例2から一部抜粋したものである。

3　貸手の注記

(1)　リース特有の取引に関する情報

　リースが貸手の財政状態または経営成績に与える影響を理解できるよう，次

の項目を注記する。

ファイナンス・リースに係る事項	オペレーティング・リースに係る事項
● リース投資資産について，リース料債権部分および見積残存価額部分の金額（いずれも利息相当額控除前の金額）ならびに受取利息相当額 ● リース債権について，リース料債権部分の金額（利息相当額控除前の金額）および受取利息相当額（以上，指針104項，図表10-4-5の注記例を参照） ● リース債権およびリース投資資産に含まれない将来の業績等により変動する使用料等に係る収益が含まれる科目および金額（指針105項）	● 貸手のリース料に含まれない将来の業績等により変動する使用料等に係る収益が含まれる科目および金額（指針108項）

　ただし，指針104項の注記事項については，リース債権の期末残高が，当該期末残高およびリース投資資産の期末残高の合計額に占める割合に重要性が乏しい場合，リース債権とリース投資資産を合算して注記することができる（指針104項）。

　新リース会計基準では，リース債権についても，リース投資資産と同様に構成要素の開示を求める改正が行われている（指針BC155項）。これは，IFRS会計基準においては，所有権移転ファイナンス・リースと所有権移転外ファイナンス・リースの区別を行っていない中，所有権移転ファイナンス・リースに相当するリースに対しても同様の注記が要求されていること等を踏まえたものと考えられる。

図表10-4-5　リース投資資産およびリース債権の構成要素に関する注記例

リース投資資産の内訳
　(1)　流動資産
　　　リース料債権部分　　　　　　　x,xxx
　　　見積残存価額部分　　　　　　　x,xxx
　　　受取利息相当額　　　　　　　△xxx
　　　リース投資資産　　　　　　　　x,xxx

第10章　表示および注記事項　355

　(2)　投資その他の資産
　　　リース料債権部分　　　　　　　x,xxx
　　　見積残存価額部分　　　　　　　x,xxx
　　　受取利息相当額　　　　　　　△xxx
　　　リース投資資産　　　　　　　　x,xxx

リース債権の内訳
　(1)　流動資産
　　　リース料債権部分　　　　　　　x,xxx
　　　受取利息相当額　　　　　　　△xxx
　　　リース債権　　　　　　　　　　x,xxx

　(2)　投資その他の資産
　　　リース料債権部分　　　　　　　x,xxx
　　　受取利息相当額　　　　　　　△xxx
　　　リース債権　　　　　　　　　　x,xxx

(2)　当期および翌期以降のリースの金額を理解するための情報

当期および翌期以降のリースの金額を理解できるよう，次の項目を注記する。

ファイナンス・リースに係る事項	オペレーティング・リースに係る事項
(1)　リース債権の残高に重要な変動がある場合のその内容 (2)　リース投資資産の残高に重要な変動がある場合のその内容 (3)　リース債権に係るリース料債権部分（利息相当額控除前の金額）について，貸借対照表日後5年以内における1年ごとの回収予定額および5年超の回収予定額 (4)　リース投資資産に係るリース料債権部分（利息相当額控除前の金額）について，貸借対照表日後5年以内における1年ごとの回収予定額および5年超の回収予定額 （以上，指針106項，図表10-4-6の注記例を参照）	●貸手のリース料について，貸借対照表日後5年以内における1年ごとの受取予定額および5年超の受取予定額（指針109項，図表10-4-7の注記例を参照）

ただし，ファイナンス・リースに係る事項については，リース債権の期末残高が，当該期末残高およびリース投資資産の期末残高の合計額に占める割合に重要性が乏しい場合，(1)および(2)ならびに(3)および(4)のそれぞれを合算して注記することができる（指針106項）。

① リース債権およびリース投資資産の残高に重要な変動がある場合

リース債権およびリース投資資産の残高の変動（指針106項(1)および(2)）の例として，次のものが挙げられる（指針107項）。

---

(1) 企業結合による変動
(2) リース投資資産における見積残存価額の変動
(3) リース投資資産における貸手のリース期間の終了による見積残存価額の減少
　（見積残存価額の貯蔵品または固定資産等への振替）（指針76項参照）
(4) 残価保証額の変動
(5) 中途解約による減少
(6) 新規契約による増加

なお，当期中のリース債権およびリース投資資産の残高の重要な変動を注記するにあたり，必ずしも定量的情報を含める必要はない。

② オペレーティング・リースに係る注記

改正前リース会計基準においては，解約不能のものに係る未経過リース料について，貸借対照表日後1年以内のリース期間に係るものと，1年を超えるリース期間に係るものとに区分して注記するとされていた（改正前のリース適用指針74項）。

新リース会計基準では，注記対象を貸手のリース料とすること，貸借対照表日後5年以内の受取額について1年ごとに区分すること等の改正がされている。

図表10-4-6 リース債権およびリース投資資産に関する回収予定額の注記例

リース債権およびリース投資資産に係るリース料債権部分の貸借対照表日後の回収予定額

第10章　表示および注記事項　357

(1)　流動資産

	1 年以内	1 年超 2 年以内	2 年超 3 年以内	3 年超 4 年以内	4 年超 5 年以内	5 年超
リース債権	xxx	xxx	xxx	xxx	xxx	xxx
リース投資資産	xxx	xxx	xxx	xxx	xxx	xxx

(2)　投資その他の資産

	1 年以内	1 年超 2 年以内	2 年超 3 年以内	3 年超 4 年以内	4 年超 5 年以内	5 年超
リース債権	xxx	xxx	xxx	xxx	xxx	xxx
リース投資資産	xxx	xxx	xxx	xxx	xxx	xxx

図表10-4-7　オペレーティング・リースに係る貸手のリース料の受取予定額の注記例

オペレーティング・リースに係る貸手のリース料の貸借対照表日後の受取予定額					
1 年以内	1 年超 2 年以内	2 年超 3 年以内	3 年超 4 年以内	4 年超 5 年以内	5 年超
xxx	xxx	xxx	xxx	xxx	xxx

(3)　他の会計基準等に基づき注記が要求される項目

①　金融商品の時価等の注記

　新リース会計基準の公表と同時に，金融商品時価等適用指針の改正も公表された。

　この中では，リース債権およびリース投資資産について，従来と同様に，それぞれの科目ごとに，貸借対照表計上額，貸借対照表日における時価およびその差額の注記が要求される（4項(1)）。ただし，従来は要求されていた「金融商品の時価のレベルごとの内訳等に関する事項」の注記については，国際的な会計基準との整合性も考慮して，不要となった（5-2項(2)，9-4項，24-2項）。

② 賃貸等不動産の時価等の注記

　貸手における不動産のリースは，ファイナンス・リースの場合，賃貸等不動産に該当しない。一方で，オペレーティング・リースの場合，賃貸等不動産に含まれ，賃貸等不動産の時価等の注記が求められる（賃貸等不動産時価適用指針5項，21-2項）。

第5節 連結財務諸表を作成している場合の個別財務諸表における表示および注記事項

　連結財務諸表を作成している場合，個別財務諸表においては，次のとおり一部の注記の省略が認められている（指針110項，111項）。

図表10-5-1　連結財務諸表を作成している場合の個別財務諸表における取扱い

	項目	個別財務諸表における取扱い
借手の注記	区分表示が求められているものに関する注記（基準50項，51項）	注記する。
	会計方針に関する情報（基準55項(1)①）	連結財務諸表における記載を参照することができる。
	リース特有の取引に関する情報（基準55項(1)②）	注記を省略できる。
	当期および翌期以降のリースの金額を理解するための情報（基準55項(1)③）	注記を省略できる。
貸手の注記	区分表示が求められているものに関する注記（基準52項，53項）	注記する。
	リース特有の取引に関する情報（基準55項(2)①）	注記を省略できる。
	当期および翌期以降のリースの金額を理解するための情報（基準55項(2)②）	注記を省略できる。

第10章　表示および注記事項　　359

> (参考)
> 　収益認識会計基準においても，連結財務諸表を作成している場合，個別財務諸表においては，以下の事項を注記しないことが認められている（80-26項）。
> ● 収益の分解情報
> ● 当期および翌期以降の収益の金額を理解するための情報

第6節　IFRS会計基準との比較

1　借手における表示

　借手においては，会計処理についてIFRS第16号と整合的なものとする中で，表示についてもIFRS第16号と整合的なものとなっている（基準BC58項）。

2　貸手における表示

　貸手においては，会計処理について収益認識会計基準との整合性を図る点ならびにリースの定義およびリースの識別を除き，基本的に改正前リース会計基準の定めを踏襲していることに合わせて，表示についても基本的に改正前リース会計基準の定めを踏襲している（基準BC61項）。

　日本基準においては，ファイナンス・リースについて，所有権移転ファイナンス・リースと所有権移転外ファイナンス・リースの区分を行っているため，ファイナンス・リースに係る債権について，リース債権とリース投資資産に区分して貸借対照表に表示される。

3　借手の注記事項

　借手の注記事項については，原則として，IFSR第16号の要求事項との整合性が図られている（基準BC67項）。

　なお，日本基準では，開示目的との関連，すなわち，どのように開示目的が達成されることが想定されるかを踏まえて，財務諸表利用者にとって理解しやすい形での注記となるよう借手の注記事項を3つに分類している（基準55項，BC66項）。

それぞれの会計基準における特有の主な注記事項は次のとおりである。

(1) 日本基準特有の主な注記事項

固有の会計処理と関連する注記事項	●指数またはレートに応じて決まる借手の変動リース料に関する例外的な取扱いを選択したリースに係る負債が含まれる科目および金額（指針99項(2)） ●指針92項の定めを適用し中間的な貸手がヘッドリースに対してリスクを負わない場合のサブリース取引について計上した損益を損益計算書において区分して表示していない場合，当該損益が含まれる科目および金額（指針101項(2)②） ●指針93項なお書きの定めを適用し転リース取引に係るリース債権またはリース投資資産とリース負債を利息相当額控除前の金額で計上する場合に，当該リース債権またはリース投資資産およびリース負債が含まれる科目ならびに金額（指針101項(2)③） ●借地権について，指針27項ただし書きまたは127項の定めを適用する場合，償却していない旧借地権の設定に係る権利金等または普通借地権の設定に係る権利金等が含まれる科目および金額（指針99項(3)）

(2) IFRS会計基準特有の主な注記事項

固有の会計処理と関連する注記事項	●使用権資産が投資不動産（IAS第40号）の定義を満たしている場合に関連する開示（IFRS16.56） ●使用権資産をIAS第16号における再評価額で測定している場合に関連する開示（IFRS16.57） ●COVID-19に係る実務上の便法に関する情報（IFRS16.60A）
その他の注記事項	●少額リースの費用に関する注記（IFRS16.53(d)） ●短期リースのポートフォリオに関する注記（IFRS16.55）

4 貸手の注記事項

　貸手の注記事項については，国際的に貸手の注記事項が拡充する中で同様に貸手の注記事項を拡充すべきとの意見等を踏まえ，IFRS第16号と整合的なものとされている（基準BC68項）。

第10章　表示および注記事項　361

　なお，日本基準では，開示目的との関連，すなわち，どのように開示目的が達成されることが想定されるかを踏まえて，財務諸表利用者にとって理解しやすい形での注記となるよう貸手の注記事項を2つに分類している（基準55項，BC66項）。

　IFRS会計基準特有の主な注記事項は次のとおりである。

他の会計基準と関連する注記事項	● オペレーティング・リースの対象となっている資産（原資産のクラスごと）について，IAS第16号で要求している開示を，貸手が保有し使用している所有資産と区分して行うこと（IFRS16.95） ● オペレーティング・リースの対象となっている資産について，IAS第36号「資産の減損」，IAS第38号「無形資産」，IAS第40号およびIAS第41号の開示要求を適用すること（IFRS16.96）

5　金融商品の時価等の注記

(1)　借　手

　日本基準とIFRS会計基準のいずれにおいても，リース負債について，時価または公正価値の注記は要求されていない（金融商品時価等適用指針4項(1)，IFRS7.25および29(d)）。

　なお，米国会計基準においてもリース負債について公正価値の注記は要求されていない（ASC 825-10-50-8(d)）。

(2)　貸　手

　日本基準とIFRS会計基準のいずれにおいても，ファイナンス・リースに係る債権について，時価または公正価値の注記は要求される（金融商品時価等適用指針4項(1)，IFRS7.25）。また，いずれにおいても，時価または公正価値のレベルごとの内訳の注記は要求されていない（それぞれ，同5-2項，IFRS13.6(b)）。

　なお，米国会計基準においては，ファイナンス・リースに係る債権について公正価値の注記は要求されていない（ASC 825-10-50-8(d)）。

6 賃貸等不動産の時価等の注記

　日本基準においては，使用権資産の形でリースの借手が保有する賃貸等不動産については，時価の注記は要求されない（前述第4節②(4)②参照）。

　一方，IFRS会計基準においては，使用権資産として借手が保有する投資不動産については，投資不動産の会計処理について原価モデルを使用している場合，公正価値の注記が要求される（IAS40.79(e)）。

第**11**章

適用期日・経過措置

| 第1節 | 適用時期 |

新リース会計基準は，2027年4月1日以後開始する連結会計年度および事業年度の期首から適用する。ただし，2025年4月1日以後開始する連結会計年度および事業年度の期首から新リース会計基準を適用することができる（基準58項）。

図表11-1-1 新リース会計基準の適用時期

	適用時期	早期適用可能となる時期
3月決算企業の場合	2027年4月1日に開始する事業年度の期首から	2025年4月1日以後に開始する事業年度の期首から
12月決算企業の場合	2028年1月1日に開始する事業年度の期首から	2026年1月1日以後に開始する事業年度の期首から

| 第2節 | 改正前リース会計基準を最初に適用した際の経過措置の取扱い |

新リース会計基準では，次の2つに分けて，経過措置を定めている。

① 改正前リース会計基準を適用した際の経過措置の取扱い（本節）
② 新リース会計基準を適用する際の経過措置（後述第3節参照）

2007年に公表された改正前リース会計基準においては，リース取引開始日が適用初年度開始前である所有権移転外ファイナンス・リース取引に対して，次の経過措置が定められていた（改正前のリース適用指針78項，79項，81項および82項）。

借手	次のいずれかの方法により会計処理することができる。 (1) 貸借対照表にリース資産およびリース債務を計上する際に，適用初年度の前年度末における未経過リース料残高（利息相当額控除前または控除後のいずれかによる）を取得価額とする方法 (2) 貸借対照表にリース資産およびリース債務を計上せず，通常の賃貸借取引に係る方法に準じた会計処理を行い，注記を行う方法
貸手	次のいずれかの方法により会計処理することができる。 (1) 適用初年度の前年度末における固定資産の適正な帳簿価額（減価償却累計額控除後）をリース投資資産の期首の価額として計上する方法 (2) 貸借対照表にリース投資資産を計上せず，通常の賃貸借取引に係る方法に準じた会計処理を行い，注記を行う方法

　新リース会計基準においては，企業は，改正前リース会計基準における上記の経過措置を適用していた場合，その会計処理を継続することができることが定められている（指針113項～117項）。

第3節　新リース会計基準を適用する際の経過措置

1　遡及適用の方法

　新リース会計基準の適用初年度においては，以下のいずれかの方法により会計処理を行う（指針118項）。

原則法	新リース会計基準を過去の期間のすべてに遡及適用する。
容認法	適用初年度の期首より前に新リース会計基準を遡及適用した場合の適用初年度の累積的影響額を適用初年度の期首の利益剰余金に加減し，当該期首残高から新リース会計基準を適用する。

　原則法の場合，会計基準等の改正に伴う会計方針の変更として取り扱い，新たな会計方針を過去の期間すべてに遡及適用する（指針118項）。

　遡及適用等会計基準においては，新たな会計方針を遡及適用する場合の取扱いについて，次のように定めている（7項，10項）。

(1) 表示期間（当期の財務諸表およびこれに併せて過去の財務諸表が表示されている場合のその表示期間をいう）より前の期間に関する遡及適用による累積的影響額は，表示する財務諸表のうち，最も古い期間の期首の資産，負債および純資産の額に反映する。
(2) 表示する過去の各期間の財務諸表には，当該各期間の影響額を反映する。
(3) 10項に規定される会計方針の変更に関する注記を行う（後述2(5)参照）。

図表11-3-1 適用初年度における遡及適用方法のイメージ

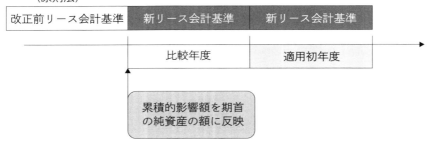

企業は，容認法を選択した場合，次の経過措置をそれぞれ選択することができる。

第11章　適用期日・経過措置　　367

図表11-3-2　容認法を選択した企業に対する経過措置

項目	対象とする取引等
リースの識別（借手貸手共通） （後述②(1)参照）	● 改正前リース会計基準を適用してきたリース取引 ● 改正前リース会計基準を適用していない契約
借手の会計処理 （後述②(2)参照）	● ファイナンス・リース取引に分類していたリース ● オペレーティング・リース取引に分類していたリース等 ● 借地権の設定に係る権利金等 ● 建設協力金等の差入預託保証金
貸手の会計処理 （後述②(3)参照）	● ファイナンス・リース取引に分類していたリース ● オペレーティング・リース取引に分類していたリース等
サブリースの貸手の会計処理 （後述②(4)参照）	● サブリース取引
開示 （後述②(5)参照）	● 遡及適用等会計基準に定められた注記（指針125項） ● 借手における比較情報（指針136項） ● 借手および貸手における注記事項（指針137項）

　また，企業が容認法を選択したかにかかわらず，次の事項または企業に対する経過措置が定められている（後述③参照）。

- 借地権に係る権利金等（指針127項）
- 適用初年度の期首より前に締結されたセール・アンド・リースバック取引（指針126項）
- IFRS会計基準を連結財務諸表に適用している企業（またはその連結子会社）（指針134項）

② 容認法を選択した企業に対する経過措置

(1) リースの識別（借手貸手共通）

　以下のいずれかまたは両方を適用することができる（指針119項）。

改正前リース会計基準を適用してきたリース取引	新リース会計基準に基づき契約がリースを含むか否かを判断せずに，新リース会計基準を適用すること

改正前リース会計基準を適用していない契約	適用初年度の期首時点で存在する事実および状況に基づいて，新リース会計基準に基づき契約がリースを含むか否かを判断すること

　これらの両方を適用することを選択した場合，改正前リース会計基準を適用していない契約のみを対象として，（それぞれの契約締結時まで遡らずに）適用初年度の期首時点における事実および状況に基づいて，新リース会計基準に従ってリースの識別の判断を行うこととなる。

(2)　借手の会計処理
①　ファイナンス・リース取引に分類していたリース

　改正前リース会計基準においてファイナンス・リース取引に分類していたリースについては，適用初年度の期首における使用権資産およびリース負債の帳簿価額として，改正前リース会計基準におけるリース資産およびリース債務の帳簿価額をそれぞれ引き継ぐことができる。これらのリースについては，適用初年度の期首以降は新リース会計基準に基づき会計処理が行われる。ただし，新リース会計基準では，残価保証については借手による支払見込額を借手のリース料に含めることとなるため（第6章第3節③参照），上記のリース資産およびリース債務の帳簿価額に残価保証額が含まれる場合には，当該帳簿価額について，適用初年度の期首時点における残価保証に係る借手による支払見込額に修正する必要がある（指針120項）。

　なお，上記の処理を行う上では，適用初年度の期首における使用権資産およびリース負債について改正前リース会計基準において利子定額法または利子込み法（指針40項，第6章第6節①(2)参照）を適用していた場合，適用初年度の期首以後における使用権資産総額に重要性が乏しいと認められる場合の判断基準である10％（指針41項）を超える場合であっても，その処理を継続することができる（指針121項）。

　また，改正前リース会計基準において，個々のリース資産に重要性が乏しいと認められる場合に通常の賃貸借取引に係る方法に準じた会計処理を行っていたリースについては，短期リースまたは少額リースの定め（指針20項，22項）

第11章　適用期日・経過措置　369

にかかわらず，当該会計処理を継続することができる（指針122項）。

図表11-3-3　ファイナンス・リース取引に対する経過措置

改正前リース会計基準における取扱い		新リース会計基準における経過措置
リース資産およびリース債務を計上していた。	→	使用権資産およびリース負債の帳簿価額として引き継ぐことができる（※）。
通常の賃貸借取引に係る方法に準じて処理していた。	→	これまでの処理を継続することができる。

（※）　ただし，当該帳簿価額に残価保証額が含まれていた場合には，残価保証に係る借手による支払見込額に修正する。

② 　オペレーティング・リース取引に分類していたリース等

　改正前リース会計基準においてオペレーティング・リース取引に分類していたリースと新リース会計基準の適用により新たに識別されたリースについては，適用初年度の期首における使用権資産とリース負債を次のように算定することができる（指針123項）。

図表11-3-4　オペレーティング・リース取引に対する経過措置

使用権資産	リース負債
リース1件ごとに，次のいずれかで算定する。 ① 　新リース会計基準をリース開始日から適用していたかのような帳簿価額。ただし，適用初年度の期首時点の借手の追加借入利子率を用いて割り引く。 ② 　リース負債の計上額（右列参照）と同額。ただし，適用初年度の前事業年度の期末日に貸借対照表に計上された前払または未払リース料の金	適用初年度の期首時点における残りの借手のリース料を当該時点の借手の追加借入利子率を用いて割り引いた現在価値により算定する。

額の分だけ修正する。

　上記の経過措置を選択した場合，次の方法の1つまたは複数を適用することができる。これらの方法はリース1件ごとに適用することができる（指針124項）。

(1)　特性が合理的に類似した複数のリースに単一の割引率を適用すること
(2)　適用初年度の期首から12か月以内に借手のリース期間が終了するリースについて，上記の経過措置を適用せずに，短期リース（指針20項）と同様の方法で会計処理すること
(3)　付随費用を適用初年度の期首における使用権資産の計上額から除外すること
(4)　契約にリースを延長または解約するオプションが含まれている場合に，借手のリース期間や借手のリース料を決定するにあたってリース開始日より後に入手した情報を使用すること

設例11-1　オペレーティング・リース取引に分類していたリースに対する経過措置（指針123項）の適用

（前提条件）
- 借手が有するリースの契約条件は次のとおりである。本リースは，改正前リース会計基準においてオペレーティング・リース取引として会計処理されていた。

借手のリース期間	T1年4月1日をリース開始日とする5年
借手のリース料	年額1,000千円（毎年3月31日に後払い）

- 新リース会計基準の適用初年度の期首はT3年4月1日であり，当該時点における追加借入利子率は5％である。
- リース開始日において，使用権資産の算定上，リース負債の算定額に加減算する項目はない。
- 使用権資産の減価償却は，定額法により，借手のリース期間を耐用年数，残存価値はゼロとして行われる。
- リース開始日から適用初年度の期首までの間に，上記の減価償却以外に会計処理すべき事項はなかった。
- 借手は，新リース会計基準の適用初年度における遡及適用方法として容認法（指針118項ただし書き）を選択する。

第11章　適用期日・経過措置　371

（適用初年度の期首における借手の会計処理）
１．リース負債の測定（指針123項の経過措置を用いる場合）
　残りの借手のリース料を当該時点の借手の追加借入利子率を用いて割り引いた現在価値により算定する（指針123項(1)）。

$$リース負債 = \frac{1,000}{(1+0.05)} + \frac{1,000}{(1+0.05)^2} + \frac{1,000}{(1+0.05)^3} = 2,723千円$$

２．使用権資産の測定
(1)　指針123項(2)①の方法を用いる場合
(a)　リース開始日における使用権資産の帳簿価額の算定
　５年の借手のリース料を適用初年度の期首時点における追加借入利子率を用いて割り引いた現在価値により算定する。

$$リース負債 = \frac{1,000}{(1+0.05)} + \frac{1,000}{(1+0.05)^2} \cdots\cdots\cdots \frac{1,000}{(1+0.05)^5} = 4,329千円$$

　前提条件より，リース開始日における使用権資産の帳簿価額はリース負債と同額である。
(b)　適用初年度の期首における使用権資産の帳簿価額の算定
　リース開始日における使用権資産（4,329千円）を適用初年度の期首までの２年間にわたり定額法により減価償却を行ったかのようにして算定する。
4,329千円 −（4,329千円 × ２年/５年）＝2,598千円

（会計処理）

（単位：千円）

| （借）使 用 権 資 産 | 2,598 | （貸）リ ー ス 負 債 | 2,723 |
| 利 益 剰 余 金 | 125 | | |

　前提条件より，適用初年度の累積的影響額は適用初年度の期首の利益剰余金に加減される（指針118項ただし書き）。

(2)　指針123項(2)②の方法を用いる場合
　使用権資産は，リース負債と同額の2,723千円となる。

（会計処理）

（単位：千円）

| （借）使 用 権 資 産 | 2,723 | （貸）リ ー ス 負 債 | 2,723 |

③ 借地権の設定に係る権利金等に関する経過措置

新リース会計基準では，借地権の設定に係る権利金等の取扱いについて，次のように定めている（指針27項，第6章第7節②(3)参照）。

原則的取扱い	使用権資産の取得価額に含め，使用権資産の一部として，借手のリース期間にわたり減価償却する。
例外的取扱い	旧借地権または普通借地権の設定に係る権利金等について，これまで償却していなかった借手企業もしくは適用初年度においてこれらの権利金等を計上していなかった借手企業は，減価償却を行わないものとして取り扱う。

借手は，新リース会計基準の適用前における取扱いに応じて，次の経過措置を適用することができる（指針128項，129項）。

図表11-3-5 借地権に対する経過措置

新リース会計基準の適用前における取扱い	経過措置
借手が次の(1)または(2)のいずれかに該当する場合 (1) 新リース会計基準の適用前に定期借地権の設定に係る権利金等を償却していた。 (2) 旧借地権の設定に係る権利金等または普通借地権の設定に係る権利金等について原則的取扱い（指針27項）を適用する借手が，新リース会計基準の適用前に当該権利金等を償却していた。	新リース会計基準の適用初年度の前連結会計年度および前事業年度の期末日における借地権の設定に係る権利金等の帳簿価額を適用初年度の期首における使用権資産の帳簿価額とすることができる。 この場合，借手は当該帳簿価額を新リース会計基準の適用初年度の期首から残りの借手のリース期間で償却する。このとき，借手のリース期間の決定にあたりリース開始日より後に入手した情報を使用することができる。
原則的取扱い（指針27項）を適用する借手が，新リース会計基準の適用前に旧借地権の設定に係る権利金等または普通借地権の設定に係る権利金等について償却していなかった場合	新リース会計基準の適用初年度における使用権資産の期首残高に含まれる当該権利金等について，当該権利金等を計上した日から借手のリース期間の終了までの期間で償却するものとして，当該権利金等を計上した日から償却した帳簿価額で計上することができる。このとき，借手の

	リース期間の決定にあたりリース開始日より後に入手した情報を使用することができる。 ただし，当該償却した後の帳簿価額が前連結会計年度および前事業年度の期末日における当該権利金等の帳簿価額を上回る場合には，当該適用初年度の前連結会計年度および前事業年度の期末日における当該権利金等の帳簿価額をもって，当該適用初年度の期首における当該権利金等の帳簿価額とする。

④　建設協力金等の差入預託保証金

新リース会計基準においては，建設協力金等の差入保証金のうち，将来返還されない金額等については使用権資産の取得価額に含められる（第6章第6節②(6)参照）。

次の(1)および(2)については，それぞれ改正前リース会計基準において採用していた会計処理を継続することができる。また，(1)に係る長期前払家賃および(2)については，適用初年度の前事業年度の期末日の帳簿価額を適用初年度の期首における使用権資産に含めて会計処理を行うこともできる（指針130項）。

図表11-3-6　差入預託保証金に対する経過措置

	改正前リース会計基準において採用していた会計処理
(1)　将来返還される建設協力金等の差入預託保証金（敷金を除く）	●支払額と時価との差額を長期前払家賃として計上し，契約期間にわたって各期の純損益に合理的に配分する。 ●時価と返済額との差額は契約期間にわたって配分し受取利息として計上する。
(2)　差入預託保証金（建設協力金等および敷金）のうち，将来返還されない額	賃借予定期間にわたり定額法により償却する。

(3) 貸手の会計処理

貸手は，改正前リース会計基準におけるリースの分類等に応じて，次のように会計処理することができる（指針131項，132項）。

ファイナンス・リース取引に分類していたリース	前事業年度の期末日におけるリース債権およびリース投資資産の帳簿価額のそれぞれを適用初年度の期首におけるリース債権およびリース投資資産の帳簿価額とする。
オペレーティング・リース取引に分類していたリース，および新リース会計基準に基づき新たに識別されたリース	適用初年度の期首に締結された新たなリースとして，新リース会計基準を適用する。

この場合，ファイナンス・リース取引に分類していたリースについては，適用初年度の期首から新リース会計基準を適用してリース債権およびリース投資資産について会計処理を行う。ただし，改正前リース会計基準において，販売益を割賦基準により処理している場合，適用初年度の前事業年度の期末日の繰延販売利益の帳簿価額は適用初年度の期首の利益剰余金に加算する。

(4) サブリースの貸手の会計処理

サブリースの貸手は，サブリースについて次の修正を行う。ただし，サブリース取引における例外的な取扱い（指針92項，93項，第8章第3節および第4節参照）を適用する場合は除く（指針133項）。

(1)　次のサブリースについて，適用初年度の期首時点におけるヘッドリースとサブリースの残りの契約条件に基づいて，サブリースをファイナンス・リースとオペレーティング・リースのいずれかに分類する。 　(a)　改正前リース会計基準においてオペレーティング・リース取引として会計処理していた新リース会計基準におけるサブリース 　(b)　新リース会計基準の適用により新たに識別されたサブリース
(2)　(1)においてファイナンス・リースに分類されたサブリースについて，適用初年度の期首に締結された新たなファイナンス・リースとして会計処理を行う。

新リース会計基準においては，中間的な貸手はサブリースの分類をヘッド

第11章　適用期日・経過措置　**375**

リースから生じた使用権資産を参照して行う（第8章第2節②参照）。この結果，改正前リース会計基準においてオペレーティング・リース取引に分類されていたサブリースは，新リース会計基準においてはファイナンス・リースに分類される可能性がある。そのため，サブリースについて，適用初年度の期首時点において，新リース会計基準に従ってファイナンス・リースに分類されるか否かを判定することが要求されていると考えられる。

(5)　開　　示

①　遡及適用等会計基準に定められた注記

遡及適用等会計基準10項では，会計基準等の改正に伴う会計方針の変更の場合における注記が定められている。新リース会計基準では，その定めのうち，「(5)表示期間のうち過去の期間について，影響を受ける財務諸表の主な表示科目に対する影響額および1株当たり情報に対する影響額」に代えて，次の事項を注記することとなる（指針125項）。

---

(1)　適用初年度の期首の貸借対照表に計上されているリース負債に適用している借手の追加借入利子率の加重平均
(2)　次の①と②との差額の説明
　①　適用初年度の前連結会計年度および前事業年度の期末日において改正前リース会計基準を適用して開示したオペレーティング・リースの未経過リース料（(1)の追加借入利子率で割引後）
　②　適用初年度の期首の貸借対照表に計上したリース負債

---

②　借手における比較情報

借手は，新リース会計基準の適用初年度においては，適用初年度の比較情報について，新たな表示方法に従い組替えを行わない（指針136項）。

③　借手および貸手における注記事項

借手および貸手は，新リース会計基準の適用初年度においては，基準55項に記載した内容（第10章第4節①参照）を適用初年度の比較情報に記載せず，改正前リース会計基準に定める事項を注記する（指針137項）。

3 その他の経過措置

　以下は，新リース会計基準の適用初年度において遡及適用方法として容認法を選択するか否かにかかわらず適用される経過措置である。

(1) 借地権の設定に係る権利金等

　原則的取扱い（指針27項，第6章第7節②(3)①参照）を適用する借手が新リース会計基準の適用初年度の期首に計上されている旧借地権の設定に係る権利金等または普通借地権の設定に係る権利金等を償却していなかった場合，当該権利金等を使用権資産の取得価額に含めた上で，当該権利金等のみ償却しないことができる（指針127項）。

(2) セール・アンド・リースバック取引

　売手である借手は，新リース会計基準の適用初年度の期首より前に締結されたセール・アンド・リースバック取引を次のとおり取り扱う（指針126項）。

図表11-3-7 セール・アンド・リースバック取引に対する経過措置

項目	取扱い
1．資産の譲渡について，売却に該当するかどうかの判断	収益認識会計基準などの他の会計基準等に基づいて当該判断を見直すことは行わない。
2．資産の譲渡価額が明らかに時価ではない場合等	譲渡対価と時価との差額等について調整を行う定め（指針57項）は適用しない。
3．リースバックの会計処理	適用初年度の期首に存在する他のリースと同様に会計処理を行う。
4．改正前リース会計基準において，資産の売却に伴う損益を長期前払費用または長期前受収益等として繰延処理し，リース資産の減価償却費の割合に応じ減価償却費に加減して損益に計上している場合	新リース会計基準の適用後もその処理を継続して，使用権資産の減価償却費の割合に応じ減価償却費に加減して損益に計上する。

第11章　適用期日・経過措置　377

⑶　IFRS会計基準を適用している企業に対する経過措置

　IFRS会計基準を連結財務諸表に適用している企業（またはその連結子会社）が当該企業の個別財務諸表に会計基準を適用する場合，指針118項から125項および127項から133項の定めにかかわらず，新リース会計基準の適用初年度において，次のいずれかの定めを適用することができる（指針134項）。

⑴　IFRS第16号の経過措置の定めを適用していたときには，IFRS第16号の経過措置の定め
⑵　IFRS第16号を最初に適用するにあたってIFRS第1号「国際財務報告基準の初度適用」の免除規定の定めを適用していたときには，IFRS第1号の免除規定の定め

　⑴または⑵のいずれかの定めを適用する場合，連結財務諸表において当該定めを適用した時から会計基準の適用初年度までIFRS会計基準を適用していたかのように算定した使用権資産およびリース負債ならびに正味リース投資未回収額の適用初年度の期首の帳簿価額を会計基準の適用初年度の期首の使用権資産およびリース負債ならびにリース債権およびリース投資資産の帳簿価額とし，適用初年度の累積的影響額を適用初年度の期首の利益剰余金に加減する。

　ただし，この場合であっても，新リース会計基準はセール・アンド・リースバック取引についてIFRS第16号と異なる会計処理を定めているため，指針126項に定めるセール・アンド・リースバック取引に関する取扱いを適用する必要がある。

　また，上記の⑴または⑵のいずれの定めを適用する場合でも，連結会社相互間におけるリースとして，相殺消去されたリースに指針118項から133項の定めを適用することができる（指針135項）。

《著者紹介》

神谷　陽一（かみや　よういち）
有限責任監査法人トーマツ　マネージングディレクター
公認会計士
2009年から2014年まで，企業会計基準委員会に出向。研究員として金融商品会計およびリース会計等のプロジェクト・リーダーを担当
2014年から2016年まで，企業会計基準委員会客員研究員
現在，IFRS会計基準および日本基準全般に関する品質管理業務およびテクニカル・コンサルテーション業務とともに，IFRS会計基準の監査業務ならびにアドバイザリー業務を担当
企業会計基準委員会　リース会計専門委員会　専門委員（現任）
日本公認会計士協会　リース対応専門委員会　専門委員（現任）

宗延　智也（むねのぶ　ともや）
有限責任監査法人トーマツ　シニアマネージャー
公認会計士
2019年から2022年まで，企業会計基準委員会に出向。研究員として株式報酬および税効果等のプロジェクト・リーダーを担当
現在，監査業務とともに，日本基準に関する品質管理業務およびテクニカル・コンサルテーション業務を担当

【編者紹介】
有限責任監査法人トーマツ

　有限責任監査法人トーマツは，デロイト トーマツ グループの主要法人として，監査・保証業務，リスクアドバイザリーを提供しています。日本で最大級の監査法人であり，国内約30の都市に約3,000名の公認会計士を含む約8,100名の専門家を擁し，大規模多国籍企業や主要な日本企業をクライアントとしています。

　デロイト トーマツ グループは，日本におけるデロイト アジア パシフィック リミテッドおよびデロイトネットワークのメンバーであるデロイト トーマツ合同会社ならびにそのグループ法人（有限責任監査法人トーマツ，デロイト トーマツ リスクアドバイザリー合同会社，デロイト トーマツ コンサルティング合同会社，デロイト トーマツ ファイナンシャルアドバイザリー合同会社，デロイト トーマツ税理士法人，DT弁護士法人およびデロイト トーマツ グループ合同会社を含む）の総称です。デロイト トーマツ グループは，日本で最大級のプロフェッショナルグループのひとつであり，各法人がそれぞれの適用法令に従い，監査・保証業務，リスクアドバイザリー，コンサルティング，ファイナンシャルアドバイザリー，税務，法務等を提供しています。また，国内約30都市に約2万人の専門家を擁し，多国籍企業や主要な日本企業をクライアントとしています。詳細はデロイトトーマツ グループ Web サイト（www.deloitte.com/jp）をご覧ください。

　Deloitte（デロイト）とは，デロイト トウシュ トーマツ リミテッド（"DTTL"），そのグローバルネットワーク組織を構成するメンバーファームおよびそれらの関係法人（総称して"デロイトネットワーク"）のひとつまたは複数を指します。DTTL（または"Deloitte Global"）ならびに各メンバーファームおよび関係法人はそれぞれ法的に独立した別個の組織体であり，第三者に関して相互に義務を課しまたは拘束させることはありません。DTTLおよびDTTLの各メンバーファームならびに関係法人は，自らの作為および不作為についてのみ責任を負い，互いに他のファームまたは関係法人の作為および不作為について責任を負うものではありません。DTTLはクライアントへのサービス提供を行いません。詳細は www.deloitte.com/jp/about をご覧ください。

　デロイト アジア パシフィック リミテッドは DTTL のメンバーファームであり，保証有限責任会社です。デロイト アジア パシフィック リミテッドのメンバーおよびそれらの関係法人は，それぞれ法的に独立した別個の組織体であり，アジア パシフィックにおける100を超える都市（オークランド，バンコク，北京，ベンガルール，ハノイ，香港，ジャカルタ，クアラルンプール，マニラ，メルボルン，ムンバイ，ニューデリー，大阪，ソウル，上海，シンガポール，シドニー，台北，東京を含む）にてサービスを提供しています。

　本書は皆様への情報提供として一般的な情報を掲載するのみであり，デロイト トウシュ トーマツ リミテッド（"DTTL"），そのグローバルネットワーク組織を構成するメンバーファームおよびそれらの関係法人が本書をもって専門的な助言やサービスを提供するものではありません。皆様の財務または事業に影響を与えるような意思決定または行動をされる前に，適切な専門家にご相談ください。本書における情報の正確性や完全性に関して，いかなる表明，保証または確約（明示・黙示を問いません）をするものではありません。またDTTL，そのメンバーファーム，関係法人，社員・職員または代理人のいずれも，本資料に依拠した人に関係して直接または間接に発生したいかなる損失および損害に対して責任を負いません。DTTLならびに各メンバーファームおよび関係法人はそれぞれ法的に独立した別個の組織体です。

実務解説　新リース会計基準のすべて

2025年 5 月 1 日　第 1 版第 1 刷発行
2025年 8 月10日　第 1 版第 5 刷発行

編　者　有限責任監査法人トーマツ
著　者　神　谷　陽　一
　　　　宗　延　智　也
発行者　山　本　　　継
発行所　㈱中 央 経 済 社
発売元　㈱中央経済グループ
　　　　パ ブ リ ッ シ ン グ

〒101-0051　東京都千代田区神田神保町1-35
電話　03 (3293) 3371 (編集代表)
　　　03 (3293) 3381 (営業代表)
https://www.chuokeizai.co.jp
印刷・製本／文 唱 堂 印 刷 ㈱

©2025
Printed in Japan

＊頁の「欠落」や「順序違い」などがありましたらお取り替えいた
しますので発売元までご送付ください。(送料小社負担)
ISBN978-4-502-53791-2　C3034

JCOPY〈出版者著作権管理機構委託出版物〉本書を無断で複写複製（コピー）することは，
著作権法上の例外を除き，禁じられています。本書をコピーされる場合は事前に出版者著
作権管理機構（JCOPY）の許諾を受けてください。
　JCOPY〈https://www.jcopy.or.jp　eメール：info@jcopy.or.jp〉